A Frequency Dictionary
of German

A Frequency Dictionary of German is an invaluable tool for all learners of German, providing a list of the 4,034 most frequently used words in the language. Based on a 4.2-million word corpus which is evenly divided between spoken, literature, newspaper and academic texts, the dictionary provides the user with a detailed frequency- based list plus alphabetical and part of speech indexes.

All entries in the rank frequency list feature the English equivalent, a sample sentence plus an indication of major register variation. The dictionary also contains 21 thematically organized lists of frequently used words on a variety of topics as well as eleven special vocabulary lists.

A Frequency Dictionary of German aims to enable students of all levels to maximize their study of German vocabulary in an efficient and engaging way.

Randall L. Jones is Emeritus Professor of German at Brigham Young University, and **Erwin Tschirner** is Professor of German as a Foreign Language at the Herder-Institut, University of Leipzig.

Routledge Frequency Dictionaries

General Editors:

Anthony McEnery

Paul Rayson

Consultant Editors:

Michael Barlow

Asmah Haji Omar

Geoffrey Leech

Barbara Lewandowska-Tomaszczyk

Josef Schmied

Andrew Wilson

Other books in the series:

A Frequency Dictionary of Spanish: Core vocabulary for learners

hbk 0 – 415 – 33428 – 4

pbk 0 – 415 – 33429 – 2

Coming soon:

A Frequency Dictionary of Polish

A Frequency Dictionary of German

Core vocabulary for learners

Randall L. Jones and Erwin Tschirner

Contributing writers:

Agnes Goldhahn
Isabel Buchwald
Antina Ittner

Routledge
Taylor & Francis Group

LONDON AND NEW YORK

First published 2006
by Routledge
2 Park Square, Milton Park, Abingdon, Oxon OX14 4RN

Simultaneously published in the USA and Canada
by Routledge
711 Third Avenue, New York, NY 10017 (8th Floor)

Routledge is an imprint of the Taylor & Francis Group

Typeset in Parisine by Keystroke, Jacaranda Lodge, Wolverhampton
Printed and bound in Great Britain by TJ International Ltd, Padstow, Cornwall

British Library Cataloguing-in-Publication Data
A catalogue record for this book is available from the British Library

Library of Congress Cataloging in Publication Data
Jones, Randall L.
    A frequency dictionary of German/Randall Jones and Erwin Tschirner. — 1st ed.
        p. cm. — (Routledge frequency dictionaries)
    Includes bibliographical references and indexes.
    1. German language—Word frequency—Dictionaries. I. Tschirner, Erwin P., 1956–
    II. Title. III. Series.
    PF3691.J66 2005
    433'.1—dc22   2005012949

ISBN10: 0–415–31632–4 (hbk)
ISBN10: 0–415–31633–2 (pbk)

ISBN13: 9–78–0–415–31632–3 (hbk)
ISBN13: 9–78–0–415–31633–0 (pbk)

Printed and bound in the United States of America by Publishers Graphics,
LLC on sustainably sourced paper.

Contents

Thematic vocabulary lists

Series preface

There is a growing consensus that frequency information has a role to play in language learning. Data derived from corpora allows the frequency of individual words and phrases in a language to be determined. That information may then be incorporated into language learning. In this series, the frequency of words in large corpora is presented to learners to allow them to use frequency as a guide in their learning. In providing such a resource, we are both bringing students closer to real language (as opposed to textbook language, which often distorts the frequencies of features in a language, see Ljung 1990) and providing the possibility for students to use frequency as a guide for vocabulary learning. In addition we are providing information on differences between frequencies in spoken and written language as well as, from time to time, frequencies specific to certain genres.

Why should one do this? Nation (1990) has shown that the 4,000 – 5,000 most frequent words account for up to 95 per cent of a written text and the 1,000 most frequent words account for 85 per cent of speech. While Nation's results were for English, they do at least present the possibility that, by allowing frequency to be a general guide to vocabulary learning, one task facing learners – to acquire a lexicon which will serve them well on most occasions most of the time – could be achieved quite easily. While frequency alone may never act as the sole guide for a learner, it is nonetheless a very good guide, and one which may produce rapid results. In short, it seems rational to prioritize learning the words one is likely to hear and use most often. That is the philosophy behind this series of dictionaries.

The information in these dictionaries is presented in a number of formats to allow users to access the data in different ways. So, for example, if you would prefer not to simply drill down through the word frequency list, but would rather focus on verbs, the part of speech index will allow you to focus on just the most frequent verbs. Given that verbs typically account for 20 per cent of all words in a language, this may be a good strategy. Also, a focus on function words may be equally rewarding – 60 per cent of speech in English is composed of a mere 50 function words.

We also hope that the series provides information of use to the language teacher. The idea that frequency information may have a role to play in syllabus design is not new (see, for example, Sinclair and Renouf 1988). However, to date it has been difficult for those teaching languages other than English to use frequency information in syllabus design because of a lack of data. While English has long been well provided with such data, there has been a relative paucity of such material for other languages. This series aims to provide such information so that the benefits of the use of frequency information in syllabus design can be explored for languages other than English.

We are not claiming, of course, that frequency information should be used slavishly. It would be a pity if teachers and students failed to notice important generalizations across the lexis presented in these dictionaries. So, for example, where one pronoun is more frequent than another, it would be problematic if a student felt they had learned all pronouns when they had learned only the most frequent pronoun. Our response to such issues in this series is to provide indexes to the data from a number of perspectives. So, for example, a student working down the frequency list who encounters a pronoun can switch to the part of speech list to see what other pronouns there are in the dictionary and what their frequencies are. In short, by using the lists in combination a student or teacher should be able to focus on specific words and groups of words. Such a use of the data presented here is to be encouraged.

Tony McEnery and Paul Rayson
Lancaster, 2005

References

Ljung, M. (1990)
A Study of TEFL Vocabulary. Stockholm: Almqvist & Wiksell International.

Nation, I.S.P. (1990)
Teaching and Learning Vocabulary. Boston: Heinle and Heinle.

Sinclair, J.M. and Renouf, A. (1988)
"A Lexical Syllabus for Language Learning". In R. Carter and M. McCarthy (eds) *Vocabulary and Language Teaching* London: Longman, pp. 140–158.

Acknowledgements

The authors wish to express their gratitude to Brigham Young University and Leipzig University for their generous support in the preparation of this book. Appreciation is also acknowledged for the many students at both universities who assisted with the work.

Abbreviations

The following abbreviations are used in this dictionary.

adj	adjective	prep	preposition
adv	adverb	pron	pronoun
art	article	sb	somebody
aux	auxiliary verb	sich	reflexive verb
conj	conjunction	sth	something
inf	infinitive marker	A	Academic subcorpus
interj	interjection	I	Instructional subcorpus
num	number	L	Literature subcorpus
part	particle	N	Newspaper subcorpus
pl	plural	S	Spoken subcorpus

Introduction

Dictionaries and frequency dictionaries

The word "dictionary" usually brings to mind a large book with definitions or second language glosses. This book is precisely what the title promises: a dictionary of German word frequencies. The 4037 entries represent the most commonly occurring words in a four million word corpus of German and are listed according to the frequency of their occurrence. Listed with each entry is information about the part of speech, an English translation, and a brief example of how the word is used. Some words, especially among the highest frequencies, have more than one meaning and in some cases can belong to more than one part of speech.

This book is not intended to replace a conventional German – English dictionary; rather it is to be used as a supplementary tool for learning vocabulary. The frequency dictionary can help the learner focus on the most commonly used German words. A conventional dictionary can then be consulted to provide additional useful information about meaning, usage, etc. for each entry.

In learning a second language such as German, vocabulary can be learned randomly, i.e. as it occurs in a natural authentic setting, or systematically, as is usually the case in a structured language learning environment. Each approach has its advantages and disadvantages. In a structured learning environment selection, quantity, and sequencing of the individual vocabulary items are important considerations. How many words should be introduced at each stage along the way and which ones should they be? Which words should be introduced at the beginning stages and which ones at later stages? For the learner and instructor alike, lexical frequency information can be useful in selecting and sequencing vocabulary items.

German word frequency

Word frequency analysis in German is not new; indeed it goes back over 100 years to 1898, when F.W. Kaeding published his *Häufigkeitswörterbuch der deutschen Sprache* (Kaeding 1898). His interest was not in the area of language learning, rather he was interested in developing a new stenographic shorthand system for German. In spite of his intentions, his frequency list has enjoyed pedagogical application for many years (see esp. Morgan 1928, Ortmann 1975). More recently, J. Alan Pfeffer developed a spoken German frequency list with the specific goal of assisting in the learning of vocabulary (Pfeffer 1964). There have been other frequency lists developed for German, based on newspaper texts, literature, and other registers (e.g. Scherer 1965, Meier 1967, Swenson 1967, Rosengren 1972, Ruoff 1981). This book differs from earlier published frequency lists in at least three ways. First, it is a balanced, structured, and integrated corpus, meaning that it was carefully planned to achieve representation of genre, register, style, geography, and age group. The samples for each part are balanced and are large enough to be characteristic of each specific type of language. Second, the frequency list has been processed to reduce ambiguity and uncertainty. More will be said about this later in the Introduction. Finally, the language is contemporary, spanning the past fifteen years but concentrating on the last five.

What is a corpus?

The basis of our lexical frequency list is a corpus, i.e. a structured collection of language texts that is intended to be a rational sample of the language in question. A corpus should be large enough to contain a sufficient number of words to provide a useful basis from which to work, although it has never been established what a threshold level should be. The Brown Corpus of English was produced in 1960 and contained 1 million words of written American English and was thought at the time to be more than adequate in size (Francis and Kučera 1964). The British National Corpus, completed in 1994, has 100 million words of spoken and written British English (Aston and Burnard 1998). A similar corpus for American English is now completed (Reppen and Ide

2004) and numerous other large corpora for a variety of languages are in the works or are already in use.

The Leipzig/BYU Corpus of Contemporary German

The Leipzig/BYU Corpus of Contemporary German contains 4.2 million words of spoken and written German. It is a balanced, structured, and integrated corpus, meaning that it was carefully planned to achieve representation of genre, register, style, geography, and age group. It consists of one million words each of spoken language, literature, newspapers, and academic texts, and 200,000 words of instructional language.

Spoken language

The spoken component consists of 700,000 words of spontaneous conversation and 300,000 words of television material. The conversation texts are the same as the BYU Corpus of Spoken German (Jones 1997) and consist of 402 12 to 15 minute conversations between native German speakers. The conversations took place between 1989 and 1993 in 60 localities in Germany (East and West), Austria, and Switzerland. The speakers reflect a balanced representation of age, gender, and social class. The topics are varied and include current events, personal interests, family, local tourist attractions, politics, weather, reminiscences of childhood, future plans, etc. The conversations were recorded and transcribed using a broad orthographical transcription system.

The 300,000 words of television material consist of transcriptions of three types of programmes. The first is family oriented semi-serious light dramas known in Germany as *Vorabendserien* because they are generally broadcast in the early evening for family viewing. They treat a broad range of topics of current interest and have a wide viewing audience. The language is scripted but it is written to sound like natural spoken language as opposed to bookish German. Furthermore, the actors often take liberties and improvise in order to be more natural.

The second type of television material is talk shows. The hosts are professional television personalities but the guests include a variety of people, e.g. politicians, sports personalities, actors, business people, and average people who have something interesting to say. Often there is more than one guest, i.e. the host interacts randomly with

any of three or four people. With the possible exception of a brief introduction by the host, the language is completely spontaneous.

The third type of television material is spontaneous broadcasting and may be a report of a sports event or an interview with an athlete or other personality. Most of these programmes have been broadcast since 2000.

Literature

For the literature sub-corpus, 10,000 words were selected from each of 100 different works, including *Hohe Literatur*, *Jugendliteratur*, *Bestseller*, *Humor*, *Reiseliteratur*, *Gesellschaftsroman*, and *Abenteuer/Krimi*. Approximately one-third of the words were taken respectively from the beginning, middle, and end of each work. With one exception the books were published in Germany, Austria, and Switzerland between 1990 and 2000.

Newspapers

The million words of newspaper text were taken from 50 editions each of local and national newspapers in Germany, Austria, and Switzerland published between September 2001 and February 2002. Texts were selected from *Politik*, *Wirtschaft*, *Kultur*, *Sport*, and *Kommentar*. Complete articles were selected.

Academic

The academic section consists of one million words of material from 100 different sources, including university-level course books, *Gymnasium* second-level books, popular science journals, and technical journals. The subject matter includes virtually all topics treated at the *Gymnasium* and university, e.g. natural and social sciences, technology, humanities, art, music, law, and medicine. The books and journals were published in Germany, Austria, and Switzerland.

Instructional

The 200,000 words of instructional texts or *Gebrauchstexte* consist of five types: *Anleitungen* (e.g. How to build a birdhouse), *Anzeigen* (misc. wanted-ads), *Ratgeber* (e.g. Tips on gardening), *Kundeninformation* (e.g. Product information), *Gesetzestexte* (e.g. a rental agreement). Many of these sources were relatively short and all of them used some specialized vocabulary.

Some of the texts were taken from the Internet and others were scanned. All texts were carefully proofread several times by native German speakers. Because the time span of the texts in the corpus covers the period of time before and after the inception of the German Spelling Reform, the entire corpus has been standardized to conform to the *Neue Rechtschreibung*. In addition, words from Swiss sources that use *ss* instead of *ß* have also been changed.

Processing the corpus data

After the corpus had been assembled and proofread, it was ready to be processed. The ultimate goal is of course to produce a word frequency list, but there were numerous steps that had to be accomplished before this was possible.

The first step was to provide additional information to each word in the corpus in order to reduce ambiguity. For example, the German words *liebe* and *Liebe* would be recognized by text processing software as one word, even though the first example could be an adjective or a verb and the second a noun. (Case is usually ignored in order to avoid confusion arising from capitalizing the first word in a sentence.) Likewise, the word *sein* can be a form of a verb or a possessive pronoun. To deal with this problem, sophisticated software programs known as "taggers" have been developed for several languages, including German. A tagger examines the context of each word in a corpus, and then assigns a part of speech (POS) tag to it. Subsequent software can then distinguish among otherwise ambiguous forms, e.g. LIEBE[SUBS], LIEBE[VERB] and LIEBE[ADJE]. For our project we used the Stuttgart Tree-Tagger (Schmid 1995) and the extended Stuttgart-Tübingen Tag-Set (STTS). If it is uncertain about a tag, it assigns an asterisk after the tag, an indication that the user needs to have a closer look. By checking the uncertain forms and carefully analysing the others, it is possible to achieve a relatively high degree of accuracy.

For subsequent processing we used a program called WordSmith Tools (Scott 1999). As the plural form "tools" suggests, it accomplishes a number of tasks. The first step was to create a raw frequency list, i.e. rearrange the words in the corpus to generate a list that shows rank ordering and absolute frequency.

1	DIE[ARTI	119,126
2	UND[KONJ	119,100
3	DER[ARTI	113,709
4	IN[APPR	70,216
5	ICH[PPER	46,937
6	DEN[ARTI	44,923
7	IST[AVER	42,962
8	SIE[PPER	42,932
9	NICHT[PTNG	40,251
10	MIT[APPR	36,714
11	VON[APPR	36,690
12	ES[PPER	35,098
13	DAS[ARTI	33,331
14	SICH[PREF	32,878
15	EIN[ARTI	30,795
16	AUCH[ADVB	30,309
17	AUF[APPR	28,368
18	EINE[ARTI	28,240
19	IM[APPR	27,880
20	FÜR[APPR	26,641

Above are listed the first twenty entries of the Leipzig BYU Corpus after it had been processed by the wordlist generator. Note that the words are listed in order of frequency, and each word is followed by a value that represents its absolute frequency. Note also that these entries are in some cases forms of the word or lemma and not the base word or dictionary form. For example, it was useful for our purpose to combine the various forms of the definite article (1, 3, 6, 13) into one entry. The entry *ist* (7) is not a lemma but part of the verb *sein*. The entries *ein* (15) and *eine* (18) belong together, and *im* (19) is really a contraction of *in dem*.

The task of "re-mapping" word forms is accomplished in WordSmith using a semi-automatic lemmatizing tool. The base word is identified, and then each form which belongs to it is subsequently marked. Finally, they are all joined as one entry with a simple click of the mouse. The procedure appears to be quite straightforward, and for the most part it is, but difficulties arise from having to make decisions about what should be joined. Participial forms of verbs should belong to the infinitive, but sometimes present and past participles have become lexicalized in their own right. For example, the adjective *überwiegend* ultimately derives from the verb *überwiegen*, but to list it as a form of the verb and not as a separate word would be like the tail wagging the dog. Should *verheiratet* be listed as a separate adjective or is it part of the verb *verheiraten*? More on this later.

One of the most labour intensive tasks in the processing of entries was that of recognizing and reconstituting verbs with separable prefixes. When a verb such as *ausmachen* appears in a text, there is a good chance that *aus* will occur separated from *machen*. WordSmith is not able to recognize this, although the prefix is recognized and tagged as such. WordSmith can then provide information about which verb prefixes occur in the same environment as potential verbs. Thus, with the assistance of WordSmith and a great deal of patience, it was possible to locate separated verb prefixes and their respective base verbs with a high degree of accuracy.

The decision to limit the number of entries to 4,034 was not entirely arbitrary. In addition to limitations of space in the book, it was felt that this represented a useful number for the beginning and intermediate student of German. It is interesting to note that the first ten words in the frequency list account for approximately 27 per cent of all the words in the corpus. Add the next ten and the coverage increases to approximately 35 per cent. The 4,034 words contained in this book account for between approximately 80 per cent and 90 per cent of the words in the corpus, depending on the register (Jones 2005).

Why the odd number 4,034? Entry 4,000 is one of 87 words that occur 16 times per million words of text, but it is by no means the last. Within this frequency level the words are listed alphabetically, and it seemed only proper to continue past *nirgendwo* and on to *zweifellos*.

Contents of the book

The first list in the book consists of the 4,034 words ordered by relative frequency, i.e. from the most frequent to the least. The structure of each entry is as follows:

1 Rank frequency
2 Word
3 Part of speech
4 Translation
5 Sample sentence
6 Occurrences per million
7 Range information (does not occur with all words)
8 Multi-word units and dominant word forms

The word *wenn* can serve as an example.

43 wenn *conj* if, when
  • Wenn es regnet, bleiben wir zu Hause.
  3051

This word is number 43 in the frequency ranking; it is a conjunction and means "if" or "when" in English. The sample sentence means, "If it rains, we'll stay at home." The word *wenn* occurs 3,051 times in a million words of the corpus.

The next list is an alphabetical list of all the words in the list, together with the part of speech, the English translation, and the rank value. The remaining lists consist of proper names, abbreviations, multi-word units, and individual parts of speech, e.g. nouns, verbs, and prepositions, arranged by rank value and including the English translation.

Main entries

In addition to the inflected forms that belong to a headword, the following derived forms are also included:

• neuter nouns derived from infinitives, e.g. *das Gehen* ("walking") from *gehen* ("to walk")
• neuter nouns derived from adjectives, e.g. *das Gute* ("the good") from *gut* ("good")
• masculine and feminine nouns referring to people derived from adjectives, e.g. *die Schöne* ("the beautiful one") from *schön* ("beautiful")
• adjectives derived from present or past participles, e.g. *verkaufte Waren* ("sold goods") from the verb *verkaufen* ("to sell") or *lächelnde Gesichter* ("smiling faces") from the verb *lächeln* ("to smile").

Derived forms that have become lexicalized, i.e. have taken on a new meaning, are not listed in this way.

Multi-word units and dominant word forms

Multi-word units (MWU) are phrases such as *zum Beispiel, Guten Tag* that occur with sufficient frequency (at least 16 occurrences per million words) that they are equivalent in number to the 4,000 most frequent words. They are listed on a new line under the entry of the key word in the MWU (e.g. *Beispiel, Tag*) followed by an English translation, a German sample sentence, and a number indicating the occurrences per million words of text.

Dominant word forms are special forms of the entry such as participles of verbs and superlatives of adjectives which constitute more than 20 per cent of all examples within the entry and have a frequency per million words of at least 16. Only transparent word forms are listed, i.e. forms that have not assumed a new meaning. Words such as *geboren* (from the verb *gebären*) and *das Essen* (from the verb *essen*) are separate entries. Dominant forms are listed on a new line followed by a part of speech code, an English translation, a sample sentence in German, and a number indicating the occurrences per million words of text.

Abbreviations

German abbreviations are counted together with the corresponding full forms, e.g. *Universität, Uni*. If the abbreviation is the most commonly used form, e.g. *Aids, BSE*, it becomes the headword followed by the full form if it is not obvious, e.g. *LKW, Lastkraftwagen* ("truck").

Additional lists

In addition to the rank frequency list, the following special lists are included:

- an alphabetical list of the same words found in the rank frequency list. The number after each word corresponds to the first number of each entry in the rank frequency list. Also included is part of speech information as well as a translation
- the most frequent 100 nouns, verbs, adjectives, and adverbs
- all prepositions and conjunctions contained in the 4,037-word list
- all articles, pronouns, and irregular verbs contained in the 4,037-word list
- all abbreviations and proper names contained in the 4,037-word list

Infoboxes

Scattered through the frequency list are "Infoboxes", which contain smaller lists and rank value of related words, e.g. days of the week, numbers, colours, etc. Some of the Infoboxes contain grammatical information, e.g. paradigms of auxiliary verbs.

Parts of speech

The translation and ordering of parts of speech differ from language to language and can even differ within a language, depending on who is making the decisions. For our list, the following parts of speech are included:

Adjective

Inflected adjective forms have been lemmatized with the base form. Many German adjectives can also be adverbs, e.g. *persönlich: Das ist eine persönliche Sache* (adjective), *ich persönlich verstehe es nicht* (adverb). In such cases only the part of speech *adj* is listed. Some German adjectives occur only in an inflected form, i.e. always with an ending. These are listed with the three possible nominative endings, e.g. *letzte* (r, s).

Adverb

Adverbs are not inflected in German. As mentioned above, adverbs that can also be adjectives are not listed separately.

Article

German has two classes of articles: definite (*der, die, das*) and indefinite (*ein, eine*). The indefinite article can also function as the number "one". The German sentence *Ich habe eine Schwester* can mean both "I have a sister" and "I have one sister".

Both definite and indefinite articles can be used as pronouns, e.g. *Der kann heute nicht kommen, Einer der Besucher kommt später*. The word *kein* presents a special problem, as it is really nothing more than the negative form of *ein* but is generally considered to be a pronoun, as it is listed here.

Conjunction

There are relatively few conjunctions in German and their meaning is fairly straightforward.

Noun

Nouns are identified by the appropriate definite article, *der, die, das*, which reflects the gender. Only the nominative singular form is listed. All forms that have been inflected for number and case have been lemmatized.

A few German nouns occur exclusively or almost always as a plural form, e.g. *Leute, Ferien, Schulden, Unterlagen*. These are assigned the part of speech designation "die (pl)".

Number

Cardinal numbers (*zwei*) and ordinal numbers (*zweit*) have been combined as have close derivatives, e.g. *zweitens*. The frequency count for *eins* is not accurate because in most contexts it is indistinguishable from the indefinite article.

Particle

German has several classes of particles, including a class known as modal particles. Modal particles, e.g. *denn*, *eben*, *eigentlich*, usually convey an attitude of the speaker and are therefore difficult to translate. An approximate English translation is given for most of them.

Preposition

German prepositions dictate the case of the following noun, i.e. accusative, dative, and genitive. This information is not given. Furthermore, German prepositions generally have a variety of meanings, but it is not possible to show this in a simple entry.

Pronoun

There are several classes of pronoun in German but they are not distinguished in the entry. The sample sentences make most of the distinctions clear.

Verb

Only the infinitive form of the verb is listed. All forms that have been inflected for person, number, tense, case, and mood have been lemmatized with the infinitive form. Many verbs in German are irregular, i.e. their conjugation is not predictable. Infoboxes and special lists are provided for the highest frequency verbs, which show the individual forms plus their rank order and frequency per million.

Range

Most words in the list occur in all of the text registers (spoken, newspaper, literature, academic, instructional) and are fairly evenly spread throughout the corpus. These words are said to have a broad lexical range. Some words, however, occur numerous times in just a few texts and therefore have a narrow range. Words that occur 90 per cent or more in just one register are considered over-represented in that register and are marked with a +, e.g. +A. Words that occur less than 5 per cent in a register are considered under-represented and are marked with a −, e.g. −S. Any word marked as + automatically infers − for the

other registers. Words that occur exclusively in just one register and words that do not occur in at least five different texts in a second register have been excluded. Examples of words such as this are *Milzbrand* (anthrax), *Substrat* (substratum), and *Enzym* (enzyme). In many cases these words have English cognates and are easily recognizable.

In some cases it was difficult to determine a range value for a word, especially for the separable prefix verbs and special forms of entries. In cases of doubt no range information is given.

A final caveat

This German frequency dictionary is intended to be used as a learning tool in conjunction with other learning tools, i.e. a good German/English dictionary, a good textbook, and other support material that can be helpful for learning German. The principal information the book can provide is to know which vocabulary items to concentrate on at various stages of the learning process. Simply selecting a certain number of words and memorizing them may not be as productive as selecting those words and using them as the basis for a discovery experience. Look them up in a German/English dictionary and read the entries. Find them in the index of your textbook and see how they are used there. Develop a small corpus of your own using Internet material and find the words there as they are used in authentic contexts. As you achieve mastery in more and more of the words in the dictionary, the better you will be able to understand and speak the German language.

References

Aston, Guy and Lou Burnard (1998).
The BNC Handbook. Edinburgh: Edinburgh University Press.

Francis, W.N. and Kučera H. (1964).
Manual of Information to Accompany "A Standard Sample of Present-day Edited American English, for Use with Digital Computers" (revised 1979). Providence, RI: Department of Linguistics, Brown University.

Jones, Randall L. (1997).
"Creating and Using a Corpus of Spoken German". In Anne Wichmann et al. (eds) *Teaching and Language Corpora*. London: Longman, pp. 146–156.

—— (2005).
"An Analysis of Lexical Text Coverage in Contemporary German". In Andrew Wilson, Paul Rayson, and Dawn Archer (eds) *Corpus Linguistics around the World*. Amsterdam: Rodopi, pp. 115–120.

Kaeding, F.W. (1898).
Häufigkeitswörterbuch der deutschen Sprache. Steglitz bei Berlin: self-published.

Meier, Helmut (1967).
Deutsche Sprachstatistik. Hildesheim: Georg Olms.

Morgan, B.Q. (1928).
German Frequency Word Book. New York: Macmillan.

Ortmann, Wolf Dieter (1975).
Hochfrequente deutsche Wortformen. Munich: Goethe Institut.

Pfeffer, J. Alan (1964).
Basic (Spoken) German Word List. Englewood Cliffs, NJ: Prentice-Hall.

Reppen, R. and Ide, N. (2004).
"The American National Corpus: Overall Goals and the First Release". *Journal of English Linguistics*, *32*, 2, 105–113.

Rosengren, Inger (1972).
Ein Frequenzwörterbuch der deutschen Zeitungssprache, Lund, Sweden: Gleerup.

Ruoff, Arno (1981).
Häufigkeitswörterbuch gesprochener Sprache. Tübingen: Niemeyer.

Scherer, George A.C. (1965).
Final Report of the Director on Word Frequency in the Modern German Short Story. Boulder, CO: self-published.

Schmid, Helmut (1995).
"Improvements in Part-of-speech Tagging with an Application to German". *Proceedings of the ACL SIGDAT-Workshop*. Dublin.

Scott, Michael (1999).
Wordsmith Tools version 3, Oxford: Oxford University Press.

Swenson: Rodney (1967).
"A Frequency Count of Contemporary German Vocabulary Based on Three Current Leading Newspapers". *Dissertation Abstracts*, *28*: 2222A–2223A.

Frequency index

rank frequency, **headword**, *part of speech*, English equivalent
• sample sentence
occurrences per 1 million words, indication of major register variation

1 der, die, das
1 art the
• Der Mann küsst die Frau und das Kind schaut zu.
2 pron a) that, those
• Das ist mein Fahrrad.
b) who, that
• Die Frau, die nebenan wohnt, heißt Renate.
115,983

2 und *conj* and
• Erwin und Brigitte gehen heute Abend in den Auerbachkeller essen.
28,445

3 sein
1 verb to be
• Ich bin Student.
2 aux (past tense)
• Wir sind in der Sauna gewesen.
24,513

4 in *prep* in
• Anna sitzt schon in der Bahn.
23,930
im in the
• Im Kino ist es dunkel.
6,638

5 ein
1 art a
• In dem Auto sitzen eine Frau, ein Mann und ein Kind.
2 pron one (of)
• Der Künstler ist einer der bekanntesten Deutschlands.
23,608

6 zu
1 prep to, at
• Kommen Sie zu uns?
2 part a) too
• Das ist zu viel.
b) to
• Claudia hat viel zu tun.
14,615

7 haben
1 verb to have
• Haben Sie heute Zeit?
2 aux (past tense)
• Ich habe das nicht gewusst.
13,423

8 ich *pron* I
• Ich wohne in Leipzig.
11,201

9 werden
1 verb to become, get
• Ich werde müde.
2 aux a) (future tense)
• Wir werden Urlaub an der Ostsee machen.
b) (passive voice)
• Der Computer wird heute schon repariert.
11,016

10 sie
1 pron a) she, her
• Sie heißt Maria. Ich kenne sie.
b) they, them
• Sie kommen heute nicht.
2 Sie pron you
• Ich verstehe Sie nicht.
10,245

11 von *prep* from, of
• Nicht weit von hier gibt es ein gemütliches Restaurant.
9,870

Definite articles	(occurrences per million)
die	33,419
der	28,998
das	15,871
den	11,004
dem	5,737
des	5,393

Forms of the verb *sein*	(occurrences per million)
ist	10,229
war	4,397
sind	3,835
sein	1,278
waren	1,124
bin	1,025
sei	945
wäre/wär	586
gewesen	474
seien	266
bist	260
wären	109
warst	37
seid	36
wärst	6
wart	2
seiest/seist	1

Forms of the verb *haben* (occurrences per million)

hat	3,685	hätte	501	hättest	24
haben	3,251	hast	436	hattest	6
habe	2,171	hätten	259	hättet	2
hatte	2,007	gehabt	196	hattet	1
hatten	601	habt	73		

Personal pronouns (occurrences per million)

ich	11,201	du	2,266	ihnen, Ihnen	686
sie, Sie	10,245	mir	1,903	dich	412
es	8,401	mich	1,734	dir	380
er	5,971	uns	1,340	euch	123
ihr	4,777	ihm	989		
wir	4,070	ihn	982		

Forms of the verb *werden* (occurrences per million)

werden	3,794	worden	550	würdest	36
wird	3,076	werde	388	werdet	6
wurde	1,260	geworden	248	ward	4
würde	716	würden	246	wurdest	1
wurden	587	wirst	46	würdet	1

12 **nicht** *part* not
• Ich kann nicht kommen.
9,812
nicht nur . . ., sondern auch not only . . . but also
• Diese Kirche ist nicht nur an Festtagen, sondern auch an gewöhnlichen Sonntagen gut besucht.
134

13 **mit** *prep* with
• Antonia spielt mit Ruth Flöte.
8,767

14 **es** *pron* it
• Es regnet.
8,401

15 **sich** *pron* –self
• Sie hat sich im Spiegel gesehen.
7,834

16 **auch** *adv* also, too
• Wir fahren auch nach Leipzig.
7,216

17 **auf** *prep* on, at, in
• Die Tasse steht auf dem Tisch.
6,835

18 **für** *prep* for
• Für deinen Vater kaufen wir ein paar Pralinen.
6,388

19 **an** *prep* at, on
• Das Bild hängt an der Wand.
6,195
am at the, on the
• Wir treffen uns am Bahnhof.
2,234

20 **er** *pron* he
• Er isst gern Leberwurst.
5,971

21 **so**
1 adv so, thus, this way, such
• Das musst du so machen.
2 part so
• Der Kuchen ist so lecker.
5,886

22 **dass** *conj* that
• Schön, dass Sie kommen!
5,696

23 **können** *verb* to be able to, can
• Ingrid kann Klavier spielen.
5,646

Possessive pronouns

Possessive pronoun	Translation	Occurrences per million
mein	my	2,217
dein	your	394
ihr, Ihr	her, their, your	4,777
sein	his, its	3,641
unser	our	922
euer	your	43

24 **dies** *pron* this, that
• Diese Studenten kommen aus Ungarn.
5,380

25 **als**
1 conj as, when
• Als er jung war, wohnte er in Berlin.
2 part than
• Er ist kleiner als sein Bruder.
5,317

26 **ihr**
1 pron a) you, her
• Habt ihr das gewusst?
• Ich höre ihr zu.
b) her, their, hers, theirs
• Der Junge mit den blonden Haaren ist ihr Sohn.
Ihr
2 pron your
• Ist das Ihr Hund?
4,777

27 **ja** *part a)* yes, of course
• Ja, ich bin damit einverstanden.
b) certainly, really
• Das ist ja komisch.
4,767

28 **wie**
1 pron how
• Wie spät ist es?
2 part as
• Anna ist genauso groß wie Frank.
4,705

29 **bei** *prep* by, with, at
• Sie war gestern beim Zahnarzt.
4,224

30 **oder** *conj* or
• Möchtest du lieber Spaghetti oder Tortellini?
4,154

31 **wir** *pron* we
• Wir arbeiten jeden Tag zehn Stunden.
4,070

32 **aber**
1 conj but
• Du hast Recht, aber ich auch.
2 part
• Das ist aber schön.
4,028

33 **dann** *adv* then
• Dann gehen wir schwimmen.
3,961

34 **man** *pron* one, you
• Das macht man nicht.
3,901

35 **da**
1 adv there
• Da oben fliegt ein Adler.
2 conj because
• Da ich nichts von dem Treffen wusste, konnte ich auch nicht kommen.
3,666

36 **sein** *pron* his, its
• Seine Tochter geht schon zur Schule.
3,641

37 **noch** *adv* still, yet
• Habt ihr noch Fragen?
3,604
noch gar nicht not at all
• Erwin hat noch gar nicht gefrühstückt.
19

38 **nach** *prep* after, towards
• Nach dem Mittagessen gehen wir spazieren.
3,506
nach wie vor still
• Ich bin nach wie vor der Meinung, dass wir mehr sparen müssen.
54
nach und nach little by little
• Nach und nach verschwinden alle.
17

39 **was** *pron* what
• Was hast du gesagt?
3,300
so was something like that
• Hast du so was schon mal gegessen?
108

40 **also** *adv* so
• Du hast also keine Zeit.
3,135

41 **aus** *prep* out, out of, from
• Agnes kommt aus Thüringen.
3,094

42 **all** *pron* all
• Wir sind alle fleißig.
3,064
vor allem above all
• Vor allem geht es wieder ums Geld.
450

43 wenn *conj* if, when
- Wenn es regnet, bleiben wir zu Hause.
3,051

44 nur *adv* only
- Ich habe nur noch einen Euro.
2,994

45 müssen *verb* to have to, must
- Man muss das Abitur haben, um zu studieren.
2,990

46 sagen *verb* to say
- Conny sagt ihrem Mann die Wahrheit.
2,947

47 um
1 prep around, at
- Der Hund läuft um das Haus.
2 um . . . zu conj in order to
- Um die Fenster zu putzen, brauche ich eine Leiter.
2,559

48 über *prep* above, over, about
- Fury springt über den Graben.
2,490

49 machen *verb* to do, make
- Ich mache meine Hausaufgaben.
2,324

50 kein *pron* no
- In Deutschland wachsen keine Ananas.
2,310

51 Jahr *das* year
- Das Jahr geht zu Ende.
2,281

52 du *pron* you
- Du bist blöd.
2,266

53 mein *pron* my, mine
- Meine Katze ist weggelaufen.
2,217

54 schon
1 adv already
- Ich habe schon gegessen.
2 part
- Du hast schon Recht.
2,178

55 vor *prep* in front of, before, ago
- Ich stelle mein Fahrrad vor das Haus.
2,158
vor sich hin to oneself, along
- Johann sagte den Spruch immer wieder laut vor sich hin.
17

56 durch *prep* through
- Frau Ehmke spaziert durch die Stadt.
2,152

57 geben *verb* to give
- Ich gebe dir das Buch.
2,132

58 mehr *adv* more
- Nächste Woche hat Barbara wieder mehr Zeit.
2,068
mehr als more than
- In den Saal passen nicht mehr als 40 Leute.
236
mehr oder weniger more or less
- Das ist mehr oder weniger egal.
50
auch nicht mehr no more . . . either
- Daran habe ich auch nicht mehr gedacht.
19

59 andere (r, s) *pron* other
- Ich reise gern in andere Länder.
2,048
unter anderem, u.a. among other things
- Im Kino läuft unter anderem gerade Casablanca.
128

Collocations with *Jahr*

Collocation	Translation	Sample sentence	Occurrences per million
im Jahr(e)	in the year	Die Oktoberrevolution fand im Jahre 1917 statt.	147
in diesem Jahr	this year	Wir fahren in diesem Jahr nicht in den Urlaub.	54
in den letzten Jahren	in recent years	In Leipzig hat sich in den letzten Jahren einiges verändert.	38
im vergangenen Jahr	last year	Familie Rudolf ist im vergangenen Jahr nach Düsseldorf gezogen.	27
vor zwei Jahren	two years ago	Vor zwei Jahren wurde Theodor geboren.	21
im nächsten Jahr	next year	Im nächsten Jahr sind Bundestagswahlen.	20
ein halbes Jahr	half a year	Für das Verfassen der Magisterarbeit haben Studenten ein halbes Jahr Zeit.	20

60 viel *pron* much, a lot, many
- Sie haben heute nicht viel Spaß.
1,987

61 kommen *verb* to come
- Wir kommen morgen zu dir.
1,916

62 jetzt *adv* now
- Antina schläft jetzt schon zwei Stunden.
1,908

63 sollen *verb* should, ought to
- Soll ich dir einen Tee machen?
1,906

64 mir *pron* me
- Gib mir das Buch!
1,903

65 wollen *verb* to want to
- Ich will nicht mit dir streiten.
1,891

66 ganz
1 adj whole, all the
- Die ganze Welt schaut auf diese Stadt.
2 part
- Wir sind ganz zufrieden mit dem Ergebnis.
1,755

67 mich *pron* a) me
- Lass mich in Ruhe!
b) Ich habe mich verirrt.
1,734

68 immer *adv* always
- Er kommt immer zu spät.
1,715

69 gehen *verb* to go
- Wir gehen ins Kino.
1,704

70 sehr *adv* very
- Ich freue mich sehr über deinen Anruf.
1,642
nicht so sehr not very
- Tut es noch sehr weh? – Nein, nicht so sehr.
19

71 hier *adv* here
- Familie Reinke wohnt seit sechs Jahren hier.
1,630

72 doch
1 adv however, still
- Boris wollte erst nicht am Turnier teilnehmen, doch dann haben sie ihn überredet.
2 part
- Kommen Sie doch herein!
1,627

73 bis
1 prep until, till
- Bis nächsten Dienstag!
2 conj until
- Ich warte, bis du fertig bist.
1,617

74 groß *adj* big, large, great
- Berlin ist eine große Stadt.
1,589

75 wieder *adv* again
- Wir haben wieder das gleiche Problem.
1,513

76 Mal
1 das time
- Helmut ist schon zum zweiten Mal in Schweden.
2 mal conj times
- Drei mal drei ist neun.
3 part
- Gibst du mir mal den Bleistift?
1,499
zum ersten Mal for the first time
- Martha fliegt zum ersten Mal.
45
das erste Mal the first time
- Das erste Mal war ich sehr skeptisch.
23

77 zwei *num* two
- Paul hat zwei Fragen an dich.
1,484

78 gut *adj* good
- Das Eis schmeckt gut.
1,456
so gut wie virtually
- Der Erfolg ist uns so gut wie sicher.
27
nicht so gut not so good
- Bianca spricht nicht so gut Spanisch.
19

Numbers (occurrences per million)

zwei	1,484	**sieben**	149	**sechzig**	36
drei	900	**zwölf**	97	**siebzig**	36
vier	443	**neun**	91	**vierzehn**	35
Million	425	**hundert**	90	**achtzig**	32
fünf	325	**zwanzig**	84	**sechzehn**	26
zehn	270	**dreißig**	59	**achtzehn**	23
Milliarde	206	**tausend**	53	**siebzehn**	21
sechs	200	**fünfzig**	52	**neunzig**	21
elf	200	**fünfzehn**	42	**dreizehn**	20
acht	177	**vierzig**	37	**neunzehn**	13

79 wissen *verb* to know
- Woher weißt du das?
1,449

80 neu *adj* new
- Ruben braucht neue Turnschuhe.
1,381

81 sehen *verb* to see
- Rainer sieht ohne Brille nichts.
1,360

82 lassen *verb* to let, allow, have done
- Lass mich das machen.
1,354

83 uns *pron* us
- Das Wetter gefällt uns heute gar nicht.
1,340

84 weil *conj* because
- Wir bleiben zu Hause, weil schlechtes Wetter ist.
1,308

85 unter *prep* under
- Der Hund liegt unter dem Tisch.
1,250

86 denn
1 conj because
- Wir gingen wieder ins Haus, denn es war draußen zu kühl geworden.
2 part
- Was ist denn hier los?
1,186

87 stehen *verb* to stand
- Der Maler steht auf dem Balkon.
1,186

88 jede (r, s) *pron* every
- Wir fahren jedes Jahr nach Italien.
1,145

89 Beispiel *das* example
- St. Martin ist ein gutes Beispiel für praktizierte Nächstenliebe.
1,070
zum Beispiel, z.B. for example, e.g.
- Ich könnte zum Beispiel früher kommen.
769

90 Zeit *die* time
- Ich habe keine Zeit.
1,056

91 erste (r, s) *adj* first
- Der erste Zug fährt um sechs Uhr ab.
1,024

92 ihm *pron* him
- Sag ihm Bescheid!
989

93 ihn *pron* him
- Hast du ihn gesehen?
982

94 wo *pron* where
- Wo wohnst du?
965

95 lang
1 adj long
- Heute war ein langer Tag.
2 lange, lang *adv* for a long time
- Jakob hat lange auf Rahel gewartet.
951
seit langem for a long time
- Seit langem träumt Antina von einem Ballonflug.
18

96 eigentlich
1 adv actually
- Eigentlich habe ich keine Zeit.
2 adj actual, real
- Das eigentliche Problem ist das Wetter.
3 part
- Was denkst du eigentlich?
946

97 damit
1 pron with it
- Was meinst du damit?
2 conj so that
- Ich höre dir zu, damit ich dich richtig verstehe.
936

98 selbst, selber
1 pron – self
- Ich möchte ihn selbst fragen.
2 part even
- Selbst Paul hat die Prüfung bestanden.
924

99 unser *pron* our
- Unser Haus ist das schönste im Dorf.
922

100 oben *adv* above, up there
- Die Bücher stehen oben im Regal.
906

Collocations with *Zeit*

Collocation	Translation	Sample sentence	Occurrences per million
in der Zeit	in the time	In der Zeit vor 1989 bestand der Ostblock.	27
in letzter Zeit	lately	Es hat in letzter Zeit sehr viel geschneit.	23
in dieser Zeit	during this time	Peter ist in dieser Zeit sehr wenig weggegangen.	20
die ganze Zeit	the entire time	Nicole hat die ganze Zeit in der Bibliothek verbracht.	19
mit der Zeit	over time	Mit der Zeit gewöhnt man sich an alles.	18

Kinship terms (occurrences per million)

Frau	878	Großmutter	26	Schwager	6
Kind	860	Oma	24	Urgroßvater	6
Mann	710	Geschwister	23	Schwiegermutter	6
Vater	408	Großvater	20	Nichte	5
Mutter	391	Ehepaar	18	Schwägerin	5
Eltern	233	Großeltern	14	Mutti	4
Sohn	181	Ehefrau	14	Schwiegereltern	4
Tochter	162	Gatte	14	Schwiegersohn	3
Bruder	125	Ehemann	12	Neffe	3
Schwester	111	Verwandtschaft	12	Cousine	2
Mama	64	Urgroßmutter	11	Vetter	2
Tante	51	Opa	9	Vati	2
Papa	36	Schwiegertochter	8	Cousin	1
Verwandte	33	Schwiegervater	7	Ahn	1
Onkel	26	Gattin	6		

101 drei *num* three
- Der Wolf will die drei kleinen Schweinchen fressen.
  900

102 wenig
1 adj few
- Nur wenige Haushalte haben keinen Fernseher.
2 pron little, few
- In der Suppe ist zu wenig Salz.
  895

103 Frau *die* woman, wife, Mrs.
- Im Komitee waren nur vier Frauen.
  878

104 Mensch *der* human being, man
- Stammt der Mensch vom Affen ab?
  861

105 deutsch
1 adj German
- Die deutsche Sprache spricht man in Deutschland, Österreich und der Schweiz.
2 Deutsch das German
- Frederik hat in Deutsch eine Drei.
  860
***Deutsche** der, die* German
- Der Deutsche trinkt jeden Tag sein Bier.
  121

106 Kind *das* child
- Unser Kind geht schon in den Kindergarten.
  860
mit den Kindern with the children
- Der Urlaub mit den Kindern war für alle ein Genuss.
  17

107 etwas *pron* something, some, a little
- Hast du schon etwas von Markus gehört?
  858
so etwas such a thing
- An so etwas glaube ich nicht.
  60

108 Tag *der* day
- Sonntag ist der schönste Tag der Woche.
  854
Guten Tag! hello
- Guten Tag, Frau Müller.
  33
den ganzen Tag all day
- Markus und Ravit haben den ganzen Tag in den Bergen verbracht.
  26
am nächsten Tag the next day
- Gleich am nächsten Tag wollte Torsten mit dem Rauchen aufhören.
  19

109 nun, nu *adv* now
- Nun gehe ich nach Hause.
  853

110 finden *verb* to find
- Wir finden keine Lösung.
  850

111 nichts, nix *pron* nothing
- Ich habe nichts gehört.
  824

112 bleiben *verb* to stay, remain
- Du kannst bis morgen bleiben.
  813

113 sondern *conj* but (on the contrary)
- Wir fahren nicht nach Spanien, sondern nach Frankreich.
  809

114 klein *adj* small, little
- Ein kleines Auto passt in jede Parklücke.
  804

115 zwischen *prep* between
- Das Buch liegt zwischen den Kissen.
  800

116 alt *adj* old
- Neben dem Haus steht ein alter Baum.
  799

117 gegen *prep* against
- Ich habe keine Chance gegen dich.
798

118 liegen *verb* to lie
- Der Kranke liegt im Bett.
776

119 ohne
1 prep without
- Ohne meine Handtasche gehe ich nicht aus dem Haus.
2 ohne . . . zu conj without
- Er geht, ohne etwas zu sagen.
754

120 nein, nee, nö *part* no
- Nein, ich fahre nicht weg.
745

121 heute *adv* today
- Heute ist ein schöner Tag.
744

122 weit *adj* widely, far
- Carla macht das Fenster weit auf.
742

123 heißen *verb* to be called
- Sie heißt Anja.
740

das heißt, d.h. that is, i.e.
- Morgen Nachmittag muss ich zum Arzt, das heißt, ich habe keine Zeit.
285

124 denken *verb* to think
- Wir denken an dich.
739

125 eben, ebend
1 adv just now
- Ich habe eben eine E-Mail bekommen.
2 part
- Dann machen wir es eben morgen.
739

126 erst
1 adv first, only, not until
- Erst die Arbeit, dann das Vergnügen.
2 part
- Da geht's erst richtig los.
737

erst mal first
- Darüber muss ich erst mal nachdenken.
123

127 natürlich
1 adv naturally, of course
- Natürlich interessiert mich deine Meinung.
2 adj natural
- Obst enthält natürliche Vitamine.
731

128 ob *conj* whether
- Er weiß nicht, ob es möglich sein wird.
722

129 hoch *adj* high, tall
- Der Brocken ist ein hoher Berg.
719

130 beide *pron* both
- Sie haben beide Recht.
713

131 Mann *der* man
- Siehst du den Mann dort?
710

132 einfach
1 adj simple, easy
- Pudding kochen ist eine einfache Aufgabe.
2 part simply
- Ich habe heute einfach keine Lust.
706

133 vielleicht
1 adv perhaps
- Vielleicht gibt es noch eine andere Lösung.
2 part
- Der regt mich vielleicht auf!
704

134 dort *adv* there
- Die Bushaltestelle ist dort drüben.
699

135 dabei *pron* with it, there
- Ich möchte gern dabei sein.
695

136 einmal *adv* once
- Ich frage dich nur einmal.
695

137 ihnen
1 pron them
- Ich gebe ihnen die Kopien.
2 Ihnen pron you
- Gefällt es Ihnen?
686

138 welch *pron* which
- Welche Mannschaft hat gewonnen?
681

139 nehmen *verb* to take
- Kannst du den Koffer nehmen?
680

140 tun *verb* to do
- Wir tun nur unsere Pflicht.
677

141 seit *prep* since, for
- Sie studiert seit vier Semestern Bohemistik.
667

142 dürfen *verb* to be allowed, may
- Darf ich noch ein Eis essen?
648

143 glauben *verb* to believe
- Glaubst du uns?
620

144 halten *verb* to stop, hold
- Er hält eine Blume in der Hand.
598

145 nennen *verb* to name, call
- Sie nennen ihren Sohn Max.
596

so genannt, sog. so called
- Der ICE ist ein so genannter Hochgeschwindigkeitszug.
225

146 Land *das* land, country, state
- Dänemark ist ein kleines Land in Europa.
583

147 letzte (r, s) *adj* last
- Pauline kam als Letzte ins Ziel.
583

148 gleich *adj* same, right away, just
- Da haben die Eltern die gleiche Meinung.
575

149 solch *pron* such
- Solche Pflanzen sind sehr selten.
563

150 dazu *pron* in addition, furthermore, to that
- Was sagt ihr dazu?
559

151 mögen *verb* to like
- Ich mag Himbeeren.
559

152 Frage *die* question
- Antworte mir bitte auf meine Frage!
550
die Frage nach the question of
- Die Frage nach dem Sinn des Lebens hat sich jeder schon mal gestellt.
22
auf die Frage to the question
- Auf die Frage nach Neueinstellungen gab es nur negative Antworten.
18

153 gar *adv* at all
- Ich gehöre dir ganz und gar.
548
gar nicht(s) not(hing) at all
- Das stimmt gar nicht.
399

154 zeigen *verb* to show
- Der Stadtführer zeigt den Touristen die Stadt.
545

155 führen *verb* to lead
- Die Straße führt ins nächste Dorf.
543

156 möglich *adj* possible
- Ist es möglich, später zu bezahlen?
543
möglichst *adv* as . . . as possible, if possible
- Die Arbeit soll möglichst bis Freitag erledigt sein.
114

157 sprechen *verb* to speak
- Ich spreche mit dir.
542

158 während
1 prep during
- Während der Ferien war ich krank.
2 conj while, whereas
- Während du liest, esse ich.
539

159 Haus *das* house
- Mein Bruder baut sich ein Haus.
538

160 Fall *der* fall, case
- Ich habe so einen Fall noch nicht erlebt.
537

161 eigen *adj* own
- Auch Kinder dürfen ihre eigene Meinung haben.
533

162 bringen *verb* to bring, take
- Er bringt seiner Freundin Blumen.
531

163 Leute *die (pl)* people
- Viele Leute beobachteten den Unfall, aber keiner half.
530

164 schön *adj* beautiful, pleasant, good
- Ein Buch ist ein schönes Geschenk.
530

165 einige *pron* a few, some
- Es sind einige Probleme aufgetreten.
526

166 bereits *adv* already
- Ich habe den Flug bereits gebucht.
521

167 Arbeit *die* work
- Es wartet viel Arbeit auf uns.
505

168 leben *verb* to live
- Ines lebt in Chemnitz.
505

169 fahren *verb* to drive, ride, go
- Jan fährt gern Fahrrad.
501

Collocations with *Fall*

Collocation	Translation	Sample sentence	Occurrences per million
auf jeden Fall	at any rate, in any case	Sylvia müssen wir auf jeden Fall einladen.	66
in diesem Fall	in this case	In diesem Fall ist besondere Vorsicht geboten.	37
auf keinen Fall	on no account, not at all	Bei einer Auslandsreise darf man auf keinen Fall seinen Pass vergessen.	20
in jedem Fall	at any rate, in any case	Bayern München muss in jedem Fall gewinnen.	18

170 meinen *verb* to think, have an opinion
- Was meint ihr zu dieser Idee?
501

171 spät *adj* late
- Es ist schon spät.
501

später *adj* later
- Später kamen auch noch Martina und Philipp zur Party.
360

172 etwa
1 adv about, approximately
- Die Fahrt dauert etwa zwei Stunden.
2 part perhaps
- Hast du etwa meinen Schlüssel versteckt?
494

173 wer *pron* who, whoever
- Wer ist da?
493

174 Prozent *das* per cent
- Diese Prüfung zählt zehn Prozent der Gesamtnote.
492

175 fragen *verb* to ask
- Ulrike hat nach dir gefragt.
491

176 gerade
1 adv just, just now
- Ich habe gerade Besuch.
2 adj straight
- Ohne Lineal eine gerade Linie zu ziehen, ist nicht leicht.
490

177 wichtig *adj* important
- Eine wichtige Besprechung fällt heute aus.
485

178 zwar *adv* admittedly, to be precise
- Er hat zwar Lust zu kommen, aber keine Zeit.
485

179 Hand *die* hand
- Ich habe mir die linke Hand gebrochen.
484

in der Hand in the hand
- Plötzlich hatte der Einbrecher die Türklinke in der Hand.
38

in die Hand into one´s own hands
- Du musst dein Leben selbst in die Hand nehmen.
20

180 wirklich
1 adv really, actually
- Das ist mir wirklich passiert.
2 adj real, actual
- Die Oper war ein wirkliches Vergnügen.
479

181 kennen *verb* to know
- Ich kenne sie schon lange.
475

kennen lernen to get to know
- Wir lernten uns in Israel kennen.
95

182 weitere (r, s) *adj* additional
- Gibt es noch weitere Fragen?
472

183 genau *adj* exact
- Wie spät ist es genau?
471

184 jung *adj* young
- Da stand ein junger Mann vor der Tür.
471

185 gelten *verb* to be valid
- Dieser Fahrplan gilt nicht mehr.
470

186 Stadt *die* city, town
- Wurzen ist eine Stadt in Sachsen.
459

in der Stadt in the city
- In der Stadt ist ein Konzert.
47

in die Stadt to the city
- Heute Nachmittag gehen wir in die Stadt zum Einkaufen.
16

187 Herr *der* man, Mr.
- Ein Herr im schwarzen Anzug erschien auf der Bühne.
452

188 Teil *der, das* part
- Im ersten Teil des Buches werden die Personen vorgestellt.
452

zum Teil in part
- Wir haben die Arbeit nur zum Teil erledigen können.
79

189 Problem *das* problem
- Wir werden das Problem lösen.
451

190 Welt *die* world
- Eine Reise um die Welt ist teuer.
450

in der Welt in the world
- Es gibt so viel Bosheit in der Welt.
26

191 jedoch *adv* however
- Er klingelte. Es machte ihm jedoch niemand auf.
448

192 stellen *verb* to place, set
- Ich stelle den Teller auf den Tisch.
447

193 darauf, drauf *pron* on it, to it
- Er hat noch keine Antwort darauf bekommen.
445

194 bisschen, bissel *pron* a little
- Du interessierst mich kein bisschen.
444

ein bisschen a bit, a little
- Ich möchte nur ein bisschen Wein.
380

195 vier *num* four
- Carmen hat vier Kinder.
443

196 nie *adv* never
- Das habe ich nie gesagt.
439

197 spielen *verb* to play
- Die Kinder spielen draußen.
438

198 denen *pron* whom, that
- Wir haben fünf Computer, von denen zwei nicht funktionieren.
437

199 Recht
1 das right, law
- Nach europäischem Recht ist das verboten.
2 recht adj all right
- Das ist mir ganz recht so.
3 part rather
- Ihre Wohnung ist recht klein.
436

200 arbeiten *verb* to work
- Er arbeitet seit zwei Jahren in dieser Firma.
435

201 brauchen *verb* to need
- Brauchst du Hilfe?
435

202 folgen *verb* to follow
- Ich folge deinem Rat.
435
im Folgenden in the following
- Im Folgenden werden die Ergebnisse kurz dargestellt.
36

203 lernen *verb* to learn
- Sie lernen Englisch.
435

204 Ende *das* end
- Das Ende des Films war traurig.
431
am Ende at the end
- Am Ende kamen bei der Spendenaktion mehr als 5000 Euro zusammen.
98
zu Ende over
- Die Party ist zu Ende.
19

205 kurz *adj* short
- Isabel hat kurze Haare.
428
vor kurzem recently
- Vor kurzem waren wir rodeln.
26

206 Million, Mio. *die* million
- Das Haus kostet mindestens eine Million Euro.
425

207 stark *adj* strong
- Angela ist eine starke Frau.
425

208 Schule *die* school
- Sie geht noch zur Schule.
417
in die Schule to school
- Gehst du gern in die Schule?
27
in der Schule at school
- Französisch habe ich in der Schule gelernt.
74

209 Woche *die* week
- In der nächsten Woche sind Prüfungen.
417
in der Woche during the week
- In der Woche vom 17. – 23. Juli habe ich Urlaub.
29

210 bestehen *verb* to exist, insist, pass (an exam)
- Die EU besteht seit 2004 aus 25 Staaten.
416

211 richtig *adj* correct
- Das richtige Ergebnis wusste niemand.
415

212 dich *pron* you, yourself
- Ich rufe dich später nochmal an.
412

213 dafür *pron* for it
- Ich interessiere mich dafür, wie die Demokratie funktioniert.
410

214 sowie *conj* as well as, as soon as
- In diesem Hotel gibt es Sauna sowie Whirlpool.
410

215 oft *adv* often
- Er besucht uns oft.
408

216 Vater *der* father
- Der Vater von Andrea ist gerade vierzig geworden.
408

217 Seite *die* side, page
- Die Seite ist zerrissen.
404
auf der anderen Seite on the other hand, side
- Auf der anderen Seite muss man auch bedenken, dass die Zeit schon knapp ist.
48

218 verschieden *adj* different, diverse
- Ihre Töchter sind sehr verschieden.
403

219 halt *part* just, simply
- Ich habe halt keine Lust.
401

220 Leben *das* life
- Ordnung ist das halbe Leben.
399

221 allerdings *adv* though, indeed, certainly
- Das ist allerdings sehr wichtig.
398

222 verstehen *verb* to understand
- Gilles versteht kein Litauisch.
396

223 fast *adv* almost
- Wir sind fast angekommen.
395

224 wohl
1 adv well
- Ich fühle mich nicht wohl.
2 part probably
- Es ist wohl besser, wenn du jetzt gehst.
395

225 dein *pron* your
- Dein Handy klingelt.
394

226 bestimmt *adj* special, certain
- Ich suche eine bestimmte CD.
392

227 Mutter *die* mother
- Meine Mutter ist Chefin eines Konzerns.
391

228 setzen
1 verb to set, place, put
- Wenn man die Daten zueinander in Beziehung setzt, kommt man zu interessanten Ergebnissen.
2 setzen (sich) verb to sit down
- Setz dich auf das Sofa!
389

229 überhaupt *adv* at all, generally
- Kleinkinder sollten überhaupt nicht in die direkte Sonne.
382

230 Grund *der* reason, basis
- Du hast keinen Grund, böse zu sein.
381
im Grunde genommen basically
- Es ist im Grunde genommen ganz einfach.
17

231 besser *adj* better
- Sie kann besser schwimmen als wir.
380

232 dir *pron* you
- Das habe ich dir schon hundertmal gesagt.
380

233 schnell *adj* fast
- Ein schnelles Auto verbraucht auch meist viel Benzin.
376

234 bekommen *verb* to get, receive
- Wir bekommen selten Post.
374

235 gern, gerne *adv* (with a verb) enjoy
- Meine Großeltern gehen gern in die Oper.
372

236 Auge *das* eye
- Romy Schneider hat sehr schöne Augen.
370

237 sicher *adj* safe, secure, certain
- Diese Methode ist absolut sicher.
370

238 davon *pron* from it, about it, thereof
- Wir haben davon gehört.
367

239 beginnen *verb* to begin
- Bernd beginnt im Herbst sein Studium.
364

240 erzählen *verb* to tell
- Die Mutter erzählt ihren Kindern ein Märchen.
363

241 versuchen *verb* to try, attempt
- Ich versuche, die Prüfung dieses Mal zu bestehen.
363

242 besonders *adv* especially
- Elefanten werden besonders alt.
362

243 Wort *das* word
- Ich habe das letzte Wort nicht verstanden.
355

244 neben *prep* next to, beside
- Neben unserem Garten beginnt der Wald.
354

245 schreiben *verb* to write
- Romeo schreibt Julia einen Liebesbrief.
354

246 warum *adv* why
- Warum hast du dich nicht früher erkundigt?
353

247 nächste (r, s) *adj* next
- Nächste Woche ist Ostern.
352

248 laufen *verb* to run
- Erwin läuft jeden Tag fünf Runden im Park.
351

Sports (occurrences per million)

schnell	376	Tor	56	Ball	29
Ziel	257	Trainer	55	trainieren	27
verlieren	246	Gegner	47	Sieger	26
Spiel	165	Schwimmen	46	Turnier	26
Kraft	152	Start	45	Tennis	25
werfen	129	sportlich	44	Stadion	24
Sport	101	Saison	43	Bundesliga	23
Lauf	78	Tanzen	41	Reiten	22
Rennen	68	Niederlage	36	Profi	22
Sieg	67	Training	35	Sportler	22
Mannschaft	60	Fan	31	Segeln	16
Fußball	57	Klettern	29		

249 Geld *das* money
- Ich habe kein Geld.
350

Geld verdienen to earn money
- Die Arbeit macht Spaß, aber man verdient kein Geld damit.
29

250 erklären *verb* to explain
- Der Lehrer erklärt seinen Schülern eine chemische Formel.
349

251 Sache *die* thing
- Die Sache hat sich erledigt.
348

252 Art *die* type, kind
- Löwen sind eine Art Katzen.
344

Art und Weise manner
- Die Galerie präsentiert bekannte Bilder auf neue Art und Weise.
27

253 politisch *adj* political
- Markus ist politisch sehr interessiert.
344

254 entsprechen *verb* to correspond
- Der Anzug entspricht nicht meinen Vorstellungen.
340

255 klar *adj* clear
- Björn hat klare Vorstellungen von seinem Traumberuf.
340

256 schwer *adj* difficult, heavy
- Esel können schwere Lasten tragen.
340

257 Bereich *der* area, region
- In diesem Bereich ist Frau Bitter Expertin.
338

im Bereich in the area, in the field
- Im Bereich Finanzen gibt es Probleme.
33

258 allein, alleine *adv* alone
- Ruth ist gern allein.
336

259 kaum *adv* hardly
- Es gibt kaum noch gute Filme im Kino.
336

260 Weg *der* path, way
- Der Weg biegt später nach links ab.
336

auf dem Weg en route
- Der Brief ist schon auf dem Weg zu Ihnen.
38

auf den Weg on the way
- Der Weihnachtsmann macht sich auf den Weg zu den Kindern.
19

261 sitzen *verb* to sit
- Auf dem Sofa sitzt der Kater und putzt sich.
335

262 Stunde *die* hour
- Der Zug hatte zwei Stunden Verspätung.
335

eine halbe Stunde half an hour
- Das Gespräch dauert nur eine halbe Stunde
17

263 einzeln *adj* individual
- Die Geburtstagsgäste kamen alle einzeln.
334

264 deshalb *adv* for that reason
- Es ist schon fast Mitternacht. Deshalb sollten wir jetzt nach Hause gehen.
331

265 deren *pron* whose
- Die Frau, deren Mann im Koma liegt, ist tief betrübt.
330

266 ziehen *verb* to pull, move
- Man muss an der Tür ziehen, um sie zu öffnen.
330

267 na *part* well
- Na, wie geht's?
329

268 beziehungsweise, bzw. *conj* or, respectively
- Zeitungen beziehungsweise Zeitschriften gehören zu den meistgelesenen Printmedien.
328

269 sogar *adv* even, in fact
- Käfer haben sechs Beine, Spinnen sogar acht.
328

270 Name *der* name
- Mein Name ist Charlotte.
326

271 damals *pron* then
- Damals wohnten oft mehrere Familien in einer Wohnung.
325

272 fünf *num* five
- Der Präsident wird für fünf Jahre gewählt.
325

273 Geschichte *die* history, story
- Abends liest die Oma den Kindern Geschichten vor.
322

in der Geschichte in the history
- In der Geschichte der Vereinigten Staaten gab es viele blutige Auseinandersetzungen.
17

274 wegen *prep* because of
- Das Flugzeug stürzte wegen eines technischen Defekts ab.
322

275 Gesellschaft *die* society, company
- Eine multikulturelle Gesellschaft muss tolerant sein.
319

276 scheinen *verb* to shine, seem, appear
- Die Sonne scheint.
319

Weather (occurrences per million)

scheinen	319	warm	78	Sturm	36
fallen	316	Wetter	52	Wolke	32
kalt	98	Temperatur	51	Eis	26
Sonne	90	Regen	50	Nebel	24
Grad	80	kühl	38	regnen	19
Wind	80	Schnee	36	wehen	18

277 **darüber, drüber** *pron* above it, about it
- Danke für das Geld zum Geburtstag. Ich habe mich sehr darüber gefreut.
316
darüber hinaus furthermore
- Er hat kein Geld und darüber hinaus noch eine Menge Schulden.
62

278 **fallen** *verb* to fall
- Lass die Vase bitte nicht fallen!
316

279 **Kopf** *der* head
- Mir tut der Kopf weh.
316
den Kopf schütteln to shake one's head
- Verständnislos schüttelte sie den Kopf.
37

280 **gehören** *verb* to belong
- Der Koffer gehört mir.
315

281 **entstehen** *verb* to originate, develop
- Wirbelstürme entstehen über dem Meer.
302

282 **bekannt** *adj* well-known
- Heike Makatsch ist eine bekannte deutsche Schauspielerin.
300

283 **erhalten** *verb* to receive
- Den Brief habe ich am Mittwoch erhalten.
300

284 **Paar**
1 das pair, couple
- Agnes hat zwei Paar schöne Schuhe gekauft.
2 paar pron a few
- Der Test dauert nur ein paar Minuten.
300
ein paar a few
- Opa hat nur noch ein paar Haare auf dem Kopf.
246

285 **leicht** *adj* light, easy
- Kinder erziehen ist keine leichte Aufgabe.
299

286 **Möglichkeit** *die* possibility
- Nach der Konferenz haben Sie die Möglichkeit, essen zu gehen.
298

287 **treffen** *verb* to meet
- Wir treffen uns morgen Mittag auf dem Markt.
297

288 **hinter** *prep* behind, in back of
- Der Besen steht hinter dem Schrank.
296

289 **sonst** *adv* otherwise
- Theo trinkt kein Bier, sonst alles.
295

290 **daran, dran** *pron* on it
- Siehst du den Baum da? Es hängen immer noch Blätter daran.
292

291 **Unternehmen** *das* enterprise, company
- Das Unternehmen ging in Konkurs.
292

292 **weiter** *adv* further
- Die Arbeitslosigkeit nimmt weiter zu.
290
und so weiter, usw. and so on, etc.
- Zu einem Fahrrad gehören Lenker, Sattel, Räder usw.
142

293 **suchen** *verb* to search, look for
- Ich habe meine Sonnenbrille stundenlang gesucht.
289

294 **Bild** *das* picture
- Renates Büro hängt voller Bilder.
288

295 **Buch** *das* book
- Friedrich hat das Buch schon zweimal gelesen.
288

296 **legen** *verb* to lay, put
- Die Mutter legt das Baby ins Bett.
286

297 **Wasser** *das* water
- Das Wasser ist zu kalt zum Baden.
286

298 **Stelle** *die* place
- Wir treffen uns an der gleichen Stelle wie letzte Woche.
284
an dieser Stelle in this place
- An dieser Stelle möchte ich mich bei meiner Familie für ihre Unterstützung bedanken.
20

299 **vorstellen** *verb* to introduce, imagine
- Der Manager stellt das neue Konzept vor.
283

300 Form *die* form, shape
- Das Lindenblatt hat die Form eines Herzens.
281

301 handeln *verb* to deal, trade
- Der Roman handelt von einer modernen Familie.
280

302 Mark *die* mark (former unit of German currency)
- Zwei Mark sind ungefähr ein Euro.
280

303 Entwicklung *die* development
- Die Firma hat eine eigene Abteilung für Forschung und Entwicklung.
279

304 Monat *der* month
- Mit sechs Monaten bekommen Babys die ersten Zähne.
278

305 erreichen *verb* to achieve, reach
- Nach vier Stunden erreichten wir den Berggipfel.
277

306 anders *adv* differently
- Man kann das Problem auch anders lösen.
276

307 schließlich *adv* in the end, finally
- Wir kamen schließlich in Regensburg an.
276

308 tragen *verb* to carry, wear
- Sie trägt im Sommer gern Kleider.
275

309 eher *adv* earlier, more likely
- Kannst du morgen eher kommen?
273

310 Familie *die* family
- Die ganze Familie wohnt in einem Dorf zusammen.
273

311 Morgen
1 der morning
- Am Morgen scheint die Sonne ins Schlafzimmer.
2 morgen adv tomorrow
- Der Marathon findet morgen statt.
273
morgens adv in the morning
- Morgens habe ich immer großen Hunger.
50
Guten Morgen! Good morning!
- Guten Morgen, Ramona!
27

312 je
1 adv ever, each
- Er macht 20 Euro Gewinn je Aktie.
2 conj the more
- Je später ich ins Bett gehe, desto müder bin ich am Morgen.
272
je ... desto the ... the
- Je mehr Leute mitfahren, desto billiger wird die Fahrt.
38

313 Abend *der* evening
- Im Winter wird es abends früh dunkel.
270
abends adv in the evening
- Die meisten Leute schauen abends fern.
91

314 zehn *num* ten
- Thomas kann mit zehn Fingern schreiben.
270

315 darin, drin, drinnen *pron* in it, inside
- Darin sehe ich keinen Sinn.
269

316 rund
1 adj round
- Das Rad ist nicht mehr ganz rund.
2 adv approximately
- In den Saal passen rund zweihundert Personen.
269

317 Aufgabe *die* task, assignment, job
- Lösen Sie die folgenden Aufgaben!
268

318 frei *adj* free
- Der Platz neben mir ist noch frei.
268

319 Universität, Uni *die* university
- Die Universität wird 60 Jahre alt.
268
an der Universität, an der Uni at the university
- Er ist Dozent an der Universität.
51

320 schaffen *verb* to manage, create
- Ich schaffe meine Arbeit nicht.
267

321 Sinn *der* sense, meaning
- Man soll das Leben mit allen Sinnen genießen.
267
im Sinne according to
- Das ist nicht im Sinne des Erfinders.
61
in diesem Sinne in this spirit, sense
- In diesem Sinne, prost!
18

322 früh *adj* early
- Sechs Uhr morgens? Das ist aber sehr früh!
264

323 lesen *verb* to read
- Antina liest gern utopische Romane.
262

324 Staat *der* state
- Die Steuern bekommt der Staat.
262

325 Ziel *das* destination, goal
- Hamburg war das Ziel seiner Reise.
257

326 gegenüber *prep* opposite
- Daniel saß seiner Schwiegermutter gegenüber.
255

327 Freund *der* friend
- Franziska wohnt mit ihrem Freund zusammen.
253

328 Thema *das* subject, topic, theme
- Ich würde gern das Thema wechseln.
251

329 unterschiedlich *adj* different, variable
- Zum Bahnhof gelangt man mit unterschiedlichen Verkehrsmitteln.
251

330 daher *pron* from there, therefore
- Deine Müdigkeit kommt daher, dass du abends so lange am Computer sitzt.
250

331 Person *die* person
- Dieser Tisch ist ab 20 Uhr für acht Personen reserviert.
250

332 schlecht *adj* bad
- Die Menschen sind schlecht, alle denken nur an sich.
250

333 Euro *der* euro (unit of currency)
- Auf dem Oktoberfest kostet die Maß Bier sieben Euro.
249

334 obwohl *conj* although
- Der Zug kam eine halbe Stunde zu spät an, obwohl er ganz pünktlich losgefahren war.
248

335 Nacht *die* night
- Sie haben die ganze Nacht getanzt.
247

nachts *adv* at night
- Nachts sind alle Katzen grau.
43

in der Nacht at night
- In der Nacht musste sie sich dreimal übergeben.
37

336 verlieren *verb* to lose
- Die Kirche verliert an Einfluss.
246

337 Ding *das* thing
- Gib mir mal das Ding da!
244

vor allen Dingen above all
- Vor allen Dingen liebt Stephan Musik.
38

338 deutlich *adj* clear
- Kerstin hat eine deutliche Aussprache.
242

339 allgemein *adj* general
- Es ist allgemein bekannt, dass Paris in Frankreich liegt.
241

340 Raum *der* room, space
- Das Wohnzimmer ist der größte Raum in der Wohnung.
240

341 Blick *der* look, view, glance
- Von der Turmspitze hat man einen schönen Blick über die ganze Stadt.
238

mit Blick auf with a view to
- Mit Blick auf die Zukunft eröffnen sich traumhafte Perspektiven.
17

auf den ersten Blick at first sight
- Es war Liebe auf den ersten Blick.
16

342 einzig *adj* only, single
- Gina ist das einzige Mädchen in der Klasse.
237

343 darstellen *verb* to depict, portray
- Das Bild stellt eine Winterlandschaft dar.
236

344 Platz *der* place, room, square
- Ich habe nicht genug Platz.
236

345 Zahl *die* number
- Eine große Zahl von Jugendlichen raucht.
236

346 gemeinsam *adj* common, mutual
- Ein gemeinsamer Feind stärkt die Gruppe.
235

347 nahe, nah
1 adj near, close
- Weihnachten rückt immer näher.
2 prep near, close to
- Nahe der Stadt gibt es eine Burg.
235

348 System *das* system
- Neben der Demokratie gibt es noch andere politische Systeme.
235

349 Uhr *die* clock, watch, o'clock
- Es ist genau zehn Uhr.
235

350 dessen *pron* whose
- Der Mann, dessen Frau den Nobelpreis erhielt, ist sehr stolz.
233

351 Eltern *die (pl)* parents
- In den Ferien fahren wir mit den Eltern an die Ostsee.
233

352 erkennen *verb* to recognize, admit
- Ich kann das nicht erkennen, ich sehe schlecht.
233

353 entwickeln *verb* to develop
- Schmetterlinge entwickeln sich aus Raupen.
231

354 früher *adv* in former times
- Früher war alles besser.
231

355 Straße *die* street
- Die Straße wird neu gebaut.
231

auf der Straße on the street, on the road
- Ohne Ausbildung landest du irgendwann auf der Straße.
31

356 reden *verb* to talk
- Ich möchte jetzt nicht darüber reden.
230

357 voll *adj* full
- Die Flasche ist noch ganz voll.
230

358 aussehen *verb* to appear, look
- Sie sieht aus wie ihre Großmutter.
229

359 erscheinen *verb* to appear
- Die ersten Sterne erscheinen am Himmel.
229

360 mehrere *pron* several
- Mehrere Autos waren bei dem Unfall ineinander gefahren.
229

361 Minute *die* minute
- Der Kuchen muss zwanzig Minuten backen.
227

362 zunächst *adv* first, at first, for now
- Zunächst stellt der Referent seine Gliederung vor.
227

363 Gruppe *die* group
- Zu den Workshops treffen wir uns in kleinen Gruppen.
226

364 Wert
1 der value
- Die Aktie hat an Wert verloren.
2 wert adj worth
- Eine gute Gesundheit ist viel wert.
226

365 Gesicht *das* face
- Sie hat ein rundes, immer freundliches Gesicht.
225

366 irgendwie *adv* somehow
- Irgendwie fühle ich mich heute nicht besonders wohl.
225

367 Sprache *die* language
- Die deutsche Sprache hat den Ruf, schwierig zu sein.
221

368 bilden *verb* to form, educate
- Den Höhepunkt des Festes bildet das abendliche Feuerwerk.
220

369 dadurch *pron* through it, as a result
- Dreimal die Woche geht er joggen. Dadurch bleibt er in Form.
220

370 direkt *adj* direct, straight
- Wir gehen auf direktem Weg nach Hause.
220

371 international *adj* international
- Die Universität hat einen internationalen Anspruch.
220

372 sozial *adj* social
- Bei Spendenaktionen wird gern an das soziale Gewissen der Spender appelliert.
220

373 anfangen *verb* to begin
- Das Theaterstück fängt gleich an.
219

374 beste (r, s) *adj* best
- Meine Mutter macht den besten Sauerbraten der Welt.
218

375 bisher *adv* until now
- Bisher habe ich nie viel vor Prüfungen gelernt.
217

376 erwarten *verb* to expect
- Unser Chef erwartet großes Engagement von seinen Mitarbeitern.
217

377 Anfang *der* beginning
- Am Anfang war das Wort.
216
von Anfang an from the beginning
- Das Projekt war von Anfang an zum Scheitern verurteilt.
26

378 nämlich *part* you see, namely
- Ich habe nämlich doch Recht!
215

379 jene (r ,s) *pron* that, those
- Die Hilfe wird all jenen angeboten, die sie brauchen.
214

380 wohnen *verb* to live
- Nazar wohnt schon dreizehn Jahre in Deutschland.
214

381 rot *adj* red
- Rote Socken passen nicht zu blauen Schuhen.
213

Colours (occurrences per million)

rot	213	**gelb**	46	**orange**	2
schwarz	180	**braun**	36	**beige**	2
weiß	152	**golden**	33	**lila**	1
grün	152	**rosa**	15	**pink**	1
blau	86	**silbern**	12		
grau	56	**violett**	4		

382 offen *adj* open
- Die Flasche ist schon offen.
212

383 Ort *der* place, town, location
- Bad Harzburg ist ein kleiner Ort im Harz.
212

384 naja *part* oh well
- Naja, ich würde das nicht so dramatisch sehen.
211

385 Moment *der* moment
- Warte noch einen Moment!
210

im Moment at the moment
- Im Moment ist das ein unerfüllbarer Traum.
90

in dem Moment at that moment
- In dem Moment, als die Tür aufging, klappte das Fenster zu.
18

386 betreffen *verb* to affect, concern
- Das betrifft alle Abiturienten dieses Jahrgangs.
209

387 meiste *adj* most
- Am meisten hat mir Richard gefallen.
209

die meisten most
- Paul hat die meisten Briefmarken gesammelt.
124

388 warten *verb* to wait
- Die Kinder warten voller Ungeduld auf Weihnachten.
209

389 Folge *die* result, consequence
- Die Folge davon war, dass er arbeitslos wurde.
208

390 ab *prep* from
- Ab dem ersten Januar gilt das Gesetz.
207

ab und zu every now and then
- Ab und zu trinke ich mit Birgit Kaffee.
38

391 besondere (r, s) *adj* special
- Barbara ist eine ganz besondere Frau.
207

392 gewiss *adj* certain
- Das hat ein gewisser Herr Müller gesagt.
206

393 Interesse *das* interest
- Sind Studiengebühren im Interesse der Studenten?
206

394 manchmal *adv* sometimes
- Bettina kocht manchmal Spaghetti für alle Kollegen.
206

395 Milliarde, Mrd. *die* billion
- Die Weltbevölkerung beträgt 6,4 Milliarden.
206

396 Rolle *die* roll
- Gustav Gründgens überzeugte in der Rolle des Faust.
206

(k)eine Rolle spielen to be (ir)relevant
- Das Alter spielt für mich keine Rolle.
80

397 jemand *pron* someone
- Es steht jemand vor der Tür.
205

398 vergehen *verb* to pass (time)
- Wie die Zeit vergeht.
205

399 öffentlich *adj* public
- Die Sitzung des Parlaments ist öffentlich.
204

400 Tür *die* door
- Sein Name steht an der Tür.
204

401 Schüler *der* pupil, student (USA)
- Alle Schüler treffen sich donnerstags in der Aula.
203

402 Bedeutung *die* meaning, significance
- Was hat das für eine Bedeutung?
201

403 Text *der* text
- Der Text ist zu lang.
201

404 ach *part* oh
- Ach, ist das ärgerlich!
200

405 Ergebnis *das* result
- Die Projektgruppe stellt ihre Ergebnisse vor.
200

406 helfen *verb* to help
- Kinder sollten im Haushalt helfen.
200

407 Krieg *der* war
- Die Soldaten ziehen in den Krieg.
200

nach dem Krieg after the war
- Nach dem Krieg waren Lebensmittel rationiert.
19

408 sechs *num* six
- Wir haben sechs Richtige im Lotto.
200

409 niemand *pron* no one, nobody
- Im Zimmer war niemand zu sehen.
199

410 gewinnen *verb* to win, gain
- Sie möchte eine Medaille gewinnen.
198

411 halb *adj* half
- Wir gehen halb eins essen.
198

412 schließen *verb* to close
- Schließen Sie jetzt bitte die Augen.
197

413 Weise *die* way, manner
- Auf welche Weise lösen wir das Problem am schnellsten?
196
auf diese Weise in this manner
- Auf diese Weise kommen wir nie zum Ziel.
32

414 Regierung *die* rule, government
- Die Regierung sitzt in Berlin.
195

415 wahrscheinlich *adj* probable
- Es wird wahrscheinlich eine Stunde dauern.
194

416 europäisch *adj* European
- Die gemeinsame europäische Währung ist der Euro.
193

417 Stück *das* piece
- Ich möchte noch ein Stück Kuchen.
193

418 Wohnung *die* apartment, flat
- Die Wohnung ist im dritten Stock.
193
in der Wohnung in the apartment
- In der Wohnung hat es gebrannt.
18

419 fühlen *verb* to feel
- Sie fühlt sich schlecht.
192

420 Gespräch *das* conversation
- Ein vernünftiges Gespräch war nicht mehr möglich.
192
für das Gespräch for the discussion
- Ich danke Ihnen für das Gespräch.
26

421 bieten *verb* to offer
- Nach dem Vortrag bietet sich die Gelegenheit zu einem Stadtrundgang.
191

422 interessieren
1 verb to interest
- Das fünfte Kapitel interessiert uns heute besonders.
2 interessieren (sich) to be interested
- Hans interessiert sich für Architektur.
191

423 wesentlich *adj* essential, fundamental
- Das ist ein ganz wesentlicher Unterschied.
191
im Wesentlichen essentially
- Der Verein finanziert sich im Wesentlichen aus Spenden.
30

424 erinnern
1 verb to remind
- Ich werde dich daran erinnern.
2 erinnern (sich) to remember
- Ich kann mich nicht daran erinnern.
190

425 Meter *der* metre
- Ein Meter sind 100 Zentimeter.
190

426 her *adv* from sth, as far as . . . is concerned
- Von den Noten her müsste sie sich eigentlich keine Sorgen machen.
187

427 Punkt *der* dot, point, period
- Der Minister trägt einen Schlips mit Punkten.
187

428 Situation *die* situation
- Das ist eine komplizierte Situation.
187

429 ähnlich *adj* similar
- Bernd sieht seinem Bruder ähnlich.
186

430 ergeben
1 verb to result in
- Vier plus vier ergibt acht.
2 ergeben (sich) to yield, surrender
- Der Bankräuber ergab sich der Polizei.
186

431 dagegen *pron* against it, on the other hand
- Mein Chef ist dagegen.
185

432 häufig *adj* frequent
- Hier werden häufige Wörter gesammelt.
185

433 Lehrer *der* teacher
- Jakob mag seinen Lehrer.
185

434 anbieten *verb* to offer
- Die Firma bietet einen Rabatt von 10% an.
184

435 ebenso *adv* just as, as much as, as well
- Haribo macht Kinder froh, und Erwachsne ebenso.
184
ebenso . . . wie as well as
- Margarine ist zum Braten ebenso gut geeignet wie Butter.
102

436 studieren *verb* to study
- Nach ihrem Abitur will Melanie Psychologie studieren.
184

437 danach *pron* after it, afterwards
- Danach hörte er Musik.
183

438 Preis *der* price, prize
- Der Preis war unangemessen hoch.
183

439 Abbildung, Abb. *die* illustration
- Abbildung B zeigt ein Modell des Versuchsaufbaus.
182

440 Begriff *der* concept, idea, term
- Freiheit ist ein komplizierter Begriff.
182

441 Funktion *die* function
- Welche Funktion hat ein Antiblockiersystem?
182

442 verbinden *verb* to connect, link
• Verbinden Sie Punkt A mit Punkt B.
182

443 ziemlich *adv* quite, fairly
• Das war ziemlich peinlich.
182

444 ansehen *verb* to look at, watch
• Ich sehe mir gleich die Nachrichten an.
181

445 Boden *der* ground, floor, bottom
• Auf dem Boden liegt ein Teppich.
181
am Boden on the floor
• Am Boden sammeln sich Staubflocken.
18
auf dem Boden on the floor
• Ein dicker grüner Teppich liegt auf dem Boden.
20

446 fehlen *verb* to lack, be missing, be absent
• Hier fehlt ein Geländer.
181

447 Jahrhundert *das* century
• Im letzten Jahrhundert wurde das Fernsehen erfunden.
181

448 Sohn *der* son
• Sie hat zwei Söhne.
181

449 Werk *das* work
• Er hat ein gutes Werk getan.
181

450 bedeuten *verb* to mean
• Was bedeutet das?
180

451 schwarz *adj* black
• Dort stand es schwarz auf weiß.
180

452 vergleichen *verb* to compare
• Vergleich doch mal die Preise!
180

453 außerdem *adv* besides, in addition
• Außerdem spiele ich Fußball.
179

454 inzwischen *adv* in the meantime
• Inzwischen wurde es dunkel.
179

455 sofort *adv* immediately
• Du gehst sofort schlafen!
179

456 steigen *verb* to climb, increase
• Die Aktien steigen.
179

457 Stimme *die* voice, vote
• Sie hat eine angenehme Stimme.
179

458 acht *num* eight
• Um acht hole ich dich ab.
177

459 plötzlich *adv* suddenly
• Plötzlich fing es an zu regnen.
177

460 Rahmen *der* frame, framework
• Der Rahmen war aus einem dunklen Holz geschnitzt.
177
im Rahmen within the context, within the framework
• Die Ergebnisse werden im Rahmen eines Kongresses diskutiert.
111

461 Richtung *die* direction
• In welche Richtung müssen wir fahren?
177

462 völlig *adj* complete
• Das ist völlig überflüssig.
177

463 nutzen *verb* to use
• Maik nutzt für seine Recherchen häufig das Internet.
176

464 Programm *das* programme
• Als nächstes steht eine Diskussion auf dem Programm.
176

465 Angst *die* fear, anxiety
• Vor Angst konnte er nicht reden.
175

466 gering *adj* low, small
• Das ist ein geringes Problem.
175

467 Information *die* information
• Ihm wurden Informationen vorenthalten.
175

468 Kunst *die* art
• Schreiben ist eine Kunst.
175

469 Musik *die* music
• Musik verbindet die Menschen.
175

470 schauen *verb* to look
• Martin schaut aus dem Fenster.
175

471 schwierig *adj* difficult
• Bowling ist schwieriger, als ich dachte.
175

472 Politik *die* politics
• Die Politik ist kein Wundermittel.
174

473 verlassen
1 verb to leave
• Wir verlassen das Haus um 8 Uhr.
2 verlassen (sich) to depend, rely on
• Ich verlasse mich auf dich.
174

474 manche (r, s) *pron* some, many a
• Manche Kinder essen keinen Spinat.
173

475 bald *adv* soon
• Meine Tochter kommt bald in die Schule.
172

476 einsetzen *verb* put in, insert
• Setzen Sie das Wort hier ein!
172

Plants and gardening (occurrences per million)

wachsen	170	**Blüte**	20	**Mais**	9
Baum	85	**Kartoffel**	20	**Bohne**	8
Wald	83	**Rose**	17	**pflanzen**	7
Pflanze	67	**Frucht**	17	**Kiefer**	7
Blatt	65	**Zweig**	16	**Kastanie**	6
Blume	35	**Ast**	15	**Nuss**	5
blühen	21	**Getreide**	12	**Weizen**	5
Zwiebel	21	**Salat**	12	**Apfelbaum**	4
Gras	21	**Busch**	9	**Buche**	3
Stamm	20	**Knoblauch**	9	**Tanne**	3

477 **Beruf** *der* occupation, job, profession
 • Er hasst seinen Beruf.
  171

478 **praktisch** *adj* practical
 • Ich finde kein praktisches Beispiel.
  171

479 **ändern** *verb* to change
 • Sie änderten ihre Meinung.
  170

480 **genug** *adv* enough
 • Ich habe nicht genug Geld.
  170

481 **persönlich** *adj* personal
 • Ich persönlich fand den Film gar nicht so schlecht.
  170

482 **wachsen** *verb* to grow
 • Gras wächst fast überall.
  170

483 **ausgehen** *verb* to go out, assume
 • Ich gehe davon aus, dass du mitkommst.
  169

484 **Regel** *die* rule
 • Ausnahmen bestätigen die Regel.
  169
 in der Regel normally
 • In der Regel wird das Geld Ende des Monats überwiesen.
  97

485 **Schritt** *der* step
 • Er wollte immer einen Schritt voraus sein.
  169

486 **−jährig** *adj* years (old)
 • Der 4-jährige Sebastian sucht seine Mutti.
  168

487 **Absatz, Abs.** *der* sales, paragraph, heel
 • Lesen Sie bitte den ersten Absatz!
  168

488 **geschehen** *verb* to happen, occur
 • Was ist denn geschehen?
  168

489 **Gott** *der* god
 • Ich bin der Herr, dein Gott, du sollst keine anderen Götter haben neben mir.
  168

 Gott sei Dank Thank God
 • Gott sei Dank ist niemand ernsthaft verletzt.
  17
 mein Gott my God
 • Mein Gott, ist das heute aber kalt!
  17

490 **Auto** *das* automobile, car
 • Mein Auto hat einen Totalschaden.
  167
 mit dem Auto by car
 • Ich hole dich mit dem Auto vom Bahnhof ab.
  22

491 **beschreiben** *verb* to describe
 • Beschreib mir doch mal deine Traumfrau!
  167

492 **Beziehung** *die* relation, relationship
 • Welche Beziehung besteht zwischen Molekülen und Atomen?
  167

493 **Erfahrung** *die* experience
 • Ich habe keine Erfahrung mit Mikrowellen.
  167

494 **Tisch** *der* table
 • Auf dem Tisch liegt eine Tischdecke.
  167
 auf den Tisch on the table
 • Stell den Karton auf den Tisch!
  24
 auf dem Tisch on the table
 • Auf dem Tisch steht eine Blumenvase.
  16

495 **annehmen** *verb* to accept, assume
 • Ich nehme an, er hat Recht.
  166

496 **endlich** *adv* finally, at last
 • Endlich Ferien!
  166

497 **kriegen** *verb* to get, receive
 • Du kriegst heute kein Abendbrot!
  166

498 **Zukunft** *die* future
 • In Zukunft werde ich weniger rauchen.
  166

499 planen *verb* to plan
- Die Klasse plant einen Wandertag im Wattenmeer.
165

500 Spiel *das* game
- Das Spiel ist aus.
165

501 wirken *verb* to have an effect, to work
- Das Medikament wirkt schnell.
165

502 Gefühl *das* feeling
- Ich habe kein gutes Gefühl dabei.
164

503 Licht *das* light
- Mach das Licht aus, es blendet!
164

504 modern *adj* modern
- Moderne Autos haben Airbags serienmäßig.
164

505 Präsident *der* president
- Der Präsident des Bundestags mahnte zur Ruhe.
164

506 tief *adj* deep
- Das Baby schläft so tief, dass es nichts hört.
164

507 bezeichnen *verb* to call, name
- Wie bezeichnet man den östlichen Teil einer Kirche?
163

508 Markt *der* market
- Es existiert zur Zeit kein Markt für Rollschuhe.
163

509 Bank *die*
a) bank
- Ich habe noch in der Bank zu tun.
b) bench
- Die Bank ist frisch gestrichen.
162

510 innerhalb *prep* within
- Innerhalb dieses Gebietes gibt es Landminen.
162

511 insbesondere *adv* especially
- Insbesondere alte Menschen trinken zu wenig.
162

512 Partei *die* (political) party
- Die Kommunistische Partei erzielte einen Vorsprung von 12 Prozent.
162

513 tatsächlich *adj* real, actual
- Er hat doch tatsächlich geheiratet!
162

514 Tochter *die* daughter
- Die Tochter des Bürgermeisters eröffnete den Ball.
162

515 befinden (sich) *verb* to be
- Der Park befindet sich außerhalb der Innenstadt.
161

516 passieren *verb* to take place, happen
- Auf dieser Straße passieren viele Unfälle.
161

517 Verhältnis *das* relationship
- Sie hatten kein gutes Verhältnis zueinander.
161

518 zusätzlich *adj* additional
- Zusätzlich zu seinem Studium absolvierte er noch drei freiwillige Praktika.
161

519 Kirche *die* church
- Die Kirche steht auf einem Hügel.
160

520 aufgrund *prep* on the basis of, because of
- Aufgrund einer Störung fiel der Strom für drei Stunden aus.
159

521 hin *adv* there
- Ich möchte eine Fahrkarte hin und zurück.
159

hin und her back and forth
- Das Kind bewegt seinen Kopf eigenartig hin und her.
24

hin und wieder every now and then
- Torsten besucht seine Eltern nur hin und wieder.
19

522 amerikanisch *adj* American
- Ein amerikanischer Physiker gewann den Nobelpreis.
158

523 ebenfalls *adv* likewise
- Die Nachfrage nach DVD-Spielern ist ebenfalls gesunken.
158

524 Film *der* film
- Ich habe mir den Film auf DVD gekauft.
158

525 nachdem *conj* after
- Nachdem sie geheiratet hatten, bekamen sie auch bald Kinder.
158

526 rufen *verb* to call
- Der Verletzte ruft um Hilfe.
158

527 wirtschaftlich *adj* economic, financial
- Wirtschaftlich gesehen können wir uns das Unternehmen nicht leisten.
158

528 aufnehmen *verb* to record, include
- Ich nehme die Talkshow auf, um sie später auszuwerten.
157

529 Gedanke *der* thought
- Mach dir keine Gedanken!
157

530 gestern *adv* yesterday
- Gestern zerstörte ein Wirbelsturm zwei Wohnhäuser.
157

531 interessant *adj* interesting
- Interessante Diplomarbeiten sind selten.
157

532 zunehmen *verb* to increase
- In Deutschland nimmt die Ausländerzahl zu.
157

533 bestimmen *verb* to decide, determine
- Musst du immer alles bestimmen?
156

534 Doktor, Dr. *der* doctor
- Um den Titel des Doktors zu erlangen, muss man promovieren.
156

535 fordern *verb* to demand, claim
- Sie forderten Gleichberechtigung.
156

536 gefallen *verb* to please
- Das Lied gefällt mir.
156

537 Mädchen *das* girl
- Mädchen sind oft die besseren Schüler.
156

538 öffnen *verb* to open
- Jemand öffnete die Tür.
156

539 schlagen *verb* to hit, beat
- Das Herz schlägt in der Brust.
156

540 trotz *prep* in spite of
- Trotz der geringen Niederschläge erwarten wir eine gute Ernte.
156

541 bevor *conj* before
- Bevor ich zu dir komme, rufe ich dich an.
155

542 Entscheidung *die* decision
- Wir müssen eine klare Entscheidung treffen.
155

543 Prozess *der* trial, process
- Das ist ein langwieriger Prozess.
155

544 relativ *adj* relative
- Meine Wohnung ist relativ klein.
155

545 treten *verb* to step
- Der Redner tritt ans Mikrofon.
155

546 Betrieb *der* business, operation
- Im Betrieb wird gestreikt.
154

547 bitte *adv* please
- Schau mich bitte nicht so an!
154

548 gleichzeitig *adj* simultaneous
- Sie sprangen gleichzeitig von der Brücke.
154

549 übernehmen *verb* to take over
- Können Sie diese Aufgabe übernehmen?
154

550 verändern *verb* to change
- Der Hubschrauber veränderte seine Flugrichtung.
154

551 Zusammenhang *der* connection, context
- Da besteht bestimmt ein Zusammenhang.
154
im Zusammenhang mit in connection with
- Welche Gefahren sehen Sie im Zusammenhang mit einer zweiten EU-Erweiterung?
30
in diesem Zusammenhang in this context
- In diesem Zusammenhang möchte ich auf eine weiteres Problem hinweisen.
25

552 Gesetz *das* law
- Er hat das Gesetz gebrochen.
153

553 zusammen *adv* together
- Zusammen sind wir stark.
153

554 Arm *der* arm
- Ich habe mir meinen Arm gebrochen.
152

555 Firma *die* firm, company
- Viele Firmen gehen an die Börse.
152

556 grün *adj* green
- Die Bäume werden grün.
152

557 jedenfalls *adv* in any case
- Ich jedenfalls habe Hunger.
152

558 Kraft *die* strength, power
- Ich hab keine Kraft mehr.
152

559 lachen *verb* to laugh
- Lachen ist gesund.
152

560 September *der* September
- Am 1. September ist Weltfriedenstag.
152

561 Student *der* student
- In vielen Seminaren gibt es zu viele Studenten.
152

562 verwenden *verb* to use
- Wie verwendet man eine Freisprechanlage?
152

563 weiß *adj* white
- Schneewittchens Haut war weiß wie Schnee.
152

564 wählen *verb* to choose, elect, vote
- Ich habe am Sonntag nicht gewählt.
151

Months (occurrences per million)

September	152	Januar	67	März	49
Oktober	113	Dezember	65	April	49
November	85	Juli	56	August	48
Mai	70	Juni	52	Februar	40

565 Zuhause
1 das home
• Struppi hat bei Möllers ein neues Zuhause gefunden.
2 zuhause adv at home
• Du kannst mich zuhause anrufen.
151

566 Chance *die* chance
• Ihm wurde keine zweite Chance gegeben.
150

567 wobei *adv* where, which, whereas
• Wobei du nicht unbedingt Recht haben musst.
150

568 erfolgen *verb* to take place, occur
• Danach erfolgt ein weiterer Arbeitsschritt.
149

569 gesamt *adj* whole, entire
• Die gesamte Universität musste evakuiert werden.
149

570 sieben *num* seven
• Die sieben Zwerge wohnen hinter den sieben Bergen.
149

571 speziell *adj* special, specific
• Das ist eine sehr spezielle Frage.
149

572 Zeitung *die* newspaper
• Beim Frühstück lese ich immer die Zeitung.
149

573 bloß
1 adv only, simply, just
• Mach mir bloß keine Probleme!
2 adj bare, mere
• Der bloße Gedanke daran macht mich nervös.
148

574 enthalten
1 verb to contain
• Die Creme enthält keine Konservierungsstoffe.
2 enthalten (sich) to abstain
• Ich enthalte mich der Stimme.
148

575 betrachten *verb* to look at, consider
• Er betrachtet sich als einen großen Künstler.
147

576 entscheiden *verb* to decide
• Katja kann sich nicht zwischen Kai und Karsten entscheiden.
147

577 Erfolg *der* success
• Ich hatte mit meiner Bewerbung keinen Erfolg.
147

578 gelingen *verb* to succeed
• Ihr gelang ein großartiger Roman.
147

579 Grenze *die* border, frontier
• An der Grenze gibt es einen Zaun.
147

580 jeweils *adv* each, each time
• Jeweils ein Erwachsener kümmert sich um fünf Kinder.
146

581 kaufen *verb* to buy
• Kauf dir doch einen Schal, wenn es so kalt ist.
146

582 Satz *der* sentence
• Sag das doch mal in einem Satz!
146

583 wann *pron* when
• Wann fährt die Straßenbahn?
146

584 Angebot *das* offer
• Ihr Angebot gefällt mir.
145

585 darum *pron* around it, therefore
• Darum sind wir nicht gekommen.
145

586 entscheidend *adj* decisive
• Der entscheidende Vorteil für die Investition lag in den Steuervergünstigungen.
145

587 erfahren *verb* to experience, find out
• Er erfuhr davon aus dem Fernsehen.
145

588 Internet *das* internet
• Im Internet findest du bestimmt viele Informationen dazu.
145 –L, –S

589 pro
1 prep per
• Wir trinken pro Woche etwa einen Kasten Bier.
2 Pro das pro
• Pro und Contra sollte man gewissenhaft abwägen.
145

590 unten *adv* down
- Unten im Keller lagern noch 20 Weinflaschen.
145

591 eng *adj* narrow, close
- Er ist ein enger Verwandter.
144

592 insgesamt *adv* in all, altogether
- In der Bibliothek stehen insgesamt 200.000 Bücher.
144

593 Kultur *die* culture
- In der arabischen Kultur denkt man anders darüber.
144

594 technisch *adj* technical
- Das ist ein technisches Problem.
144

595 vergessen *verb* to forget
- Ich vergesse immer, wie sie heißt.
144

596 Lage *die* situation, location
- Die Lage verschlechtert sich.
143

  in der Lage sein to be able to, to be in a position
- Die Mediziner sind nicht in der Lage, alle Krankheiten zu heilen.
40

597 Leistung *die* performance
- Leistung muss belohnt werden.
143

598 Mitglied *das* member
- Alle Mitglieder treffen sich morgen Nachmittag.
143

599 stattfinden *verb* to take place, occur
- Die Versammlung findet in der Aula statt.
143

600 vorher *adv* earlier, beforehand
- Vorher lese ich noch den Artikel zu Ende.
143

601 beispielsweise *adv* for example
- Meine Mutter beispielsweise nimmt zum Braten Butter.
142

602 bewegen *verb* to move
- Das Rad bewegt sich nicht mehr.
142

603 feststellen *verb* to establish, detect
- Die Kommission konnte keine Unregelmäßigkeiten bei der Wahl feststellen.
142

604 langsam *adj* slow
- Faultiere und Teenager bewegen sich sehr langsam.
142

605 Projekt *das* project
- Wer finanziert das Projekt?
142

606 verschwinden *verb* to disappear
- Es verschwinden immer mehr Löffel aus der Mensa.
142

607 dienen *verb* to serve
- Dieser Knopf dient zum Auslösen des Alarms.
141

608 trinken *verb* to drink
- Ich habe nichts mehr zu trinken.
141

609 Zimmer *das* room
- Sie hat ihr Zimmer rot gestrichen.
141

610 Chef *der* head, leader, boss
- Mein Chef ist nie da.
140

611 meist *adv* mostly
- Es regnet meist gegen Abend.
140

612 ständig *adj* constant
- Ich denke ständig an dich.
140

613 Zug *der* train
- Der Zug aus Dresden hatte zehn Minuten Verspätung.
140

  im Zuge in the course
- Im Zuge der Umstrukturierung fallen viele Stellen weg.
21

614 Arzt *der* physician, doctor
- Mein Arzt verschrieb mir eine Salbe.
139

615 auftreten *verb* to appear, occur
- Es treten Schwierigkeiten auf.
139

  Auftreten *das* behaviour, conduct, occurrence
- Ihr Auftreten war höchst peinlich.
22

616 Fuß *der* foot
- Er stolpert noch über seine eigenen Füße.
139

617 Körper *der* body
- Der menschliche Körper besteht größtenteils aus Wasser.
139

618 notwendig *adj* necessary
- Das ist jetzt nicht mehr notwendig.
139

619 Klasse *die* class
- Sie kommt in die zweite Klasse.
138

620 Lösung *die* solution
- Die Lösung ist ganz einfach.
138

621 rein *adj* pure, clear, clean
- Das ist ja reines Wasser!
138

622 sowohl *conj* both . . . and
- Das betrifft sowohl Männer als auch Frauen.
138

sowohl . . . als auch both . . . and
- Auf der Feier gab es sowohl Bier als auch Wein.
108

623 stimmen *verb* to be correct, vote, tune
- Das kann nicht stimmen!
138

das stimmt that´s right
- Das stimmt gar nicht!
33

624 trotzdem *adv* nevertheless
- Ich habe trotzdem Angst.
138

625 verhalten (sich) *verb* to behave, react
- Wie soll ich mich da verhalten?
138

Verhalten *das* behaviour
- Ihr Verhalten ist lobenswert.
91

626 zudem *adv* moreover, besides
- Zudem hat er jahrelang im Ausland gearbeitet.
138

627 berichten *verb* to report
- Die Zeitungen berichten von der Wahl.
137

628 englisch
1 adj English
- Der englische Thronfolger heiratet.
2 **Englisch** *das* English
- Alle Welt spricht Englisch.
137

629 Höhe *die* height, altitude
- Quito liegt auf einer Höhe von 2800 Metern.
137

in Höhe in the amount of
- Sie erzielten einen Umsatz in Höhe von mehreren tausend Euro.
30

630 Junge *der* boy
- Die Jungen spielen Fußball.
137

631 rechnen *verb* to calculate, do arithmetic
- Rechnen lernt man in der Schule.
137

632 wissenschaftlich *adj* scientific, scholarly
- Wissenschaftliche Aufsätze sind oft schwer zu lesen.
137

633 beobachten *verb* to observe, watch
- Beobachten Sie die Löwen bei der Fütterung!
136

634 Fenster *das* window
- Er öffnet das Fenster.
136

635 Luft *die* air
- Die Luft ist verschmutzt.
136

in der Luft in the air
- Eine Grippe liegt in der Luft.
17

636 Meinung *die* opinion
- Meiner Meinung nach dürfen wir das nicht.
136

637 erleben *verb* to experience
- Gleich kannst du was erleben!
135

638 falsch *adj* false, wrong
- Irgendwas habe ich falsch gemacht.
135

639 fremd *adj* foreign, strange
- Das ist mir vollkommen fremd.
135

640 holen *verb* to get, fetch
- Gehst du heute Brötchen holen?
135

641 Idee *die* idea
- Ideen müsste man haben!
135

642 leider *adv* unfortunately
- Wir können leider nicht mitkommen.
135

643 Produkt *das* product
- Haferflocken sind ein natürliches Produkt.
135

644 französisch
1 adj French
- Deutsche finden den französischen Akzent erotisch.
2 **Französisch** *das* French
- Ich lerne seit der 7. Klasse Französisch.
134

645 mindestens *adv* at least
- Für den Kuchen braucht man mindestens drei Eier.
134

646 selten *adj* rare
- Jens schaut selten fern.
134

647 Studium *das* study, studies
- Ihr Studium dauert drei Jahre.
134

648 Vergleich *der* comparison
- Im Vergleich zu dir geht es mir noch gut.
134

im Vergleich zu in comparison with
- Im Vergleich zu Hongkong ist Berlin eine Kleinstadt.
32

649 Mittel *das* means
- Dagegen gibt es ein Mittel.
133

650 Modell *das* model
- Im Foyer steht ein Modell des Gebäudes.
133

651 normal *adj* normal
- Heute ist ein ganz normaler Tag.
133

652 zumindest *adv* at least
- Zumindest der Chef sollte davon wissen.
133

653 Natur *die* nature
- Im Frühjahr erwacht die Natur zu neuem Leben.
132

654 Bett *das* bed
- Das Bett steht im Schlafzimmer.
131

655 essen *verb* to eat
- Kinder essen gern Spaghetti.
131

656 Kunde *der* customer, client
- Der Kunde ist König.
131

657 Mitarbeiter *der* employee, co-worker
- Alle Mitarbeiter wurden entlassen.
131

658 reichen *verb* to reach, be enough
- Jetzt reicht es aber!
131

659 sterben *verb* to die
- Goethe starb 1832.
131

660 Tod *der* death
- Nach dem Tod seiner Frau zog Reinhard zu seinem Sohn.
131

661 unterscheiden *verb* to distinguish
- Man unterscheidet zwischen Zitronen und Limetten.
131

662 wahr *adj* true
- Das kann doch nicht wahr sein!
131

663 Geschäft *das* business
- Meinem Geschäft geht es wieder besser.
130

664 leisten *verb* to achieve
- Sie hat in ihrem Leben viel geleistet.
130

665 privat *adj* private
- Das ist meine private Telefonnummer.
130

666 Spaß *der* fun
- Das macht keinen Spaß mehr.
130

667 tot *adj* dead
- Wagner ist seit 121 Jahren tot.
130

668 Wirtschaft *die* economy, commerce
- Die Wirtschaft nimmt Einfluss auf die Politik.
130

669 irgendwo *adv* somewhere
- Irgendwo habe ich den Schlüssel hingelegt.
129

670 Tier *das* animal
- Tiger sind wilde Tiere.
129

671 verlangen *verb* to request, demand
- Ich verlange nichts Unmögliches.
129

672 werfen *verb* to throw
- Ruben wirft Sophie den Ball an den Kopf.
129

673 Bewegung *die* movement, motion
- Er ist ständig in Bewegung.
128

674 fest *adj* firm, solid
- Sie hat eine feste Meinung.
128

675 Gast *der* guest
- Er ist mein Gast.
128

676 Sicherheit *die* security, safety
- Sicherheit ist wichtiger als Schnelligkeit.
128

677 Einsatz *der* inset, deployment
- Das ist ein freiwilliger Einsatz.
127

678 Gebiet *das* region, area
- Anatomie ist ein Gebiet der Medizin.
127

679 vorliegen *verb* to be, exist
- Ihr Antrag liegt uns vollständig vor.
127

680 zählen *verb* to count
- Er kann schon von 1 bis 10 zählen.
127

681 Dank *der* gratefulness
- Mein Dank ist dir gewiss.
126
Vielen Dank Thanks a lot
- Vielen Dank für Ihre Hilfe.
39

682 Dorf *das* village
- Das Dorf liegt in einem Tal.
126

683 Kollege *der* colleague
- Die Kollegen treffen sich in der Mittagspause in der Kantine.
126

684 wünschen *verb* to want, wish
- Ich wünsche mir ein Buch zu Weihnachten.
126

685 Angabe *die* information, statement
- Darüber wurden keine Angaben gemacht.
125

686 bauen *verb* to build
- Hier baut die Bundesregierung eine Autobahn.
125

687 Bruder *der* brother
- Sie hat keine Brüder.
125

688 hängen *verb* to hang
- Das Bild hängt an der Wand.
125

689 hoffen *verb* to hope
- Ich hoffe, dir geht es gut.
125

690 positiv *adj* positive
- Sie gab ein positives Urteil ab.
125

691 außer *prep* except, apart from
- Außer ihm hat keiner hier gute Noten.
124

692 freuen
1 verb to be happy
- Das wird ihn freuen.
2 freuen (sich) to be happy, look forward to
- Ich freue mich auf die Ferien.
124

693 teilen *verb* to divide, share
- Der Äquator teilt die Erde in Nord- und Südhalbkugel.
124

694 Verfügung *die* disposal
- Das Gericht hob die einstweilige Verfügung gegen die Veranstalter der Demonstration auf.
124
zur Verfügung stehen to be available
- Ein Telefonanschluss sowie Internet steht Ihnen zur Verfügung.
74
zur Verfügung stellen to provide
- Das Unternehmen stellt Ihnen einen Dienstwagen zur Verfügung.
40

695 bezahlen *verb* to pay
- Kann ich mit Kreditkarte bezahlen?
123

696 dauern *verb* to last, take (time)
- Die Vorstellung dauert zwei Stunden.
123

697 euch *pron* you, yourselves
- Wo seid ihr, ich sehe euch nicht?
123

698 Fach *das* compartment, subject
- Welche Fächer studierst du?
123

699 Herz *das* heart
- Die Ärztin unternahm eine komplizierte Operation am Herzen.
123

700 Kontakt *der* contact
- Wir müssen den Kontakt herstellen.
123

701 Menge *die* quantity, amount
- Es handelt sich um eine größere Menge.
123

702 stecken *verb* to put, be located
- Der Schlüssel steckt im Schlüsselloch.
123

703 besuchen *verb* to visit
- Morgen besuche ich meine Schwiegereltern.
122

704 Sommer *der* summer
- Im Sommer habe ich Geburtstag.
122

705 Unterschied *der* difference
- Es gibt große Unterschiede zwischen Europa und Asien.
122

706 zentral *adj* central
- Das zentrale Problem sind die Kosten.
122

707 Anspruch *der* claim
- Er hat keinen Anspruch auf das Haus.
121

708 Antwort *die* answer, reply
- Ich habe ihm noch keine Antwort gegeben.
121

709 bitten *verb* to request, ask
- Ich bitte dich um einen kleinen Gefallen.
121

710 sorgen *verb* to worry, take care
- Ich sorge für meine Schwester.
121

711 statt *prep* instead of
- Das Buch kostet hier 9 statt 12 Euro.
121

712 Verbindung *die* connection, link
- Es gibt keine Verbindung zwischen hier und dort.
121
in Verbindung mit in connection with
- Hautveränderungen können in Verbindung mit Rheuma auftreten.
17

713 Vorstellung *die* idea, introduction, performance
- Ich habe eine andere Vorstellung davon, was wir machen sollen.
121

714 ankommen *verb* to arrive
- Der Brief ist angekommen.
120

715 Anwendung *die* application, use
- Dieses Computerprogramm kommt oft zur Anwendung.
120

716 beziehen *verb* to refer, put, get
- Ich beziehe mich darauf, was sie gesagt hat.
120

717 fertig *adj* finished, ready
- Das Essen ist fertig!
120

718 spüren *verb* to sense, notice
- Pferde spüren ein nahendes Erdbeben.
120

719 weder *conj* neither . . . nor
- Sie isst weder Fisch noch Fleisch.
120
weder . . . noch neither . . . nor
- Er hat weder Abitur noch einen Hochschulabschluss.
120

Seasons

Season	Translation	Occurrences per million
Sommer	summer	122
Winter	winter	68
Herbst	fall	63
Frühjahr	spring	40
Frühling	spring	16

720 Alter *das* age
• Sie starb im Alter von 75 Jahren.
119

721 grundsätzlich *adj* fundamental
• Ich bin grundsätzlich anderer Meinung.
119

722 Kosten *die (pl)* costs, expenses
• Die Kosten für die Reise übernimmt die Firma.
119

723 Patient *der* patient
• Der Arzt untersucht einen Patienten.
119

724 Polizei *die* police
• Die Polizei erreicht den Unfallort zuerst.
119

725 Theater *das* theatre
• Das Theater ist eines der schönsten Gebäude der Stadt.
119

726 zuerst *adv* first
• Zuerst studiere ich, dann mache ich ein Praktikum.
119

727 Ausbildung *die* training, development
• Laura ist noch in der Ausbildung.
118

728 breit *adj* wide, broad
• Ein breiter Fluss trennt uns von unserem Ziel.
118

729 erhöhen *verb* to raise, increase
• Wir müssen unser Angebot erhöhen.
118

730 hart *adj* hard
• Das Leben ist hart.
118

731 vorhanden *adj* available, existing
• Es ist kein Papier mehr vorhanden.
118

732 Gefahr *die* danger
• Er war in großer Gefahr.
117

733 Gerät *das* tool, piece of equipment, appliance
• Ein Thermometer ist ein Gerät zur Temparaturmessung.
117

734 innere (r, s) *adj* internal
• Das ist eine innere Angelegenheit.
117

735 Kilometer *der* kilometre
• Von Leipzig nach München sind es etwa 430 Kilometer.
117

736 unbedingt *adv* absolutely
• Ich muss den Zug unbedingt kriegen.
117

737 Hilfe *die* help
• Wir hoffen auf eure Hilfe.
115

738 melden *verb* to report, register
• Der Wetterbericht meldet Schnee für das Wochenende.
115

739 Computer *der* computer
• Ich arbeite jeden Tag am Computer.
114

740 Dollar *der* dollar
• Der Dollar steht gut im Kurs.
114

741 hinaus *adv* out, beyond
• Darüber hinaus gibt es nichts zu berichten.
114

742 künftig *adj* future
• Auch künftige Generationen müssen auf dieser Welt noch leben können.
114

743 Verfahren *das* method, process, technique
• Dieses Verfahren ist am effektivsten.
114

744 Vertrag *der* contract
• Der Vertrag gilt ab 1. Januar 2006.
114

745 vorkommen *verb* to happen, occur, seem
• Fälle von Korruption kommen auch im Bundestag vor.
114

746 zuletzt *adv* last, in the end
• Zuletzt hat Bruno als Kellner gearbeitet.
114

747 aha *part* aha, I see
• Aha, so ist das also!
113 +s

748 besitzen *verb* to own, have
- Diese Methode besitzt großes Potenzial.
113

749 betonen *verb* to stress
- Der Professor betont noch einmal, dass das Seminar Pflicht ist.
113

750 dennoch *adv* nevertheless
- Gregor hat sich große Mühe gegeben, dennoch hat er die Prüfung nicht bestanden.
113

751 erfüllen *verb* to grant, fulfil
- Alle Bedingungen müssen erfüllt werden.
113

752 historisch *adj* historical
- In jeder Generation kommt es zu historischen Ereignissen.
113

753 knapp *adj* scarce, slim
- Die Partei hat mit knapper Mehrheit gewonnen.
113

754 lieber *adv* rather
- Ich esse lieber Birnen als Äpfel.
113

755 Maßnahme *die* measure
- Jetzt müssen geeignete Maßnahmen zum Hochwasserschutz getroffen werden.
113

756 Mitte *die* middle
- Kassel liegt in der Mitte Deutschlands.
113
in der Mitte in the middle of
- In der Mitte des Zimmers steht ein großer Tisch.
29

757 Oktober *der* October
- Im Oktober ist Erntedankfest.
113

758 Ordnung *die* order, tidiness
- Ordnung ist das halbe Leben.
113

759 sodass *conj* so that
- Ich arbeite heute den ganzen Tag über, sodass ich am Abend Zeit für dich habe.
113

760 Stoff *der* material, substance
- Samt ist ein sehr weicher Stoff.
113

761 zugleich *adv* both, at the same time
- Es ist kalt, zugleich weht ein starker Wind aus Nord.
113

762 Beginn *der* beginning
- Der Beginn der Sommerzeit ist Ende März.
112

763 Glück *das* luck, fortune
- Alles Gute und viel Glück zum Geburtstag!
112

764 Wochenende *das* weekend
- Am Wochenende fahren wir aufs Land.
112

765 Professor *der* professor
- Der Professor betreut viele Studierende.
111

766 Reihe *die* row, line
- Stellt euch bitte in einer Reihe auf!
111
eine Reihe von a series of
- Für die Gründung eines Vereins gibt es eine Reihe von Vorschriften.
22

767 Westen, West *der* west
- Im Westen ist die Arbeitslosigkeit niedriger als im Osten.
111

768 beteiligen *verb* to participate
- Viele Studenten beteiligten sich an der Demonstration.
110

769 Bevölkerung *die* population, people
- Die Bevölkerung verlangt Reformen.
110

770 indem *conj* while, by
- Tim hält sich gesund, indem er viel Sport treibt.
110

771 Institut *das* institute
- Am Institut für Linguistik lehrt ein Gastprofessor aus den USA.
110

772 merken *verb* to notice, remember
- Ich kann mir seinen Namen nicht merken.
110

773 nochmal *adv* again
- Ich habe den Film nochmal gesehen.
110

774 Osten, Ost *der* east
- Im Osten geht die Sonne auf.
110

775 passen *verb* to fit
- Der Deckel passt nicht auf den Topf.
110

776 Schwester *die* sister
- Ich habe zwei ältere Schwestern.
110

777 aktuell *adj* current
- Die aktuellsten Daten findet man im Internet.
109

778 danke *adv* thanks
- Danke für deine Hilfe!
109

779 derzeit *adv* at the moment
- Derzeit wiederholt das Fernsehen eine Serie aus den 80er Jahren.
109

780 eignen (sich) *verb* to be suitable
- Dieses Messer eignet sich sehr gut zum Brotschneiden.
109

781 Erde *die* earth, ground, soil
- Die Erde bewegt sich um die Sonne.
109

782 richten *verb* to direct, repair, follow
- Ich richte mich nicht nach deinen Wünschen.
107

783 umfassen *verb* to include, consist of
- Das Menü umfasst fünf Gänge.
109

784 Ebene *die* plane, level
- Dieses Problem muss man auf verschiedenen Ebenen betrachten.
108

785 irgendetwas, irgendwas *pron* something, anything
- Irgendwas hier riecht verbrannt.
108

786 Reise *die* journey, trip
- Anschließend unternahm er eine Reise nach Italien.
108

787 schlafen *verb* to sleep
- Ich schlafe acht Stunden pro Tag.
108

788 übrig *adj* remaining, left
- Es ist nichts mehr von der Suppe übrig.
108
im Übrigen by the way, incidentally
- Im Übrigen kann die Uni leicht mit dem Bus erreicht werden.
29

789 unterstützen *verb* to support
- Die Eltern unterstützen ihre Tochter während ihres Studiums finanziell.
108

790 zuvor *adv* before
- Ich habe gleich ein Seminar, zuvor muss ich noch etwas kopieren.
108

791 Einheit *die* unity, unit
- Die Deutsche Einheit kam für viele überraschend.
107

792 Haar *das* hair
- Ich lasse mir heute meine Haare schneiden.
107

793 lächeln *verb* to smile
- Bitte lächeln Sie in die Kamera!
107
Lächeln *das* smile
- Harry war von Sallys Lächeln hingerissen.
31

794 Montag *der* Monday
- Am Montag beginnt die Arbeitswoche.
107

795 Nähe *die* vicinity, proximity
- Die Nähe zur Innenstadt macht die Wohnung attraktiv.
107
in der Nähe in the vicinity, nearby
- In der Nähe der Universität sind nette Kneipen.
61

796 Prinzip *das* principle
- Ich esse aus Prinzip kein Fleisch.
107
im Prinzip in principle
- Im Prinzip steht Ihrer Ausreise nichts im Wege.
38

797 schlimm *adj* bad, serious
- Am nächsten Tag jedoch bekam er eine schlimme Nachricht.
107
schlimmer *adj* worse
- Grippe ist schlimmer als Angina.
24

798 teilweise *adv* partly
- Diabetes ist teilweise genetisch bedingt.
107

799 Vorteil *der* advantage
- Der Vorteil dieser Methode ist offensichtlich.
107

800 beschäftigen *verb* to employ, be busy, deal with
- Mit solchen Sachen beschäftige ich mich nicht.
106

801 daraus *pron* from it
- Daraus lässt sich schlussfolgern, dass das Rechteck größer als das Quadrat ist.
106

802 lösen *verb* to solve, loosen
- Probleme löst man am besten gemeinsam.
106

803 Struktur *die* structure
- An der föderalen Struktur Deutschlands sollte nicht gerüttelt werden.
106

804 antworten *verb* to answer
- Anna antwortet auf die Frage ihrer Lehrerin.
105

805 Autor *der* author
- Thomas Brussig ist ein zeitgenössischer deutscher Autor.
105

806 Bedingung *die* condition, stipulation
- Unter solchen Bedingungen kann ich nicht arbeiten.
105

Days of the week (occurrences per million)

Montag	107	Mittwoch	79	Donnerstag	65
Sonntag	104	**Freitag**	68	**Sonnabend**	15
Dienstag	83	**Samstag**	66		

807 lieb *adj* dear, kind
- Alina ist ein liebes Kind.
105

808 miteinander *adv* with each other
- Die Kinder spielen miteinander im Sandkasten.
105

809 Risiko *das* risk
- Das Risiko, vom Rauchen Lungenkrebs zu bekommen, ist sehr hoch.
105

810 trennen *verb* to separate
- Die Mauer trennte die beiden deutschen Staaten.
105

811 Wahl *die* choice, election
- Wer die Wahl hat, hat die Qual.
105

812 Wirkung *die* effect
- Alkohol hat keine große Wirkung auf mich.
105

813 Brief *der* letter
- Ein Brief kostet 55 Cent Porto.
104

814 einstellen *verb* to adjust, employ, stop
- Ich kann mich gut auf Veränderungen einstellen.
104

815 Größe *die* size, height
- Die Miete hängt von der Größe der Wohnung ab.
104

816 lieben *verb* to love
- Ich liebe Picknicks im Park.
104

817 Medien *die (pl)* media
- In den Medien wird über den neuen Bestseller berichtet.
104

818 Sonntag *der* Sunday
- Am Sonntag haben die Läden geschlossen.
104

819 dunkel *adj* dark
- Draußen wird es schon dunkel.
103

820 durchaus *adv* absolutely
- Ich bin durchaus deiner Meinung, würde aber gerne noch etwas warten mit der Entscheidung.
103

821 durchführen *verb* to carry out, hold
- Wir führen in diesem Monat keine Kurse mehr durch.
103

822 genügen *verb* to be sufficient
- Eine Tasse Kaffee pro Tag genügt mir.
103

823 laut *prep* according to
- Laut Fahrplan müsste der Zug jeden Moment kommen.
103

824 Macht *die* power, strength
- Die Presse ist die vierte Macht im Staate.
103

825 meistens *adv* mostly
- Meistens fahre ich mit dem Rad zur Uni.
103

826 offenbar *adj* obvious
- Hier handelt es sich offenbar um einen Fehler.
103

827 rechte (r, s) *adj* right
- In Deutschland fährt man auf der rechten Straßenseite.
103

828 Untersuchung *die* examination, investigation
- Die Untersuchung findet am Montag statt.
103

829 Veränderung *die* change
- Ich kann mich schwer auf Veränderungen einstellen.
103

830 aufbauen *verb* to build up
- Die Bürger bauen die Kirche nach der Zerstörung wieder auf.
102

831 bestätigen *verb* to confirm, endorse
- Das Gericht bestätigt seine Unschuld.
102

832 Daten *die (pl)* data
- Derzeit liegen uns keine Daten zu diesem Fall vor.
102

833 deswegen *adv* therefore, that's why
- Ich habe keine Zeit zu lernen. Deswegen verschiebe ich die Prüfung.
102

834 Einfluss *der* influence
- Der Einfluss der extremen Parteien nimmt zu.
102

835 Methode *die* method
- Spazierengehen ist eine gute Methode, um sich zu entspannen.
102

836 Organisation *die* organization
- Die Organisation der Olympischen Spiele dauerte länger als gedacht.
102

837 überall *adv* everywhere
- Überall freuen sich die Kinder auf die Ferien.
102

838 untersuchen *verb* to examine
- Der Biologe untersucht Pflanzen und Tiere.
102

839 zahlreich *adj* numerous
- Zahlreiche Touristen verlassen das Land.
102

840 andererseits *adv* on the other hand
- Er ist einerseits sehr erfolgreich, andererseits aber auch sehr unglücklich.
101

841 erfolgreich *adj* successful
- Er hat eine erfolgreiche Managerlaufbahn hinter sich.
101

842 konkret *adj* concrete
- Nächste Woche ist keine sehr konkrete Zeitangabe.
101

843 Liebe *die* love
- Seine Liebe zur Musik ist grenzenlos.
101

844 Rede *die* speech, talk
- In dem Zeitungsartikel ist die Rede von Reformen.
101

845 Sport *der* sport
- Sport ist gesund.
101

846 verkaufen *verb* to sell
- Ich muss einige Bücher verkaufen, weil ich Geld brauche.
101

847 weltweit *adj* world-wide
- Weltweit steigt die Gefahr einer Klimakatastrophe.
101

848 Augenblick *der* moment
- Genieße den Augenblick!
100
im Augenblick at the moment
- Im Augenblick beschäftige ich mich mit Literaturwissenschaft.
25

849 blicken *verb* to look
- Rainer blickt immer nach vorne.
100

850 Diskussion *die* discussion, debate
- Die Diskussion dauerte bis zum späten Abend.
100

851 drücken *verb* to press, push
- Sie müssen diesen Knopf hier drücken!
100

852 eingehen *verb* to deal with, give attention
- Ein guter Professor geht auf seine Studenten ein.
100

853 erlauben *verb* to allow, permit
- Die Eltern erlauben ihren Kindern, bis um neun draußen zu bleiben.
100

854 Forderung *die* demand, claim
- Der Chef kommt den Forderungen nach Gehaltserhöhung nicht nach.
100 –s

855 geboren *adj* born
- Meine Mutter wurde 1953 geboren.
100

856 Kreis *der* circle, district
- Daniel feiert seinen Geburtstag im Kreise seiner Familie.
100

857 menschlich *adj* human
- Irren ist menschlich.
100

858 regelmäßig *adj* regular
- Ich nehme regelmäßig an Fachtagungen teil.
100

859 Technik *die* technology, technique
- Die neue Technik ist effektiver als die alte.
100

860 Versuch *der* attempt, experiment
- Ihr erster Versuch, die Prüfung zu bestehen, scheiterte.
100

861 aktiv *adj* active
- Wir treiben in unserer Freizeit aktiv Sport.
99

862 ausreichen *verb* to be sufficient
- Sein Lohn reicht oft nicht aus.
99

863 schweigen *verb* to remain silent
- Der Bundeskanzler schweigt über diverse Probleme.
99
Schweigen *das* silence
- Das Schweigen im Raum wurde unerträglich.
27

864 behandeln *verb* to treat
- Der Artikel behandelt das Thema der interkulturellen Kommunikation.
98

865 Krankheit *die* illness, disease
- Vielen Krankheiten kann man mit Penicillin begegnen.
98

866 Schwierigkeit *die* difficulty
- Die Schwierigkeiten bestehen in der Übersetzung einiger Fachwörter.
98

867 staatlich *adj* state, government, national
- Studenten erhalten eine staatliche Förderung.
98

868 Tätigkeit *die* activity
- Er geht keiner geregelten Tätigkeit nach.
98

869 treiben *verb* to drive, pursue
- Die Nachfrage treibt die Preise in die Höhe.
98

870 überzeugen *verb* to convince
- Ich muss meinen Freund noch von meinen Plänen überzeugen.
98

871 Voraussetzung *die* condition, requirement
- Eine Wiederholung der Prüfung ist nur unter erschwerten Voraussetzungen möglich.
98

872 benutzen *verb* to use
- Ich benutze nur biologisch abbaubares Waschmittel.
97

873 drohen *verb* to threaten
- Es droht eine Katastrophe.
97

874 ehemalig *adj* former
- Auf einem Klassentreffen treffen sich ehemalige Mitschüler.
97

875 kalt *adj* cold
- Mir ist kalt.
97

876 Kampf *der* fight, struggle
- Der Kampf zwischen Arbeitgebern und Arbeitnehmern geht weiter.
97

877 Künstler *der* artist
- Der Künstler selbst eröffnet die Ausstellung.
97

878 längst *adv* long since, a long time ago
- Mein Sohn kann längst Fahrrad fahren.
97

879 Region *die* region
- In der Region ist die Infrastruktur mangelhaft.
97

880 stets *adv* always
- Das Kinoprogramm findet man stets aktuell im Internet.
97

881 versprechen *verb* to promise
- Sie verspricht ihm, nicht mehr zu rauchen.
97

882 zwölf *num* twelve
- Um zwölf essen wir Mittag.
97

883 Eindruck *der* impression
- Ich habe den Eindruck, dass er ein schlechtes Gedächtnis hat.
96

884 entdecken *verb* to discover
- Forscher haben eine neue Affenart entdeckt.
96

885 jeweilig *adj* particular, respective
- Die Schüler gehen nach der Pause in ihre jeweiligen Zimmer zurück.
96

886 klingen *verb* to sound
- Deine Ausrede klingt nicht sehr überzeugend.
96

887 reagieren *verb* to react
- Auf manche Leute reagiert mein Hund aggressiv.
96

888 Reaktion *die* reaction
- Ich kann seine Reaktion gut verstehen.
96

889 Beitrag *der* contribution
- Die Mitglieder zahlen einen monatlichen Beitrag.
95

890 darunter *pron* under it
- Darunter kann ich mir nichts vorstellen.
95

891 erforderlich *adj* required, necessary
- Für ein Studium in Deutschland sind gute Deutschkenntnisse erforderlich.
95

892 heutig *adj* present-day, today's
- Die heutige Situation ist völlig anders als die damalige.
95

893 Konzept *das* draft, plan
- Das Konzept für den neuen Studiengang ist noch nicht fertig.
95

894 kosten *verb* to cost
- Im Restaurant kostet das Bier etwa viermal so viel wie im Laden.
95

895 kulturell *adj* cultural
- Viele kulturelle Vereine haben kaum Geld.
95

896 lediglich *adv* merely
- Lediglich 30% der Bevölkerung beteiligten sich an der Wahl.
95

897 Linie *die* line
- Die Linie 4 fährt nach Gohlis.
95
in erster Linie first and foremost
- In erster Linie müssen Sie gesund werden.
45

898 Mund *der* mouth
- Ramona kann nie den Mund halten.
95

899 Schweizer *adj* Swiss
- Ich liebe Schweizer Schokolade.
95
Schweizer Franken, sfr Swiss Franc
- In der Schweiz bezahlt man mit Schweizer Franken.
35

900 unabhängig *adj* independent
- Die Temperatur ist unabhängig von der Masse einer Flüssigkeit.
95

901 verdienen *verb* to earn, deserve
- Ich habe mir meinen Urlaub verdient.
95

902 Wunsch *der* wish
- Du hast einen Wunsch frei.
95

903 Artikel *der* article
- Artikel eins des Grundgesetzes lautet: Die Würde des Menschen ist unantastbar.
94

904 drehen *verb* to turn
- Der Wind dreht.
94

905 ruhig
1 adj quiet, calm
- In einer ruhigen Umgebung lernt man besser.
2 part really
- Du kannst ruhig schon gehen, ich brauche dich hier nicht mehr.
94

906 somit *adv* consequently
- A ist größer als B, und C ist größer als A. Somit ist C auch größer als B.
94

907 unmittelbar *adj* immediate, direct
- Unmittelbar vor dem Haus führt die Buslinie entlang.
94

908 bewusst *adj* conscious
- Ich bin mir der Gefahr durchaus bewusst.
93

909 finanziell *adj* financial
- Finanziell gesehen geht es dem Unternehmen gut.
93

910 Gegensatz *der* opposite, contrast
- Im Gegensatz zu meinen Geschwistern wohne ich in der Stadt.
93
im Gegensatz zu in contrast to
- Im Gegensatz zu Deutschland ist in Österreich das Internet sehr teuer.
42

911 Kapitel *das* chapter
- Das vierte Kapitel des Buches ist besonders spannend.
93

912 klassisch *adj* classical
- Klassische Musik ist sehr anspruchsvoll.
93

913 Literatur *die* literature
- Literatur recherchiert man am besten im Internet.
93

914 Rücken *der* back
- Das Problem wird wie immer auf dem Rücken der Armen ausgetragen.
93

915 weiterhin *adv* still, furthermore
- Georg arbeitet auch weiterhin in unserer Firma.
93

916 Zelle *die* cell
- Menschliche Zellen bestehen zu einem Großteil aus Wasser.
93

917 Aussage *die* statement
- Seine Aussagen widersprechen sich.
92

918 Berliner *adj* (of) Berlin
- Der Berliner Fernsehturm ist 365m hoch.
92

919 Bürger *der* citizen
- Die Bürger der Stadt versammeln sich auf dem Markt, um zu demonstrieren.
92

920 heiß *adj* hot
- Bei Erkältungen hilft heißer Zitronensaft.
92

921 Himmel *der* sky, heaven
- Heute ist keine Wolke am Himmel.
92

922 immerhin *adv* after all
- Immerhin müssen wir noch keine Studiengebühren zahlen.
92

923 Inhalt *der* contents, plot
- Die Zuschauer unterhalten sich über den Inhalt des Films.
92

924 überraschen *verb* to surprise
- Er überraschte seine Frau mit einem Opernbesuch.
92

925 Wand *die* wall
- Die Wände in unserer Wohnung sind zu dünn, man kann alles hören.
92

926 betreiben *verb* proceed with, operate
- Mein Nachbar betreibt ein kleines Lokal.
91

927 Bibliothek *die* library
- Die Bibliothek hat 12 Stunden am Tag geöffnet.
91

928 echt *adj* genuine, real
- Die Arbeit ist eine echte Herausforderung.
91

929 Farbe *die* colour
- Manche Fische können ihre Farbe der Umgebung anpassen.
91

930 fliegen *verb* to fly
- Der Hubschrauber fliegt in Richtung Berge.
91

931 heben *verb* to lift, raise
- Sonnenschein hebt die Stimmung.
91

932 Jugendliche *der, die* adolescent
- Jugendliche ab 16 Jahren dürfen Alkohol kaufen.
91

933 Maß *das* measure
- Der Mensch ist das Maß aller Dinge.
91

934 neun *num* nine
- Neun Planeten kreisen um die Sonne.
91

935 stoßen *verb* bump, push
- Dann hat sie ihn aus dem Bus gestoßen.
91

936 teuer *adj* expensive
- 25 Euro für eine CD ist zu teuer.
91

937 vertreten *verb* to represent
- Nicht alle Minderheiten sind im Parlament vertreten.
91

938 Ansatz *der* approach, attempt
- Dieser Ansatz ist in der Wissenschaft umstritten.
90

939 Aspekt *der* aspect
- In der Vorlesung lernen wir verschiedene Aspekte von Sprache kennen.
90

940 Bein *das* leg
- Beim Eislaufen habe ich mir mein Bein gebrochen.
90

941 Erinnerung *die* memory
- Sie hat nur positive Erinnerungen an ihre Kindheit.
90

942 ermöglichen *verb* to enable
- Der neue Computer ermöglicht einen schnelleren Internetzugang.
90

943 genauso *adv* just as
- Mit dem Auto zu fahren dauert genauso lange wie mit dem Zug.
90

944 herstellen *verb* to produce
- Unsere Fabrik stellt Geschirr her.
90

945 hundert *num* hundred
- Von hundert rückwärts zählen, beruhigt die Nerven.
90

946 irgendein *pron* some, any
- Irgendeine Frau war gestern da und hat nach dir gefragt.
90

947 Kenntnis *die* knowledge
- Ich setze Sie davon in Kenntnis, dass die Zeit abgelaufen ist.
90

948 Kurs *der* course, exchange rate
- Mein Kurs an der Uni ist vorbei.
90

949 leiden *verb* to suffer
- Im Krieg leiden vor allem die Kinder.
90

950 Papier *das* paper
- Wir verwenden lieber chlorfrei gebleichtes Papier.
90

951 schicken *verb* to send
- Schicken Sie mir morgen die neuen Unterlagen.
90

952 Sekunde *die* second
- Eine Minute hat 60 Sekunden.
90

953 Sonne *die* sun
- Die Sonne scheint.
90

954 Umstand *der* circumstance
- Unter diesen Umständen muss ich leider absagen.
90

unter Umständen possibly
- Unter Umständen müssen wir die Kriterien nochmal ändern.
25

955 vorne, vorn *adv* at the front
- Vorne am Haus sind die Balkone.
90

956 wechseln *verb* to change
- Der Fußballer wechselt zu einem anderen Verein.
90

957 weg *adv* gone, vanished
- Ich bin gleich weg, soll ich noch etwas mitbringen?
90

958 Wissenschaft *die* science
- Biologie ist die Wissenschaft vom Leben.
90

959 Garten *der* garden
- Im Garten stehen sechs Apfelbäume.
89

960 Küche *die* kitchen, cuisine
- In der Küche duftet es nach Gewürzen.
89

in der Küche in the kitchen
- Die Familie ist in der Küche versammelt.
23

961 liefern *verb* to deliver, supply
- Die Post liefert Briefe und Pakete.
89

962 nötig *adj* necessary
- Wir werden die nötigen Vorkehrungen treffen.
89

963 toll *adj* great, terrific
- Das Essen schmeckt toll.
89

964 Wirklichkeit *die* reality
- Die Wirklichkeit sieht anders aus.
89

965 zahlen *verb* to pay
- Viele Leute zahlen nur noch mit Kreditkarte.
89

966 benötigen *verb* to require
- Der Kranke benötigt dringend Ruhe.
88

967 Druck *der* pressure, printing
- Die Wirtschaft übt großen Druck auf die Regierung aus.
88

968 Essen *das* food, meal
- Das Essen steht auf dem Tisch.
88

969 Grundlage *die* basis
- Mathematik ist die Grundlage für viele andere Wissenschaften.
88

970 stammen *verb* to come (from), descend
- Die Idee für das Projekt stammt nicht vom Chef, sondern von den Mitarbeitern.
88

971 verhindern *verb* to prevent
- Der Unfall konnte nicht verhindert werden.
88

972 zurzeit *adv* at the moment
- Zurzeit sind keine Winterstiefel vorrätig.
88

973 Zustand *der* condition, state
- Die Straßen hier sind in einem sehr schlechten Zustand.
88

974 abschließen *verb* to lock, conclude
- Ich schließe mein Studium im Sommer ab.
87

975 erneut *adj* again, renewed
- Im Atomkraftwerk gab es erneut eine Störung.
87

976 Hälfte *die* half
- Die Hälfte der Bevölkerung ist täglich online.
87

977 Meer *das* sea, ocean
- Das Leben im Meer ist noch weitgehend unerforscht.
87

978 reisen *verb* to travel
- Johanna reist in den Ferien nach Bulgarien.
87

979 singen *verb* to sing
- Anja singt seit vielen Jahren im Chor.
87

980 überlegen *verb* to consider, think about
- Ich überlege, wann ich Urlaub nehme.
87

981 wenigstens *adv* at least
- Marcus will wenigstens noch das Buch zu Ende lesen, bevor er schlafen geht.
87

982 Dienst *der* service, duty
- Der Verkäufer steht im Dienst seiner Kunden.
86

983 erwähnen *verb* to mention
- Im Lebenslauf kann man seine Hobbys und Interessen erwähnen.
86

984 Gegenstand *der* object
- Kleine Kinder verschlucken oft Gegenstände.
86

985 greifen *verb* to take hold of, reach
- Wir greifen nach den Sternen.
86

986 mittlerweile *adv* in the meantime, since then
- Mittlerweile kann man auf Handys sogar Bilder und Videos empfangen.
86

987 Plan *der* plan
- Der ursprüngliche Plan sah anders aus.
86

988 täglich *adj* daily
- Das Fernsehen strahlt täglich unzählige Serien aus.
86

989 üblich *adj* usual
- In Deutschland ist es üblich, sich zur Begrüßung die Hand zu reichen.
86

990 verzichten *verb* to do without
- Herr Funke verzichtet auf alle Vorteile als Geschäftsführer.
86

991 Zeitpunkt *der* moment, (point in) time
- Wir werden die Versammlung auf einen späteren Zeitpunkt verschieben.
86

992 zirka, ca. *adv* approximately
- Zirka ein Drittel aller Schüler besucht das Gymnasium.
86

993 absolut *adj* absolute
- Die Partei erhielt die absolute Mehrheit.
85

994 aufgeben *verb* to give up
- Uwe gibt die Arbeit bei seiner alten Firma auf.
85

995 Auftrag *der* instructions, order, job
- Der Auftrag muss diese Woche noch erledigt werden.
85

996 Baum *der* tree
- Familie Ittner pflanzt jedes Jahr einen Baum.
85

997 betragen *verb* to amount
- Der Zuschuss beträgt etwa 30 Euro.
85

998 entweder *conj* either
- Sebastian geht nach dem Studium entweder nach Polen oder nach Tschechien.
85

entweder . . . oder either . . . or
- Entweder übernimmst du Verantwortung, oder du fliegst raus.
80

999 Freude *die* joy
- Ihre Freude war sehr groß, als sie hörte, dass sie die Prüfung bestanden hatte.
85

1000 Gemeinde *die* community, municipality
- Die Gemeinde hat keine finanziellen Mittel mehr übrig.
85

1001 gesellschaftlich *adj* social
- Vereine übernehmen eine große gesellschaftliche Verantwortung.
85

1002 Hinweis *der* hint
- Ein Zeuge gab der Polizei den entscheidenden Hinweis.
85

1003 individuell *adj* individual
- Die Absage an die Firma ist meine individuelle Entscheidung.
85

1004 irgendwelche (r, s) *pron* some, any
- Seid ihr auf irgendwelche Probleme gestoßen?
85

1005 kochen *verb* to cook
- Paula kocht gern italienisch.
85

1006 leer *adj* empty
- Die Flasche Wein ist schon leer.
85

1007 national *adj* national
- Die nationale Einheit Deutschlands wurde 1990 wiederhergestellt.
85

1008 Netz *das* net, network
- Die Fischer holen ihre Netze ein.
85

1009 November *der* November
- Im November fällt oft der erste Schnee.
85

1010 Position *die* position
- In seiner Position als Stellvertreter des Präsidenten hat er zu wenig Einfluss auf die Politik.
85

1011 Schluss *der* end, conclusion
- Am Schluss der Veranstaltung wurde noch viel diskutiert.
85

1012 ungefähr *adj* approximately
- Von Leipzig nach Erfurt sind es ungefähr 120 Kilometer.
85

1013 wiederum *adv* again
- Wiederum hatten sie Pech bei der Arbeitssuche.
85

1014 angeben *verb* to claim, declare, show off
- Die Hersteller müssen die Inhaltsstoffe angeben.
84

1015 begründen *verb* to justify
- Begründe bitte deine Meinung!
84

1016 blau *adj* blue
- Das blaue Meer glitzert in der Abendsonne.
84

1017 Bundesrepublik *die* Federal Republic
- Die Bundesrepublik Deutschland wurde 1949 gegründet.
84

1018 einrichten *verb* to furnish
- Die Wohnung ist bis jetzt nur provisorisch eingerichtet.
84

1019 festhalten *verb* to hold on to, detain
- Ich habe sie am Arm festgehalten.
84

1020 Forschung *die* research
- Sie präsentierten die neusten Ergebnisse ihrer Forschung.
84

1021 geraten *verb* to get into
- Ich bin in einen Stau geraten.
84

1022 Glas *das* glass
- Ein Glas Rotwein verschönert uns den Abend.
84

1023 Haut *die* skin
- Sie hat eine schöne Haut.
84

1024 Praxis *die* practice, doctor's office
- Theorie und Praxis klaffen oft auseinander.
84
in der Praxis in practice
- In der Praxis ist vieles komplizierter als in der Theorie.
32

1025 rasch *adj* quick
- Hier ist ein rascher Entschluss nötig.
84

1026 sicherlich *adv* certainly
- Sie haben sicherlich schon davon gehört.
84

1027 soweit *adv* as far as
- Soweit ich weiß, läuft alles wie geplant.
84

1028 verfügen *verb* to have sth at one's disposal, be in charge
- Wir können über sein Konto verfügen.
84

1029 Wald *der* forest, woods
- Ich gehe gern im Wald spazieren.
84

1030 zwanzig *num* twenty
- Ich habe zwanzig Euro im Lotto gewonnen.
84

1031 Ausdruck *der* term, expression
- Er hat einen unpassenden Ausdruck verwendet.
83

1032 Dienstag *der* Tuesday
- Dienstag gehe ich ins Kino.
83

1033 draußen *adv* outside
- Ich habe draußen im Garten zu tun.
83

Appliances and utensils (occurrences per million)

Glas	84	Lappen	7	Mülleimer	1
Messer	25	Becher	6	Eierbecher	1
Teller	23	Kanne	4	Kochlöffel	1
Topf	22	Wasserhahn	3	Bügelbrett	1
Backofen	20	Besteck	3	Bratpfanne	1
Tasse	20	Bügeleisen	3	Korkenzieher	1
Steckdose	19	Staubsauger	3	Kastenform	1
Lampe	17	Kochplatte	3	Friteuse	1
Kühlschrank	15	Mikrowelle	2	Toaster	0.5
Deckel	14	Kaffeemaschine	2	Gefrierschrank	0.5
Herd	13	Schneebesen	2	Minibar	0.5
Schüssel	12	Besen	2	Wasserkessel	0.5
Pfanne	12	Mixer	1	Topflappen	0.5
Gabel	11	Spülmaschine	1	Tiegel	0.5
Waschmaschine	10	Küchenmaschine	1	Gießkanne	0.5
Löffel	8	Teelöffel	1	Flaschenöffner	0.5

1034 Finger der finger
- Marsmenschen haben sieben Finger an jeder Hand.
83

1035 Freundin die friend
- Meine Freundin Christina heiratet in zwei Monaten.
83

1036 Roman der novel
- Anke liest einen Roman von Thomas Mann.
83 –S

1037 russisch
1 adj Russian
- Die russische Sprache hat sechs Fälle.
2 Russisch das Russian
- Sein Russisch konnte er während eines Auslandsaufenthaltes in Moskau verbessern.
83

1038 schützen verb to protect
- Man muss die Umwelt schützen.
83

1039 Sicht die view, visibility
- Sie hatten eine schöne Sicht auf die Stadt.
83

1040 Theorie die theory
- Seine Theorie war falsch.
83 –L

1041 Umwelt die environment
- Autoabgase schaden der Umwelt.
83

1042 vielmehr adv rather
- Hier liegt kein finanzielles, sondern vielmehr ein organisatorisches Problem vor.
83

1043 vorbereiten verb to prepare
- Agnes bereitet ihr Seminar vor.
83

1044 wiederholen verb to repeat
- Ich habe meine Frage schon zweimal wiederholt.
83

1045 Haushalt der household, budget
- Die Kinder helfen im Haushalt.
82

1046 Hund der dog
- Das ist ein dicker Hund.
82

1047 Maschine die machine
- Welche Maschine ist kaputt?
82

1048 Nummer die number
- Ziehen Sie eine Nummer und warten Sie!
82

1049 Politiker der politician
- Viele Politiker sind Lehrer.
82

1050 stören verb to disturb, bother
- Bitte nicht stören!
82

1051 Team das team
- Wir sind ein gutes Team.
82

1052 Titel der title
- Wie lautet der Titel des Spielfilms?
82

1053 verantwortlich adj responsible
- Wer ist für die Buchführung verantwortlich?
82

1054 Verein der association, club
- Er ist Mitglied in einem Verein.
82

Domesticated animals (occurrences per million)

Hund	82	Rind	12	Ochse	2
Pferd	57	Ente	9	Stute	2
Katze	57	Ziege	8	Sau	1
Kuh	19	Esel	6	Kalb	1
Maus	18	Hahn	6	Fohlen	1
Schwein	16	Gans	4	Küken	1
Schaf	14	Lamm	4	Truthahn	1
Kater	13	Bulle	3	Wellensittich	1
Huhn	13	Mehrschwein(chen)	3	Hengst	1
Kaninchen	12	Hamster	3		

1055 zuständig *adj* appropriate, responsible
• Dafür bin ich nicht zuständig.
82

1056 bislang *adv* up to now
• Bislang haben wir geschwiegen, aber jetzt werden wir uns einmischen.
81

1057 erheblich *adj* considerable
• Das Hochwasser richtete erheblichen Schaden an.
81

1058 ernst *adj* serious
• Es handelt sich um eine ernste Angelegenheit.
81

1059 feiern *verb* to celebrate
• Silvester feiern wir bei Freunden in Berlin.
81

1060 Fernsehen *das* television
• Was kommt heute im Fernsehen?
81

1061 irgendwann *adv* sometime
• Irgendwann werden wir uns wiedersehen.
81

1062 okay *adj* okay
• Ich finde deine Einstellung völlig okay.
81

1063 Schulter *die* shoulder
• Meine linke Schulter tut weh.
81

1064 Unterstützung *die* support
• Ohne staatliche Unterstützung könnten sie gar nicht leben.
81

1065 vermitteln *verb* to arrange, find sth for sb
• Sie hat ihm einen guten Job vermittelt.
81

1066 Zeichen *das* sign
• Ein Regenbogen ist ein gutes Zeichen.
81

1067 berücksichtigen *verb* to consider
• Wir sollten die Wünsche anderer berücksichtigen.
80

1068 Material *das* material
• Aus welchem Material sind diese Strümpfe?
80

1069 Produktion *die* production
• Die Produktion von Autos ist um 25% gestiegen.
80

1070 Rest *der* rest, remains
• Magst du noch den Rest des Kuchens?
80

1071 Ruhe *die* silence, peace
• Junge Eltern brauchen Ruhe und Erholung.
80

1072 Schaden *der* damage
• Der Schaden war groß.
80

1073 Soldat *der* soldier
• In seiner Jugend war er Soldat.
80

1074 Sorge *die* worry
• Mach dir keine Sorgen!
80

1075 Tatsache *die* fact
• Ich habe mich mit dieser Tatsache abgefunden.
80

1076 typisch *adj* typical
• Das ist typisch für dich!
80

1077 Umgebung *die* surroundings
• Sie suchen eine Arbeit in der Umgebung von Hamburg.
80

1078 Volk *das* people
• Wir sind das Volk!
80

1079 Wagen *der* car, carriage
- Wo haben wir den Wagen geparkt?
80

1080 Wind *der* wind
- Das Flugzeug startet trotz des starken Windes.
80

1081 Zweck *der* purpose
- Zu welchem Zweck sind wir hier versammelt?
80

1082 Angriff *der* attack
- Das ist ein Angriff auf den Präsidenten.
79

1083 Antrag *der* application
- Sie müssen diesen Antrag ausfüllen.
79

1084 ausschließen *verb* to exclude, rule out
- Die Polizei schließt ein Verbrechen aus.
79

1085 diskutieren *verb* to discuss
- Wir sollten das noch einmal diskutieren.
79

1086 funktionieren *verb* to function, work
- Wie funktioniert dieses Programm?
79

1087 Grad *der, das* degree
- In Deutschland wird die Temperatur in Grad Celsius gemessen.
79

1088 gründen *verb* to establish, found
- Sie gründete ein Unternehmen.
79

1089 herrschen *verb* to rule
- Im Land herrscht Unruhe.
79

1090 Job *der* job
- Der Job scheint sehr lukrativ zu sein.
79

1091 Mittwoch *der* Wednesday
- Am Mittwoch arbeitet sie nur bis mittags.
79

1092 Öffentlichkeit *die* public
- Jan Hus wurde in aller Öffentlichkeit hingerichtet.
79
in der Öffentlichkeit in public
- Angela Merkel ist eine in der Öffentlichkeit stehende Person.
18

1093 schieben *verb* to push
- Schieb den Sessel ein wenig zur Seite!
79

1094 Schutz *der* protection
- Du stehst unter meinem Schutz.
79

1095 übrigens *adv* by the way
- Ich komme übrigens auch mit nach Köln.
79

1096 zufrieden *adj* satisfied
- Mit deinen Noten kannst du zufrieden sein.
79

1097 Anteil *der* share, portion
- Der größte Anteil gehört seiner Schwester.
78

1098 behaupten *verb* to claim
- Das, was du behauptest, musst du auch beweisen.
78

1099 Beschäftigte *der, die* employee
- Die Beschäftigten streiken schon seit Wochen.
78

1100 Besuch *der* visit
- Wir bekommen Sonntag Besuch.
78

1101 Energie *die* energy
- Aus Wind kann Energie gewonnen werden.
78

1102 erheben *verb* to raise
- Bald werden die Universitäten Gebühren erheben.
78

1103 Erklärung *die* explanation
- Ich verlange eine Erklärung von dir.
78

1104 Gang *der* corridor, aisle, course
- Der ganze Gang steht voller Arbeitsloser.
78

1105 krank *adj* sick, ill
- Wenn du krank bist, musst du im Bett bleiben.
78

1106 Lauf *der* course, running
- Das ist der Lauf der Welt.
78
im Laufe in the course, during
- Im Laufe der letzten Jahre hat sich vieles verändert.
25

1107 Unterricht *der* instruction, classes
- Der Unterricht endet am späten Nachmittag.
78

1108 verfolgen *verb* to pursue
- Sie verfolgt ihr Ziel hartnäckig.
78

1109 warm *adj* warm
- Mir ist warm.
78

1110 Zentrum *das* centre
- Im Zentrum unserer Überlegungen sollten die Bedürfnisse von Kindern stehen.
78

1111 zurückkommen *verb* to return
- Herr Helbig kommt am Montag von seiner Reise zurück.
78

1112 zwingen *verb* to force
- Wir sind gezwungen, schärfere Kontrollen durchzuführen.
78

1113 ablehnen *verb* to refuse, reject, turn down
- Die Behörde lehnt seinen Antrag auf ein Visum ab.
77

1114 Amt *das* office, department, function
- Sie nimmt in ihrer Partei ein hohes Amt ein.
77

1115 Anschlag *der* attack
- Am Montag Abend ereignete sich ein Anschlag auf die Russische Botschaft.
77

1116 anwenden *verb* to apply, employ
- Sie wenden einen einfachen Trick an.
77

1117 auftauchen *verb* to surface, appear
- Aus dem Nebel tauchte eine Gestalt auf.
77

1118 Ausland *das* foreign countries
- Er möchte ein Jahr lang im Ausland studieren.
77

1119 außerhalb *prep* outside
- Wir wohnen außerhalb der Stadt.
77

1120 beeinflussen *verb* to influence
- Die Motivation beeinflusst den Erfolg.
77

1121 Behandlung *die* treatment
- Für diese Krankheit gibt es eine neue Behandlung.
77

1122 dick *adj* thick, fat
- Sie trug einen dicken Pulli.
77

1123 einfallen *verb* to occur, remind, collapse
- Das Wort ist mir einfach nicht eingefallen.
77

1124 Einrichtung *die* institution, furnishings
- Die Einrichtung eures Wohnzimmers gefällt mir.
77

1125 existieren *verb* to exist
- Diese Person existiert nur in deiner Fantasie.
77

1126 Feld *das* field
- Auf diesem Feld wird Mais angebaut.
77

1127 fördern *verb* to promote, support
- Durch Stipendien werden besonders leistungsstarke Studenten gefördert.
77

1128 Hochschule *die* college, university
- Die Hochschule für Grafik und Buchkunst in Leipzig hat eine lange Tradition.
77

1129 Hotel *das* hotel
- Sie haben ein Zimmer in einem kleinen Hotel gebucht.
77

1130 Publikum *das* public, audience
- Das Publikum applaudierte sehr lange.
77

1131 schwach *adj* weak
- Die Klasse erzielt nur schwache Leistungen.
77

1132 Studie *die* study
- Eine andere wissenschaftliche Studie zeigt das genaue Gegenteil.
77

1133 Vorsitzende *der, die* chair person
- Frau Schulz ist die Vorsitzende der Arbeiterpartei.
77

1134 Analyse *die* analysis
- Die Analyse der Ergebnisse wird uns noch lange beschäftigen.
76 –L

1135 ansprechen *verb* to address, speak
- Plötzlich sprach sie mich an, und ich wusste nicht, was ich sagen sollte.
76

1136 beachten *verb* to pay attention, observe
- In letzter Zeit beachtet Franz seinen Freund Ferdinand gar nicht mehr.
76

1137 empfinden *verb* to feel
- Sie empfinden sehr viel füreinander.
76

1138 entfernen *verb* to remove, leave
- Der Zug entfernt sich von der Stadt.
76

1139 linke (r, s) *adj* left
- Andra schreibt mit der linken Hand.
76

1140 niedrig *adj* low, base
- Vorsicht, dieses Zimmer ist sehr niedrig!
76

1141 schneiden *verb* to cut
- Ich habe mir meine Haare selbst geschnitten.
76

1142 sichern *verb* to secure, safeguard
- Sichern Sie Ihren Arbeitsplatz!
76

1143 Spur *die* track, lane
- Die Spuren verliefen sich im Sand.
76

1144 traditionell *adj* traditional
- Er hat eine sehr traditionelle Meinung.
76

1145 wenden *verb* to turn
- Das Blatt wendet sich.
76

1146 angesichts *prep* in view of
- Angesichts der schlechten Straßenverhältnisse beschlossen wir, den Zug zu nehmen.
75

1147 bereit *adj* ready
- Ich bin bereit, wir können gehen!
75

1148 Berg *der* hill, mountain
- Die Hütte steht auf einem hohen Berg.
75

1149 Erkenntnis *die* realization, discovery
- Neue wissenschaftliche Erkenntnisse gibt es fast jeden Tag.
75

1150 Faktor *der* factor
- Das ist der entscheidende Faktor.
75

1151 fassen *verb* to grasp, hold
- Sie fasste seine Hand.
75

1152 Fehler *der* mistake, error
- Begehen Sie keinen Fehler!
75

1153 Freiheit *die* freedom
- Jeder Mensch hat das Recht auf Freiheit.
75

1154 Freizeit *die* spare time
- Womit verbringst du deine Freizeit?
75

1155 Gegend *die* area, region
- Familie Fetzer lebt in einer waldreichen Gegend.
75

1156 gesetzlich *adj* legal
- Auf eine gesetzliche Regelung müssen wir noch warten.
75

1157 informieren *verb* to inform
- Die Tagesschau informiert über die aktuellen Geschehnisse.
75

1158 Kritik *die* criticism, review
- Deine Kritik ist etwas überzogen.
75

1159 kümmern (sich) *verb* to take care of, be concerned
- Marius kümmert sich liebevoll um seinen kleinen Sohn.
75

1160 leise *adj* quiet, soft
- Sprich leise, Maria schläft!
75

1161 negativ *adj* negative
- Leider kann ich dir nur eine negative Antwort geben.
75

1162 nicken *verb* to nod
- Sie nickte mit dem Kopf.
75

1163 organisieren *verb* to organize
- Eine Hochzeit zu organisieren, ist nicht einfach.
75

1164 Partner *der* partner
- Für den Tangokurs suche ich noch einen Partner.
75

1165 per *prep* by way of, per
- Ich reise manchmal per Anhalter.
75

1166 prägen *verb* to shape, mint
- Dieses Erlebnis wird ihn prägen.
75

1167 See
1 der lake
- Vor uns lag ein kalter, tiefer See.
2 die sea
- Matrosen fahren zur See.
75

1168 sinken *verb* to sink
- Die Titanic ist im Atlantik gesunken.
75

1169 sowieso *adv* anyway
- Das klappt sowieso nicht.
75

1170 Typ *der* type
- Was für ein Typ Mensch bist du?
75

1171 vermeiden *verb* to avoid
- Vermeiden Sie Autounfälle, halten Sie genug Abstand!
75

1172 ankündigen *verb* to announce
- Der Direktor kündigt Veränderungen an.
74

1173 anschließend *adv* subsequent, afterwards
- Sie gingen ins Kino und anschließend noch etwas essen.
74

1174 aufstehen *verb* to stand up, get up
- Am Wochenende müssen wir nicht so früh aufstehen.
74

1175 Ereignis *das* event
- Die Geburt eines Kindes ist immer ein erfreuliches Ereignis.
74

1176 GmbH *die* limited liability company, Ltd
- Für die Gründung einer GmbH braucht man Eigenkapital.
74

1177 Kontrolle *die* inspection
- In der Straßenbahn gibt es regelmäßig Kontrollen.
74

1178 Objekt *das* object
- In der Ausstellung kann man 200 Objekte von verschiedenen Künstlern sehen.
74

1179 Opfer *das* sacrifice, victim
- Herr Trautmann wurde Opfer einer Intrige.
  74

1180 österreichisch *adj* Austrian
- Das Eierpecken ist eine alte österreichische Tradition zu Ostern.
  74

1181 Sprecher *der* speaker
- Heute hält der Sprecher des StudentInnenrates eine Rede.
  74

1182 verstärken *verb* to strengthen, reinforce
- Die Sicherheitskontrollen an internationalen Flughäfen werden verstärkt.
  74

1183 vorsehen *verb* to plan, provide for
- Der Studiengang sieht ein obligatorisches Praktikumssemester vor.
  74

1184 Arbeitsplatz *der* workplace, job
- Er befindet sich auf der Suche nach einem neuen Arbeitsplatz.
  73 –L

1185 Aufnahme *die* reception, recording, snapshot
- Auf der CD ist eine historische Aufnahme einer Rede Willy Brandts zu hören.
  73

1186 beschränken *verb* to restrict
- Ihr Einflussbereich ist auf das Bundesland Sachsen beschränkt.
  73

1187 einerseits *adv* on the one hand
- Einerseits liebe ich ihn, aber andererseits möchte ich mich nicht binden.
  73
  einerseits . . . andererseits on the one hand . . . on the other hand
- Einerseits freue ich mich über deine Entscheidung, nach Berlin zu ziehen, andererseits macht sie mich traurig.
  53

1188 Fähigkeit *die* ability, capability
- Die intellektuellen Fähigkeiten von Menschen sind oft sehr unterschiedlich.
  73

1189 glücklich *adj* happy, fortunate
- Leonie und Max sind ein glückliches Paar.
  73

1190 heraus *pron* out
- Die Kinder sind schon aus dem Gröbsten heraus.
  73

1191 Karte *die* card, ticket, menu
- Wieviel kostet eine Karte für das Konzert heute abend?
  73

1192 Urlaub *der* vacation, holiday
- Unser Amerikaurlaub im letzten Jahr war ein sehr teurer Urlaub.
  73

1193 Verantwortung *die* responsibility
- Eltern tragen Verantwortung für ihre Kinder.
  73

1194 verletzen *verb* to injure
- Ich habe mich beim Joggen am Fuß verletzt.
  73

1195 Wahrheit *die* truth
- Sie verschweigt ihm die Wahrheit.
  73

1196 begreifen *verb* to understand, grasp
- Wir begreifen einfach nicht, wie so etwas möglich ist.
  72

1197 beruflich *adj* professional
- Mit ihrem Zeugnis hat sie sehr gute berufliche Perspektiven.
  72

1198 einladen *verb* to invite, load
- Tante Lotte lädt jeden Samstag ihre Freundinnen zum Kaffee ein.
  72

1199 empfehlen *verb* to recommend
- Der Chefkoch empfiehlt heute die Fischsuppe.
  72

1200 eröffnen *verb* to open, start
- Morgen eröffnet das neue Kaufhaus am Markt.
  72

1201 Gebäude *das* building
- In diesem Gebäude befindet sich die Stadtverwaltung.
  72

1202 Gesellschafter *der* associate, shareholder
- Sie haben gegen alle Gesellschafter des Unternehmens geklagt.
  72 +A

1203 Jahrzehnt *das* decade
- Das letzte Jahrzehnt des 20. Jahrhunderts war relativ friedlich.
  72

1204 Norden, Nord *der* north
- Im Norden der Stadt liegt der Zoo.
  72

1205 Ohr *das* ear
- Ich bin auf dem linken Ohr etwas taub.
  72

1206 Prüfung *die* examination, test
- Mindestens die Hälfte der Teilnehmer hat die Prüfung nicht bestanden.
  72

1207 Regelung *die* regulation, settlement
- Die Politiker haben eine neue Regelung getroffen.
  72

1208 Schiff *das* ship
- Sein Traum ist es, mit dem Schiff nach Südamerika zu fahren.
  72

1209 selbstverständlich *adj* obvious
- Das ist doch selbstverständlich.
  72

1210 abhängen *verb* to depend
- Das Klima hängt von Relief und Meeresnähe ab.
71

1211 anlegen *verb* to put on, invest
- Sie hat ihr ganzes Geld in Aktien angelegt.
71

1212 Ausstellung *die* exhibition
- Es handelt sich hier um eine Ausstellung zeitgenössischer Maler.
71

1213 bemühen (sich) *verb* to make an effort
- Wir bemühen uns um ein besseres Betriebsklima.
71

1214 beschließen *verb* to decide
- Die Regierung beschließt, die Entscheidung zu vertagen.
71

1215 Bezug *der* reference, cover
- Ich sehe hier keinen Bezug zu unserer Problemstellung.
71

in Bezug auf with respect to
- Welche Vorstellungen haben Sie in Bezug auf das Design?
30

1216 Bitte *die* request
- Ich habe eine Bitte an dich.
71

1217 Hoffnung *die* hope
- Trotz seiner Krankheit ist er voller Hoffnung.
71

1218 konzentrieren *verb* to concentrate
- Versuch, dich aufs Wesentliche zu konzentrieren!
71

1219 leiten *verb* to lead
- Professor Schmidt wird die Konferenz leiten.
71

1220 offiziell *adj* official
- Sie erhielt ein offizielles Schreiben.
71

1221 prüfen *verb* to examine, check
- Wir müssen noch den Ölstand des Autos prüfen.
71

1222 schätzen *verb* to estimate, value
- Ich schätze ihren Rat sehr.
71

1223 sozusagen *adv* so to speak
- Wir haben kein Interesse an Ihrem Angebot, es ist sozusagen besser, wenn Sie gehen.
71

1224 streng *adj* strict
- Herr Ludwig ist ein sehr strenger Lehrer.
71

1225 unterhalten (sich) *verb* to amuse oneself, chat
- Die Freunde unterhalten sich bis tief in die Nacht.
71

1226 verpflichten *verb* to obligate, commit
- Er ist verpflichtet, regelmäßig Unterhalt für sein Kind zu zahlen.
71

1227 weitergehen *verb* to go on
- Wir gehen jetzt weiter.
71

1228 zurückkehren *verb* to return
- Nach drei Jahren kehrt Michael von seinem Asienaufenthalt zurück.
71

1229 Band
  1 der volume, tome
  - Bald erscheint der sechste Band der Enzyklopädie.
  2 die band (musical)
  - Die Beatles waren die erfolgreichste Band der 60er Jahre.
  3 das ribbon, tape
  - Gelbe Bänder flatterten im Wind.
70

1230 beitragen *verb* to contribute
- Das Verbrennen von fossilen Rohstoffen trägt zur Umweltverschmutzung bei.
70

1231 Bericht *der* report
- Im Fernsehen lief ein Bericht über China.
70

1232 brechen *verb* to break
- Dünnes Eis bricht sehr schnell.
70

1233 dahin *adv* there
- Dahin bin ich noch nie gefahren.
70

1234 definieren *verb* to define
- Dieses Phänomen lässt sich nicht eindeutig definieren.
70

1235 Einstellung *die* attitude, employment
- Sie hat eine positive Einstellung gegenüber ihren Schwiegereltern.
70

1236 fein *adj* fine
- Das ist ein feiner Unterschied.
70

1237 festlegen *verb* to fix, lay down
- Wir sollten uns auf eine Strategie festlegen.
70

1238 Gericht *das* court, dish
- Das Gericht ist zu einer Entscheidung gekommen.
70

1239 Gewinn *der* profit
- Das Unternehmen erzielte dieses Jahr nur minimalen Gewinn.
70

1240 komplex *adj* complex
- Das Aufgabenfeld ist sehr komplex.
70

1241 König *der* king
- Wer ist König von Spanien?
70

1242 Mai *der* May
- Im Mai fangen die Blumen an zu blühen.
70

1243 obere (r, s) *adj* upper
- Die oberen Fenster sind schon lange nicht mehr geputzt worden.
70

1244 orientieren *verb* to orient
- Orientiere dich einfach an der Kirchturmspitze!
70

1245 schreien *verb* to cry out, scream
- Sie hat im Schlaf geschrieen.
70

1246 Sieg *der* victory
- Sie errangen erneut einen unerwarteten Sieg.
70

1247 Tat *die* deed
- Sie beging eine grausame Tat.
70

in der Tat indeed
- Es ist in der Tat eine merkwürdige Sache, dass das Geld verschwunden ist.
31

1248 Traum *der* dream
- Heinz hatte einen schlimmen Traum.
70

1249 Union *die* union
- Die Europäische Union wurde im Mai 2004 um zehn Länder erweitert.
70

1250 Amerikaner *der* American
- Der Verstorbene war Amerikaner.
69

1251 ausländisch *adj* foreign
- Er spricht mit einem ausländischen Akzent.
69

1252 ausschließlich *adj* exclusive
- Diese Spenden dienen ausschließlich gemeinnützigen Zwecken.
69

1253 Besucher *der* visitor
- Bereits in der ersten Woche sahen Tausende von Besuchern die Ausstellung.
69

1254 bisherig *adj* so far
- Ihre bisherigen Leistungen sind zufrieden stellend.
69

1255 Bund *der* association, alliance
- Sie gehen den Bund der Ehe ein.
69

1256 Direktor *der* director
- Etwas später wurde Herr Schwab Direktor des Gymnasiums.
69

1257 einnehmen *verb* to take (up, in)
- Bei der Spendenaktion wurden 2500 Euro eingenommen.
69

1258 erstmals *adv* for the first time
- Erstmals hatten sie keine Angst mehr, nicht satt zu werden.
69

1259 Geographie *die* geography
- Kenntnisse in Geographie sind oft sehr nützlich.
69

1260 Hintergrund *der* background
- Halte dich bitte unauffällig im Hintergrund!
69

1261 insofern *adv* as far as that goes
- Mit dem dritten Platz habe ich nicht gerechnet, insofern bin ich mehr als zufrieden.
69

1262 laut *adj* loud
- Im Volkshaus ist es mir zu laut.
69

1263 präsentieren *verb* to present
- Die Kinder präsentieren einen Zaubertrick.
69

1264 Qualität *die* quality
- Diese Seife ist von höchster Qualität.
69

1265 Rand *der* edge
- Wir standen am Rand der Schlucht und schauten in die Tiefe.
69

1266 sinnvoll *adj* sensible, meaningful
- Das ist keine sinnvolle Frage.
69

1267 tätig *adj* active
- Er ist im Bereich Sprachlehrforschung tätig.
69

1268 übertragen *verb* to transfer
- Der Erreger kann durch den geringsten Kontakt übertragen werden.
69

1269 ursprünglich *adj* original
- Unser ursprüngliches Vorgehen erwies sich als ineffektiv.
69

1270 Vergangenheit *die* past
- Kleopatra hatte eine dunkle Vergangenheit.
69

in der Vergangenheit in the past
- Wie sah das Leben in der Vergangenheit aus?
21

1271 Abschnitt *der* portion, section
- Besonders der dritte Abschnitt des Textes ist sehr interessant.
68

1272 Aktiengesellschaft, AG *die* incorporated company, inc.
- Die Aktiengesellschaft wählt einen neuen Aufsichtsrat.
68

1273 anschauen *verb* to look at, watch
- Du musst dir diesen Film unbedingt anschauen.
68

1274 Bauer *der* farmer
- Seine Eltern waren Bauern in Schlesien.
68

1275 bemerken *verb* to notice
- Die Krankenschwester bemerkte nicht, wie der Patient nach ihr klingelte.
68

1276 Ehe *die* marriage
- Sie verbrachten eine glückliche Ehe.
68

1277 Freitag *der* Friday
- Freitag geht Arnold immer Kegeln.
68

1278 füllen *verb* to fill
- Er füllt den Eimer mit Wasser.
68

1279 geistig *adj* intellectual, mental
- Geistig ist sie noch völlig gesund, aber körperlich nicht.
68

1280 hingegen *adv* on the other hand
- Er hat Interesse daran zu arbeiten, du hingegen bist faul.
68

1281 jährlich *adj* annual
- Sie einigten sich auf ein jährliches Treffen.
68

1282 mithilfe *prep* with the aid
- Mithilfe eines Wörterbuchs kann man den Text besser verstehen.
68

1283 unterwegs *adv* on the way
- Als Julian anrief, war Fabian schon unterwegs nach Hause.
68

1284 Ursache *die* cause
- Die Ursache für den Brand ist noch nicht bekannt.
68

1285 Verlust *der* loss
- Das Unternehmen machte letztes Jahr keinen Gewinn, sondern einen hohen Verlust.
68

1286 verteilen *verb* to distribute
- Vertreter von Greenpeace verteilen Broschüren.
68

1287 vornehmen (sich) *verb* to plan
- Rainer nimmt sich vor, seiner Angela endlich einen Heiratsantrag zu machen.
68

1288 Winter *der* winter
- Der letzte Winter war kalt und schneereich.
68

1289 Zuschauer *der* spectator
- Die Zuschauer beginnen, sich zu langweilen.
68

1290 abgeben *verb* to give, hand in, submit
- Andreas hat seine Hausarbeit nicht rechtzeitig abgegeben.
67

1291 abnehmen *verb* to decrease, reduce
- Um abzunehmen, hat schon jede zweite Frau eine Diät ausprobiert.
67

1292 Anzahl *die* number
- Eine hohe Anzahl von Jugendlichen sieht pessimistisch in die Zukunft.
67

1293 aufweisen *verb* to show, exhibit, contain
- Die Krankheit weist verschiedene Symptome auf.
67

1294 böse *adj* bad, mad
- Da kam ihm ein richtig böser Gedanke.
67

1295 derselbe, dieselbe, dasselbe *pron* the same (one, ones)
- Das ist derselbe Mann, der gestern schon da war.
67

1296 diesmal *adv* this time
- Diesmal werde ich daran denken.
67

1297 frisch *adj* fresh
- Ein frischer Wind kam aus Nordwest.
67

1298 heiraten *verb* to marry
- Willst du mich heiraten?
67

1299 Insel *die* island
- Rügen ist die größte deutsche Insel.
67

1300 Instrument *das* instrument
- Spielen Sie ein Instrument?
67

1301 Januar *der* January
- Im Januar habe ich ein Vorstellungsgespräch in Bonn.
67

1302 messen *verb* to measure
- Es ist wichtig, regelmäßig den Blutdruck zu messen.
67

1303 nachdenken *verb* to think about, reflect
- Astrid denkt gerade über einen Auslandsaufenthalt nach.
67

1304 Nachricht *die* news, message
- Deine Nachricht kam völlig unerwartet.
67

1305 Pflanze *die* plant
- Zwei meiner Pflanzen sind eingegangen.
67

1306 Samstag *der* Saturday
- Am Samstag hat die Bibliothek bis 17 Uhr geöffnet.
67

1307 Störung *die* disturbance, interruption
- Die Störung im Atomkraftwerk verunsicherte die Bevölkerung.
67

1308 verbessern *verb* to improve, correct
- Wir haben unseren Service verbessert.
67

1309 Vertreter *der* representative
- Ein Vertreter der Jugendinitiative ergriff das Wort.
67

1310 Vorschlag *der* suggestion, proposal
- Wir nehmen Ihren Vorschlag an.
67

1311 weitgehend *adj* extensive
- Die Bauarbeiten sind weitgehend abgeschlossen.
67

1312 Zentimeter, cm *der* centimetre, cm
- Ein A4-Blatt misst etwa 21×30cm.
67

1313 Abstand *der* distance
- Viele Autounfälle entstehen dadurch, dass nicht genügend Abstand gehalten wird.
66

1314 Bildung *die* education
- Sie hat eine hohe Bildung genossen.
66

1315 derjenige, diejenige, dasjenige *pron* the one (who, that)
- Derjenige, der zuerst eine Sechs würfelt, darf anfangen.
66

1316 Eigenschaft *die* quality
- Claudia hat eine Menge guter Eigenschaften.
66

1317 erzielen *verb* to achieve, reach
- Es wurden nicht die erhofften Ergebnisse erzielt.
66

1318 Generation *die* generation
- Ihnen gehört das Haus bereits in der dritten Generation.
66

1319 hereinkommen, reinkommen *verb* to come in
- Kommen Sie doch herein!
66

1320 intensiv *adj* intensive
- Das verlangt nach einer intensiven Behandlung.
66

1321 Leiter
1 der leader
- Max war der Leiter seiner Gruppe.
2 die ladder
- Stell die Leiter bitte an die Garage!
66

1322 los *adv* rid of, going on
- Was ist denn hier los?
66

1323 nachher *adv* afterwards
- Nachher treffe ich mich mit einer Freundin zum Mittagessen.
66

1324 sammeln *verb* to collect, gather
- Thomas sammelt Briefmarken.
66

1325 solange *conj* as long as
- Solange es regnet, putze ich die Fenster nicht.
66

1326 Abschluss *der* end, conclusion
- Der Abschluss des Studiums zog sich immer weiter hinaus.
65

1327 auslösen *verb* to set off, provoke
- Die Wahl des Präsidenten löste einen Bürgerkrieg aus.
65

1328 außen *adj* outside
- Außen am Haus ist eine Leiter befestigt.
65

1329 automatisch *adj* automatic
- Die Anmeldung erfolgt automatisch.
65

1330 Blatt *das* sheet, leaf
- Vor ihr lag ein leeres Blatt Papier.
65

1331 Dezember *der* December
- Im Dezember gibt es Ferien.
65

1332 Donnerstag *der* Thursday
- Donnerstag Abend gehe ich ins Kabarett.
65

1333 durchsetzen *verb* to carry through, enforce
- Vater kann sich nicht gegen Mutter durchsetzen.
65

1334 ersetzen *verb* to replace, reimburse
- Ihre Geldkarte wird Ihnen selbstverständlich umgehend ersetzt.
65

1335 formulieren *verb* to formulate
- Die Rede war gut formuliert.
65

1336 gefährlich *adj* dangerous
- Sie führen eine gefährliche Aktion aus.
65

1337 Geist *der* mind, spirit
- Marie Curie hatte einen wachen Geist.
65

1338 heftig *adj* heavy, violent
- Sie gerieten in einen heftigen Sturm.
65

1339 Interview *das* interview
- Es wurden viele Interviews geführt.
65

1340 kämpfen *verb* to fight
- Die Studierenden kämpfen um bessere Studienbedingungen.
65

1341 militärisch *adj* military
- Der Staat sieht keine andere Möglichkeit, als militärisch in den Konflikt einzugreifen.
65

1342 Semester *das* semester
- Das Semester beginnt im Oktober und endet im März.
65

1343 Stand *der* stand, stage
- Sie war auf dem neuesten Stand der Entwicklungen.
65

1344 Tradition *die* tradition
- Das Eierwerfen ist eine alte sächsische Tradition.
65

1345 vollständig *adj* complete
- Ihre Bewerbung ist vollständig.
65

1346 vorbei *adv* past, over
- Die Vorstellung ist vorbei, die Zuschauer verlassen das Theater.
65

1347 warnen *verb* to warn
- Die Regierung warnt vor voreiligen Entschlüssen.
65

1348 Anlage *die* (sports) complex, investment, attachment
- Für den Erhalt dieser Anlage wurde viel Geld gespendet.
64

1349 Behörde *die* department, authorities
- Wenden Sie sich bitte an die zuständigen Behörden.
64

1350 Bühne *die* stage
- Die Sängerin tritt auf die Bühne.
64
auf der Bühne on stage
- Stars sind es gewohnt, auf der Bühne zu stehen.
18

1351 Dame *die* lady
- Die Dame des Hauses ist leider nicht da.
64

1352 drängen *verb* to push, insist
- Sie drängte darauf, dass er mitkommt.
64

1353 eindeutig *adj* clear
- Die Wahl ergab ein eindeutiges Ergebnis.
64

1354 Element *das* element
- Kennst du den Film „Das siebte Element"?
64

1355 falls *conj* in case, if
- Falls du es dir anders überlegst, kannst du mich jederzeit anrufen.
64

1356 Gelegenheit *die* opportunity
- Plötzlich bot sich ihr eine sehr gute Gelegenheit für ihren Plan.
64

1357 Hof *der* courtyard, yard
- Die Kinder spielen im Hof.
64

1358 Kommunikation *die* communication
- Das Telefon ist ein beliebtes Mittel zur Kommunikation.
64

1359 Mama *die* mamma
- Wo ist deine Mama?
64 –A, –N

1360 Museum *das* museum
- In Leipzig hat ein neues Museum eröffnet.
64

1361 Nutzung *die* use
- Die Nutzung dieses Gerätes außerhalb der Dienstzeiten ist streng untersagt.
64

1362 offensichtlich *adj* obvious
- Offensichtlich hast du mit dem Thema mehr Probleme, als du zugeben willst.
64

1363 scharf *adj* sharp
- Dieses Messer ist scharf.
64

1364 theoretisch *adj* theoretical
- Er ist ein Mensch, der sehr theoretisch denkt.
64

1365 verbringen *verb* to spend (time)
- Sie verbringen den Sommer immer in Südfrankreich.
64

1366 wieso *pron* why
- Wieso bist du nicht hier?
64

1367 ausmachen *verb* to put out, agree
- Wir müssen einen Treffpunkt ausmachen.
63

1368 Basis *die* basis
- Mit einer guten Ausbildung schafft man sich eine solide Basis für die Zukunft.
63

1369 berühmt *adj* famous
- Das berühmteste Bauwerk Berlins ist das Brandenburger Tor.
63

1370 binden *verb* to tie, bind
- Soll ich deine Krawatte binden?
63

1371 Ecke *die* corner
- Früher mussten unartige Schüler in der Ecke stehen.
63

1372 eins *num* one
- Ihr Lied ist auf Platz eins der Hitliste.
63

1373 erfassen *verb* to grasp
- Das Thema wurde in ihrem Referat gut erfasst.
63

1374 gestalten *verb* to shape, design
- Die Schüler gestalten eine Wandzeitung.
63

1375 hallo *part* hello
- Hallo, hier bin ich!
63 –A, –N

1376 Herbst *der* autumn
- Dieses Jahr war der Herbst sehr regnerisch.
63

1377 hinweisen *verb* to point to, refer to
- Wir weisen Sie darauf hin, dass Sie hier nicht parken dürfen.
63

1378 Jude *der* Jew
- Jesus war Jude.
63

1379 Kriterium *das* criterion
- Wir haben ein wichtiges Kriterium außer Acht gelassen.
63 –L

1380 regeln *verb* to control, put in order
- Der Straßenverkehr wird durch Ampeln geregelt.
63

1381 Terror *der* terror
- Der Anfang des 21. Jahrhunderts stand ganz im Zeichen des Terrors.
63

1382 Verständnis *das* understanding
- Die Eltern haben für die Probleme ihrer Tochter viel Verständnis.
63

1383 zulassen *verb* to allow, admit
- Das Institut lässt pro Semester nur 30 Studenten zum Studium zu.
63

1384 Zusammenarbeit *die* cooperation
- Trinken wir auf eine erfolgreiche Zusammenarbeit!
63

1385 am *part* the (+ superlative)
- Markus lief am schnellsten.
62

1386 anrufen *verb* to call
- Ich rufe dich später an.
62

1387 Ansicht *die* opinion, view
- Das ist deine Ansicht, nicht meine!
62

1388 anziehen *verb* to attract, put on, dress
- Wenn es sehr kalt ist, sollte man eine dicke Jacke anziehen.
62

1389 auseinander *adv* apart
- Ich kann Christianes vier Kinder nicht auseinander halten.
62

1390 Auseinandersetzung *die* argument, quarrel
- Sie hatten eine kleine Auseinandersetzung.
62

1391 Bahn *die* train, railway, way
- Ich fahre morgen mit der Bahn nach Weimar.
62

1392 beenden *verb* to end
- Die Konferenz wurde erst nach Mitternacht beendet.
62

1393 Bürgermeister *der* mayor
- Der Leipziger Bürgermeister heißt Wolfgang Tiefensee.
62

1394 Definition *die* definition
- Das ist eine Frage der Definition.
62

1395 Flugzeug *das* aeroplane
- Wann landet dein Flugzeug in Hamburg?
62

1396 Foto *das* photograph
- Hanna schenkte ihrer Liebsten ein schönes Foto von sich.
62

1397 hell *adj* light, bright
- Die Straßen sind hell erleuchtet.
62

1398 hinten *adv* at the back
- Die Kinder sitzen hinten im Auto.
62

1399 Masse *die* mass, crowd
- Das Gesetz von der Erhaltung der Masse wird im Physikunterricht gelehrt.
62

1400 Nation *die* nation
- In Deutschland leben viele verschiedene Nationen.
62

1401 Phase *die* phase
- Die Pubertät ist eine schwierige Phase im Leben.
62

1402 reduzieren *verb* to reduce, decrease
- Sie sollten ihren Alkoholkonsum reduzieren!
62

1403 scheitern *verb* to fail, break down
- Unser Plan ist gescheitert.
62

1404 Stein *der* rock, stone
- Susanne sammelt Steine, die sie im Urlaub findet.
62

1405 still *adj* still, quiet
- Robert ist ein stiller Mensch.
62

1406 teilnehmen *verb* to take part
- Unser bester Sportler kann nicht an den Olympischen Spielen teilnehmen.
62

1407 Ton *der* sound, tone, clay
- Meine Gitarre macht komische Töne.
62

1408 Veranstaltung *die* event
- Es findet eine festliche Veranstaltung zu seinen Ehren statt.
62

1409 Änderung *die* change
- Man hat mich über diese Änderung nicht informiert.
61

1410 angehen *verb* to concern, go on
- Das Ganze geht mich nichts an.
61

1411 aufhören *verb* to stop
- Hör endlich auf zu reden, du nervst!
61

1412 Ausnahme *die* exception
- Wir können bei Ihnen leider keine Ausnahme machen.
61

1413 äußern *verb* to express, voice
- Sie äußert ihre Unzufriedenheit ganz ungeniert.
61

1414 Bau *der* construction, building
- Der Bau der Autobahn verzögert sich um 3 Monate.
61

1415 britisch *adj* British
- Chris spricht britisches Englisch.
61

1416 einführen *verb* to introduce, import
- Lebensmittel dürfen nicht eingeführt werden.
61

1417 elf *num* eleven
- Als ich elf war, zogen wir nach Köln.
61

1418 froh *adj* happy
- Wir wünschen Ihnen ein frohes neues Jahr!
61

1419 Hobby *das* hobby
- Was für Hobbys hast du?
61

1420 Kaffee *der* coffee
- Im Büro trinken wir oft Kaffee und essen Kuchen.
61

1421 Konflikt *der* conflict
- Der Konflikt wurde friedlich gelöst.
61

1422 kritisch *adj* critical
- Der Journalist schrieb einen sehr kritischen Artikel.
61

1423 Leitung *die* management, leadership, pipe
- Katharina hat die Leitung des Projektes übernommen.
61

1424 Lust *die* desire
- Ich habe Lust auf ein Bier.
61

1425 Mehrheit *die* majority
- Er muss die absolute Mehrheit erreichen, um im Amt zu bleiben.
61

1426 Nachmittag *der* afternoon
- Kommst du am Nachmittag zu mir?
61

1427 pflegen *verb* to care, cultivate
- Kakteen muss man wenig pflegen.
61

1428 Rechnung *die* bill, calculation
- Du hast die Rechnung immer noch nicht bezahlt.
61

1429 Schloss *das* lock, castle
- Auf dem Schloss lebten ein König und eine Königin.
61

1430 versichern *verb* to insure, assert
- Sie versicherte, dass sie sich darum kümmern würde.
61

1431 Aktivität *die* activity
- Der Verein bietet viele sportliche Aktivitäten an.
60

1432 begleiten *verb* to accompany
- Darf ich Sie nach Hause begleiten?
60

1433 begrenzen *verb* to limit, restrict
- Wir haben nur ein begrenztes Budget.
60

1434 besetzen *verb* to occupy, fill
- Das Rheinland war lange Zeit besetzt.
60

1435 BGB (Bürgerliches Gesetzbuch) *das* civil code
- Ein Jurist muss das BGB kennen.
60

1436 Dach *das* roof
- Das Dach ist eingestürzt.
60

1437 Fest *das* festival, celebration
- Weihnachten ist das Fest der Familie.
60

1438 Franken, fr. *der* (Swiss) franc
- In der Schweiz bezahlt man mit Franken.
60 –S

1439 gelangen *verb* to reach
- Nach einer langen Wanderung gelangten sie ans Ziel.
60

1440 italienisch
1 adj Italian
- Wollen wir heute Abend italienisch kochen?
2 Italienisch das Italian
- Italienisch ist eine romanische Sprache.
60

1441 Kandidat *der* candidate
- Fünf Kandidaten treten gegeneinander an.
60 –L

1442 Landschaft *die* landscape, countryside
- Chile hat wunderschöne Landschaften.
60

1443 links *adv* on, to the left
- Links sehen sie das Gewandhaus, rechts die Oper.
60

1444 Mannschaft *die* crew, team
- Heute spielt die deutsche Mannschaft gegen die tschechische.
60

1445 Mauer *die* wall
- Die Berliner Mauer fiel am 9. November 1989.
60

1446 rechts *adv* on, to the right
- Er hat nicht nach rechts geguckt.
60

1447 reich *adj* rich, abundant
- Dieses Land ist reich an Bodenschätzen.
60

1448 reißen *verb* to tear
- Hella reißt das Blatt in zwei Stücke.
60

1449 riesig *adj* enormous
- Das ist ein riesiger Unterschied.
60

1450 Runde *die* round
- Spielen wir eine Runde Schach?
60

1451 Stern *der* star
- Heute sieht man viele Sterne.
60

1452 verweisen *verb* to refer
- Im Text wird auf eine weitere Quelle verwiesen.
60

1453 akzeptieren *verb* to accept
- Du musst meine Entscheidung akzeptieren.
59

1454 bestellen *verb* to order, reserve
- Ich habe einen Cocktail bestellt.
59

1455 dicht *adj* thick, dense
- Der Wald ist hier sehr dicht.
59

1456 dreißig *num* thirty
- Dieses Hemd kostet dreißig Euro.
59

1457 erweisen *verb* to prove
- Seine Verdächtigungen erwiesen sich als falsch.
59

1458 erweitern *verb* to widen, expand
- Unser Angebot wurde kürzlich erweitert.
59

1459 Experte *der* expert
- Er ist Experte auf dem Gebiet der Biochemie.
59

1460 fürchten *verb* to fear
- Der Autor fürchtet einen Misserfolg.
59

1461 Gestalt *die* shape, form, figure
- Es handelt sich um eine etwas seltsame Gestalt.
59

1462 günstig *adj* favourable, good
- Wir haben ihr ein günstiges Angebot gemacht.
59

1463 hauptsächlich *adj* main
- Was sind deine hauptsächlichen Gründe dagegen?
59

1464 Laden *der* shop
- Der Laden an der Ecke musste schließen.
59

1465 Meister *der* master
- Er ist ein Meister seines Fachs.
59

1466 möglicherweise *adv* possibly
- Möglicherweise schaffen wir es doch bis zum vereinbarten Termin.
59

1467 produzieren *verb* to produce
- In Meißen wird Porzellan produziert.
59

1468 springen *verb* to jump
- Hier darf man nicht ins Wasser springen.
59

1469 starten *verb* to start
- Wann startet das Rennen?
59

1470 Stellung *die* position, standing
- Er hat eine gute Stellung in dieser Firma.
59

1471 überprüfen *verb* to check
- Wir werden Ihre Papiere überprüfen.
59

1472 Zugang *der* access
- Hast du dort Zugang zum Internet?
59

1473 ansonsten *adv* otherwise
- Bewerben Sie sich bis zum 20. November, ansonsten kann ihre Bewerbung nicht berücksichtigt werden.
58

1474 aufstellen *verb* to put up, draw up
- Am Bahnhof wurden neue Fahrradständer aufgestellt.
58

1475 Branche *die* sector, line of business
- Stefan ist schon seit langem in dieser Branche tätig.
58

1476 ermitteln *verb* to find out, investigate
- Die Polizei ermittelt bereits in diesem Fall.
58

1477 Figur *die* figure
- Andreas hat eine sportliche Figur.
58

1478 Frieden *der* peace
- Frieden ist möglich.
58

1479 gegenwärtig *adj* present
- Die gegenwärtige Situation ist nicht zufriedenstellend.
58

1480 Industrie *die* industry
- Die Industrie will mehr Mitsprache in der Wirtschaftspolitik.
58

1481 kritisieren *verb* to criticize
- Viele Menschen kritisieren die jetzige Regierung.
58

1482 mittlere (r, s) *adj* middle, average
- Das Mittlere Erzgebirge ist als Weihnachtsland bekannt.
58

1483 nett *adj* nice
- Sie macht einen netten Eindruck.
58

1484 niemals *adv* never
- Das habe ich niemals gesagt!
58

1485 Umgang *der* dealings, contact
- Leute wie Ernst August sind für dich kein Umgang.
58

1486 Vorgang *der* occurrence
- Ich habe den Vorgang genau beobachtet.
58

1487 Wachstum *das* growth
- Das wirtschaftliche Wachstum lässt nach.
58

1488 zeitlich *adj* in time
- Glaubst du, dass du es zeitlich schaffen wirst?
58

1489 zerstören *verb* to destroy
- FCKW zerstört die Ozonschicht.
58

1490 ablaufen *verb* to run out, expire
- Die Frist läuft nächste Woche ab.
57

1491 berechnen *verb* to calculate, charge
- Wie wird der Umfang eines Kreises berechnet?
57

1492 Büro *das* office
- Im Büro herrscht gute Stimmung.
57

1493 Darstellung *die* presentation, description
- Ihre Darstellung der Ereignisse war detailliert und umfangreich.
57

1494 eintreten *verb* to enter, join, occur
- Der schlimmste Fall ist nun eingetreten. Wir haben keinen Strom und kein Wasser mehr.
57

1495 ergänzen *verb* to add, complete
- Sie sollten Ihre Nahrung durch Vitamintabletten ergänzen.
57

1496 erwerben *verb* to acquire, purchase
- In ihren späten Jahren erwarb sie ein Stück Land und baute sich darauf ein Haus.
57

1497 Fußball *der* soccer, football
- Fußball spielt man auf der ganzen Welt.
57

1498 Gewalt *die* violence, force
- Die Gewalt unter Jugendlichen nimmt immer mehr zu.
57

1499 Institution *die* institution
- An welcher Institution findet der Sprachkurs statt?
57

1500 Katze *die* cat
- Hunde und Katzen vertragen sich normalerweise nicht.
57

1501 Konzern *der* (business) group
- VW ist ein weltweit erfolgreicher Konzern.
57

1502 Lager *das* camp, storeroom
- Bitte hol neue Zeitschriften aus dem Lager.
57

1503 Lehre *die* apprenticeship, lesson, doctrine
- Gerhard macht eine Lehre als Maurer.
57

1504 online *adv* online
- Sie können die Bestellung auch online aufgeben.
57

1505 Pferd *das* horse
- Viele kleine Kinder wollen ein Pferd besitzen.
57

1506 Rat *der* advice
- Professor Udolph holt sich in dieser Frage Rat bei einem Kollegen.
57

1507 Schatten *der* shadow, shade
- Die Sonne warf einen langen Schatten.
57

1508 spezifisch *adj* specific
- Ihre Fragen waren nicht sehr spezifisch.
57

1509 Spitze *die* point, top, peak
- Nach jahrelangen Anstrengungen hatte sie es geschafft, auch international an der Spitze zu stehen.
57

1510 Strecke *die* distance, route
- Wir fuhren eine Strecke von 200 Kilometern.
57

1511 Szene *die* scene
- Wir spielen eine Szene aus „Faust".
57

1512 üben *verb* to practise
- Üben wir noch ein paar französische Konjugationen?
57

1513 Weltmeisterschaft, WM *die* world championship
- Für die Weltmeisterschaft im Skispringen gibt es noch Eintrittskarten.
57

1514 zurückgehen *verb* to go back, decrease
- Die Zahl der Autodiebstähle geht zurück.
57

1515 anschließen *verb* to join, chain to, connect
- Sie schloss ihr Fahrrad an die Laterne an.
56

1516 ausdrücken *verb* to express
- In dem Gedicht drückt der Dichter seine Gefühle aus.
56

1517 Blut *das* blood
- Blut ist rot.
56

1518 Dauer *die* length (of time)
- Die Dauer der Versammlung ist nicht festgelegt.
56

1519 elektrisch *adj* electric
- Als Kind hatte er eine elektrische Eisenbahn.
56

1520 entlang *prep* along
- Man kann mit dem Rad die Donau entlang fahren.
56

1521 etc. *adv* etc.
- Tee, Kaffee, Kakao etc. sind beliebte Getränke, die Deutschland importieren muss.
56

1522 Feuer *das* fire
- Petra macht Feuer im Kamin.
56

1523 freilich *adv* of course
- Freilich bist du Schuld gewesen, gib es endlich zu!
56

1524 gemäß *prep* in accordance with
- Er verhielt sich den Anweisungen gemäß.
56 –L, –S

1525 gesund *adj* healthy
- Hoffentlich wirst du bald wieder gesund.
56

1526 grau *adj* grey
- Sein Haar wird grau.
56

1527 Gymnasium *das* secondary school
- Das Gymnasium beschließt man mit dem Abitur.
56

1528 Juli *der* July
- Der 14. Juli ist der französische Nationalfeiertag.
56

1529 Konsequenz *die* consequence
- Diese Entscheidung hat weitreichende Konsequenzen.
56

1530 Nase *die* nose
- Rudolf, das Rentier, hat eine rote Nase.
56

1531 schießen *verb* to shoot
- Der Jäger schießt auf den Hirsch.
56

1532 streichen *verb* to paint, cancel
- Laura hat ihr Zimmer grün gestrichen.
56

1533 Stuhl *der* chair
- Wie viele Stühle fehlen noch?
56

1534 Süden, Süd *der* south
- Im Süden Deutschlands liegen die Alpen.
56

1535 Tor *das* gate, goal
- Schließ bitte doch das Tor zu!
56

1536 Verband *der* association, bandage
- Er hat einen Verband um den Fuß.
56

1537 westlich *adj* westerly
- Claudia wohnt in einem westlichen Stadtteil von Leipzig.
56

1538 Aktie *die* share
- Sie spekuliert mit Aktien an der Börse.
55 –L, –S

1539 Aktion *die* action, campaign
- Es ist wieder eine Aktion gegen Studiengebühren geplant.
55

1540 Anlass *der* occasion, cause
- Gibt es einen Anlass zum Feiern?
55

1541 Ausgabe *die* distribution, edition, expenses
- Das Wörterbuch erscheint in einer neuen Ausgabe.
55

1542 Ausländer *der* foreigner
- Jeder Mensch ist irgendwo ein Ausländer.
55

1543 bedürfen *verb* to require
- Hierfür bedarf es einer Menge Geduld.
55

1544 behalten *verb* to keep
- Alexander behält seine Süßigkeiten immer für sich.
55

1545 belegen *verb* to register, prove, cover
- Im nächsten Semester belege ich ein anderes Fach.
55

1546 Bundesland *das* state, province
- Deutschland besteht aus 16 Bundesländern.
55

1547 chemisch *adj* chemical
- Chemische Reaktionen sind oft nicht vorherzusehen.
55

1548 Club *der* club
- Im Club nebenan ist heute ein Livekonzert.
55 –A

1549 egal *adv* (it's all) the same
- Das ist mir egal!
55

1550 extrem *adj* extreme
- Die Preise für Öl sind extrem hoch.
55

1551 Fluss *der* river
- Durch das Erdbeben ist die Brücke in den Fluss gestürzt.
55

1552 freundlich *adj* friendly
- Das war aber ein freundlicher Verkäufer!
55

1553 Führung *die* management, command, leadership
- Die Führung übernimmt ein Kollege aus Köln.
55

1554 Geschwindigkeit *die* speed
- Bei dieser Geschwindigkeit kann man nicht mehr rechtzeitig bremsen.
55

1555 Gut *das* estate, good(s)
- Toleranz und Meinungsfreiheit sind wichtige Güter einer Demokratie.
55

1556 herauskommen, rauskommen *verb* to come out
- Was wird bei der Untersuchung herauskommen?
55

1557 hören *verb* to hear
- Wir hören Stimmen von draußen.
55

1558 lauten *verb* to be (answer)
- Meine Antwort lautet: Nein!
55

1559 letztlich *adv* in the end
- Letztlich hat er doch zugestimmt.
55

1560 Medizin *die* medicine
- Die Medizin kann leider nicht allen Menschen helfen.
55

1561 Nachbar *der* neighbour
- Mein Nachbar gießt im Urlaub meine Blumen.
55

1562 Software *die* software
- Man ist gerade dabei, diese Software zu optimieren.
55

1563 Stufe *die* step, level
- Zum Hauseingang führen drei Stufen.
55

1564 stürzen *verb* to fall, stumble
- Der Eisregen machte die Straßen so glatt, dass ich mehrmals fast gestürzt wäre.
55

1565 Telefon *das* telephone
- Manche Leute haben gar kein Telefon mehr, sondern nur noch ein Handy.
55

1566 Terrorismus *der* terrorism
- Der Terrorismus fordert immer mehr zivile Opfer.
55
gegen den Terrorismus against terrorism
- Die USA führt einen Krieg gegen den Terrorismus.
18

1567 total *adj* total, complete
- Ich bin total müde nach dem langen Tag.
55

1568 Trainer *der* coach
- Der Trainer kritisiert dauernd seine Sportler.
55 +N

1569 umgehen
1 verb to treat, handle
- Viele Chefs gehen mit ihren Angestellten sehr locker um.
2 to avoid, circumvent
- Am besten umgehen wir das Problem.
55

1570 verlaufen *verb* to proceed, get lost
- Wie ist die Sitzung verlaufen?
55

1571 vermuten *verb* to assume, suspect
- Ich vermute, der Zug kommt zu spät.
55

1572 zukommen *verb* to come towards, be in store
- Es wird noch einiges auf uns zukommen.
55

1573 Zweifel *der* doubt
- Daran besteht kein Zweifel.
55

1574 absehen *verb* to foresee, be in sight
- Es ist kein Ende abzusehen.
54
abgesehen von apart from
- Abgesehen von lauter Ärger kam nichts bei der Aktion heraus.
33

1575 Anforderung *die* request, demand
- Silke stellt an ihren Mann sehr hohe Anforderungen.
54

1576 auffallen *verb* to stand out, notice
- Rote Autos fallen im Straßenverkehr am meisten auf.
54

1577 Bad *das* bath, bathroom, spa
- Abends nehme ich gern ein Bad.
54

1578 Belastung *die* load, strain
- Der Autoverkehr stellt eine große Belastung für die Umwelt dar.
54

1579 beweisen *verb* to prove
- Die Reformen müssen ihre Wirkung noch beweisen.
54

1580 Bus *der* bus
- Aufs Land fährt nur zweimal täglich ein Bus.
54

1581 Effekt *der* effect
- Man kann auch mit wenigen Mitteln einen großen Effekt erzielen.
54

1582 Messe *die* (trade) fair, mass
- Die Messe findet auf dem neuen Gelände außerhalb der Stadt statt.
54

1583 ohnehin *adv* anyway
- Wir sind ohnehin zu spät, da können wir uns jetzt auch Zeit lassen.
54

1584 stolz *adj* proud
- Frau Wunderlich ist stolz auf ihren Sohn, denn er hat einem Freund das Leben gerettet.
54

1585 überleben *verb* to survive
- Nur wenige Tiere überlebten den furchtbaren Sturm.
54

1586 Umfang *der* circumference, size, extent
- Die Erde hat einen Umfang von über 40 000 Kilometern.
54

1587 unbekannt *adj* unknown
- Der Täter ist bislang unbekannt.
54

1588 Vorschrift *die* instruction, regulation
- Laut Vorschrift darf man hier nicht parken.
54

1589 äußerst *adv* extremely
- Das neue Gerät ist äußerst empfindlich gegenüber Erschütterungen.
53

1590 ausüben *verb* to practise, exercise, exert
- Frau Busse übt ihre Tätigkeit als Lektorin schon seit über sechs Jahren aus.
53

1591 betreten *verb* to enter, walk into, onto
- Der Schauspieler betritt die Bühne und verneigt sich.
53

1592 einst *adv* once, at one time, one day
- In Amerika lebten einst viel mehr Völker als heute.
53

1593 elektronisch *adj* electronic
- Im Internet gibt es gute elektronische Wörterbücher.
53

1594 endgültig *adj* final
- Ich kann keine endgültige Entscheidung treffen, ohne vorher meinen Chef zu fragen.
53

1595 erzeugen *verb* to produce, generate
- Energie kann man nicht nur aus Kohle und Öl erzeugen, sondern auch aus Wasser und Wind.
53

1596 Fahrrad *das* bicycle
- Wenn ich kann, fahre ich mit dem Fahrrad zur Uni.
53

1597 Kommission *die* commission, committee
- Eine Kommission entscheidet über die Zulassung zum Studium.
53

1598 Krankenhaus *das* hospital
- Die Stadt hat vier Krankenhäuser.
53

1599 künstlerisch *adj* artistic
- Die Veranstaltung wird von einem künstlerischen Programm umrahmt.
53

1600 landen *verb* to land
- Das Flugzeug aus München landet um 10 Uhr auf dem Flughafen Halle-Leipzig.
53

1601 Mangel *der* lack, shortage, defect
- Der Mangel an qualifizierten Arbeitskräften belastet die regionale Wirtschaft.
53

1602 realisieren *verb* to realize, bring about
- Das Projekt wird durch Gelder aus der Stadtkasse realisiert.
53

1603 retten *verb* to save, rescue
- Sabrina rettete ihre Katze aus dem Fluss.
53

1604 Richter *der* judge
- Der Richter verliest die Anklage.
53

1605 sichtbar *adj* visible
- Es gibt sichtbare und unsichtbare Lichtwellen.
53

1606 sobald *conj* as soon as
- Sobald ich Bescheid weiß, rufe ich dich an.
53

1607 tausend *num* thousand
- Ungefähr tausend Bürger nahmen an der Demonstration teil.
53

1608 Terrorist *der* terrorist
- Terroristen agieren meist unerwartet.
53

1609 Urteil *das* sentence, judgement
- Das Urteil über den Einbrecher wird am Montag gesprochen.
53

1610 verbergen *verb* to hide, conceal
- Hinter jedem einzelnen Namen verbirgt sich ein ganz persönliches Schicksal.
53

1611 verbreiten *verb* to spread
- Nachrichten verbreiten sich sehr schnell über das Internet.
53

1612 Wiener *adj* Viennese
- Die Wiener Kaffeehäuser sind weltweit bekannt und beliebt.
53

1613 abhängig *adj* dependent
- Das Klima ist von der Nähe zum Meer abhängig.
52

1614 allzu *adv* all too
- Allzu viele Jugendliche rauchen.
52

1615 Anbieter *der* supplier
- Der Anbieter kann erst in drei Tagen liefern.
52 –L, –S

1616 begegnen *verb* to meet, come across
- Auf der Fahrt in meine Heimatstadt begegneten mir viele alte Bekannte.
52

1617 biologisch *adj* biological
- Die biologische Vielfalt auf der Erde nimmt durch die Umweltverschmutzung ab.
52

1618 brennen *verb* to burn
- Ein Feuer brennt so lange, bis es keinen Sauerstoff mehr hat.
52

1619 Decke *die* ceiling, blanket
- Fliegen können an der Decke laufen.
52

1620 doppelt *adj* double
- Heute gibt es doppelt so viele Arbeitslose wie vor 20 Jahren.
52

1621 erfordern *verb* to require, demand
- Diese Arbeit erfordert spezielle Kenntnisse in Physik.
52

1622 erschrecken *verb* to frighten, be startled
- Wer die Wahrheit sucht, darf nicht erschrecken, wenn er sie findet.
52

1623 Fisch *der* fish
- Heute Mittag gibt es Fisch mit Gemüse.
52

1624 Fleisch *das* meat, flesh
- In der Mensa gibt es jeden Tag Fleisch.
52

1625 fünfzig *num* fifty
- Über fünfzig Prozent der Bevölkerung sind Frauen.
52

1626 jüdisch *adj* Jewish
- Die jüdische Gemeinschaft in Leipzig will ein neues Zentrum errichten.
52

1627 Jugend *die* youth
- Die Jugend von heute ist sehr mit sich selber beschäftigt.
52

1628 Juni *der* June
- Im Juni beginnen die Prüfungen.
52

1629 packen *verb* to pack, grab
- Jan packt seinen Rucksack, er fährt nach Norwegen in den Urlaub.
52

1630 sämtlich *pron* all
- In dem Verlag erscheinen sämtliche Werke von Hermann Hesse.
52

1631 schenken *verb* to give (as a present)
- Zu Weihnachten schenken sich alle Familienmitglieder etwas.
52

1632 Schmerz *der* pain, grief
- Durch das lange Sitzen bekomme ich Schmerzen in der Schulter.
52

1633 Schuld
1 die guilt
- Herrn Meier trifft keine Schuld.
2 schuld adj guilty
- Georg ist schuld daran, dass wir zu spät kommen.
52

1634 schütteln *verb* to shake
- Sie schüttelte nur den Kopf und ging.
52

1635 selbstständig *adj* independent, self-employed
- Im Studium muss man selbstständig arbeiten können.
52

1636 senken *verb* to sink, lower, decrease
- Die Regierung senkt die Steuern noch dieses Jahr.
52

1637 Stimmung *die* mood, atmosphere
- Die Stimmung im Team ist sehr gut.
52

1638 Tasche *die* pocket, bag
- Ich muss nochmal zurück, ich habe meine Tasche im Café liegen lassen.
52

1639 umgekehrt *adj* reversed, contrary, the other way around
- Es ist genau umgekehrt.
52

1640 Wein *der* wine
- Französische und italienische Weine sind immer noch am beliebtesten.
52

1641 Welle *die* wave
- Das Seebeben sandte eine riesige Welle quer über den Ozean.
52

1642 Wettbewerb *der* competition
- An dem Wettbewerb nehmen Menschen aus allen Altersgruppen teil.
52

1643 Wetter *das* weather
- Lena geht auch bei schlechtem Wetter gern spazieren.
52

1644 zurückziehen *verb* to withdraw
- Er zieht sich aus dem öffentlichen Leben zurück.
52

1645 Alternative *die* alternative
- Die Alternative zur Verkleinerung ist die Schließung der Fabrik.
51

1646 anerkennen *verb* to recognize, accept
- Kinder erkennen die Autorität der Eltern oft nicht an.
51

1647 arbeitslos *adj* unemployed
- Wenn mir mein Chef kündigt, werde ich arbeitslos.
51

1648 Auswirkung *die* effect
- Die Katastrophe wird noch jahrelange Auswirkungen haben.
51

1649 Bedürfnis *das* need
- Das Bedürfnis nach Urlaub wächst mit jedem Arbeitstag.
51

1650 beurteilen *verb* to assess, judge
- Ein unerfahrener Mitarbeiter kann die Sachlage nicht richtig beurteilen.
51

1651 erleichtern *verb* to relieve, make easier
- Die Mikrowelle erleichtert vielen Menschen das Kochen.
51

1652 genießen *verb* to enjoy, relish
- Bettina genießt ihr neues Leben in Karlsruhe.
51

1653 Haltung *die* posture, attitude
- Seine ablehnende Haltung gegenüber Ausländern ist uns allen schon aufgefallen.
51

1654 Leser *der* reader
- Leser einer Tageszeitung sind immer gut informiert.
51

1655 mächtig *adj* powerful
- Mächtigen Worten folgen meist keine Taten.
51

1656 ökonomisch *adj* economic
- Eine familienfreundliche Politik bietet auch ökonomische Vorteile.
51 –L, –S

1657 rechtlich *adj* legal
- Rechtlich gesehen gibt es ein Problem.
51

1658 religiös *adj* religious
- Religiöse Anschauungen sollten aus der Schule fern gehalten werden.
51

1659 schriftlich *adj* written
- Am nächsten Tag erhielt sie eine schriftliche Benachrichtigung.
51

1660 Tante *die* aunt
- Die Schwester meiner Mutter ist meine Tante.
51

1661 Temperatur *die* temperature
- Wasser gefriert bei einer Temperatur von null Grad Celsius.
51

1662 unterrichten *verb* to teach
- Ein Lehrer aus Frankreich unterrichtet Französisch.
51

1663 vermutlich *adv* probably
- Richard hat vermutlich Recht mit dem, was er sagt.
51

1664 Waffe *die* weapon
- Waffen unterliegen in Deutschland strengen Gesetzen.
51

1665 wahrnehmen *verb* to perceive, detect
- Kaum ein Passant nimmt die Obdachlosen in der Innenstadt wahr.
51

1666 Ware *die* goods
- Auf dem Markt bekommt man immer frische Ware.
51

1667 zweimal *adv* twice
- Zwieback ist zweimal gebackenes trockenes Brot.
51

1668 Ahnung *die* suspicion, idea
- Mein Vater hat keine Ahnung, wie es mir geht.
50

1669 angeblich *adj* alleged
- Angeblich plant die Regierung die Einführung von Studiengebühren in Deutschland.
50

1670 anhand *prep* on the basis of, with the aid of
- Anhand von Beispielen kann man eine Regel finden.
50

1671 belasten *verb* to load, burden
- Diese Vorwürfe belasten mich schwer.
50

1672 billig *adj* cheap
- Wer billig kauft, kauft zweimal.
50

1673 Brust *die* breast, chest
- Bei starkem Husten hat man oft Schmerzen in der Brust.
50

1674 damalig *adj* at that time
- Die damaligen Verhältnisse waren viel schwieriger als heute.
50

1675 daneben *pron* beside it, next to it
- Wir haben ein Haus mit einem Garten, daneben beginnt gleich der Wald.
50

1676 Einführung *die* introduction
- Zu Beginn des Semesters gibt es eine Einführung ins Studium.
50

1677 Fahrt *die* drive, trip
- Die Fahrt von Hamburg nach Köln mit dem Zug dauert etwa 4 Stunden.
50

1678 fließen *verb* to flow
- Die Elbe fließt in die Nordsee.
50

1679 Förderung *die* support, sponsorship
- Familien erhalten staatliche Förderung.
50

1680 geographisch *adj* geographic
- Längen- und Breitengrade markieren die geographische Lage.
50

1681 Kleid *das* dress
- Jana sieht sehr gut aus in ihrem neuen Kleid.
50

1682 Koalition *die* coalition
- Die Koalition besteht aus drei Parteien.
50 –A, –L

1683 kontrollieren *verb* to check, control
- Papa kontrolliert jeden Abend, ob die Kinder die Hausaufgaben gemacht haben.
50

1684 kräftig *adj* strong
- Der Euro verzeichnet seit zwei Monaten ein kräftiges Wachstum.
50

1685 Länge *die* length
- Eine Schlange von 3 Metern Länge ist aus dem Zoo verschwunden.
50

1686 Loch *das* hole
- Meine Hose hat ein Loch.
50

1687 Manager *der* manager
- Ein erfolgreicher Manager leitet das Unternehmen.
50 –L

1688 nachweisen *verb* to prove
- Ein Ausweis weist die Identität des Besitzers nach.
50

1689 Quelle *die* source, spring
- In einer wissenschaftlichen Arbeit müssen Quellen exakt angegeben werden.
50

1690 Regen *der* rain
- Am Wochenende erwartet uns ein Mix aus Regen und Sonnenschein.
50

1691 Religion *die* religion
- Religion ist eine private Angelegenheit.
50

1692 Spieler *der* player
- Der Spieler wechselt in der nächsten Saison in einen anderen Verein.
50

1693 Strom *der* stream, current, electricity
- Wir haben seit einer Stunde keinen Strom und kein Licht.
50

1694 Summe *die* sum
- Die Summe aus zwölf plus drei ist fünfzehn.
50

Articles of clothing (occurrences per million)

Kleid	50	**T-Shirt**	10	**Kopftuch**	3
Schuh	38	**Mütze**	10	**Slip**	3
Hose	32	**Stiefel**	10	**Bademantel**	3
Mantel	30	**Gürtel**	10	**Schürze**	2
Hemd	30	**Ärmel**	10	**Unterhemd**	2
Hut	28	**Krawatte**	7	**Smoking**	2
Tuch	25	**Bluse**	7	**Strumpfhose**	2
Rock	22	**Jackett**	6	**Schlafanzug**	2
Anzug	19	**Sandale**	6	**Overall**	1
Jacke	17	**Socke**	5	**Kapuze**	1
Pullover	15	**Gummistiefel**	4	**Schlips**	1
Kostüm	11	**Unterhose**	4	**Bikini**	1
Strumpf	11	**Top**	3	**Badeanzug**	1
Fliege	11	**Nachthemd**	3	**Badehose**	1

1695 Termin *der* appointment, date
- Bis zu dem vereinbarten Termin muss die Arbeit fertig sein.
50

1696 Test *der* test
- Im letzten Test fielen drei Studenten durch.
50

1697 Tourist *der* tourist
- Touristen sind oft nicht sehr beliebt bei den Einheimischen.
50

1698 Umsatz *der* turnover, sales
- Der Umsatz im Bereich Sportartikel steigt jedes Jahr.
50

1699 unterbrechen *verb* to interrupt
- Ich wollte gerade eine Frage stellen, aber Hannes hat mich unterbrochen.
50

1700 vertrauen *verb* to trust
- Der Käufer vertraut auf die Qualität des Produkts.
50
Vertrauen *das* trust, faith
- Das Vertrauen in die Sicherheit wurde nachhaltig gestört.
37

1701 verursachen *verb* to cause
- Der Unfall verursachte einen Stau von 12 Kilometern.
50

1702 Verwendung *die* use
- Über die Verwendung der Steuergelder entscheidet die Regierung.
50

1703 vorschlagen *verb* to suggest
- Das Gericht schlägt einen Vergleich vor.
50

1704 Vorwurf *der* reproach, accusation
- Herr Faber macht seinen Mitarbeitern ständig Vorwürfe wegen der Verzögerung des Projekts.
50

1705 wild *adj* wild
- Bären und Füchse sind wilde Tiere.
50

1706 Wissenschaftler *der* scholar, scientist
- Wissenschaftler aus verschiedenen Fachrichtungen nehmen an der Tagung teil.
50

1707 woher *pron* from where, how
- Woher weißt du, dass Ingrid ihren Mann verlassen hat?
50

1708 zurück *adv* back
- Das liegt schon zwanzig Jahre zurück.
50

1709 April *der* April
- Im April macht das Wetter, was es will.
49

1710 aussprechen *verb* to pronounce, express
- Du musst deine Zweifel aussprechen.
49

1711 bedienen *verb* to serve, operate
- Den Fernseher bedient man mit einer Fernbedienung.
49

1712 beherrschen *verb* to control, have mastered
- Susann beherrscht gut Karate.
49

1713 Bier *das* beer
- Sowohl Deutsche als auch Amerikaner trinken gerne Bier.
49

1714 Bundesregierung *die* federal government
- Die Bundesregierung fordert alle Parteien zu mehr Geschlossenheit im Kampf gegen rechte Organisationen auf.
49

1715 bunt *adj* colourful
- Kinder malen gern mit bunten Farben.
49

1716 dringend *adj* urgent
- Es muss dringend jemand die Wasserleitung reparieren, sie ist defekt.
49

1717 einschränken *verb* to restrict, reduce
- Das neue Gesetz schränkt die Rechte von Verbrechern ein.
49

1718 freiwillig *adj* voluntary
- Viele junge Männer melden sich freiwillig zum Militär.
49

1719 heilig *adj* holy
- Nichts ist ihm heilig.
49

1720 ideal *adj* ideal
- Im idealen Fall kommt das Päckchen schon am Montag an, im schlimmsten Fall erst Freitag.
49

1721 Konzert *das* concert
- Im Sommer gibt es im Park klassische Konzerte unter freiem Himmel.
49

1722 Krise *die* crisis
- Die Leiterin des Instituts meistert die Krise.
49

1723 Landwirtschaft *die* agriculture
- Die deutsche Landwirtschaft kann nicht mehr so vielen Menschen Arbeit geben wie noch vor 40 Jahren.
49

1724 Leid
1 das sorrow, grief
- Im Fernsehen sieht man das Leid der Menschen in der dritten Welt.
2 leid adv (be) tired (of)
- Ich bin dein ewiges Gejammer leid.
49
Leid tun to be sorry
- Das tut mir Leid.
31

1725 leuchten *verb* to shine, glow
- In der Weihnachtszeit leuchten in den meisten Wohnzimmern Weihnachtsbäume.
49

1726 Lied *das* song
- Lieder können beim Sprachenlernen helfen.
49

1727 März *der* March
- Im März beginnt der Frühling.
49

1728 Merkmal *das* feature
- Ein typischer Tisch hat folgende Merkmale: Er hat vier Beine und oben eine Tischplatte.
49

1729 mitnehmen *verb* to take (along)
- Katharina nimmt immer ihre Handtasche mit, wenn sie aus dem Haus geht.
49

1730 mittels *prep* by means of
- Mittels neuester Technologien kann man jetzt auch vom Handy aus E-Mails schreiben.
49

1731 mitten *adv* in the middle
- Mitten im Wald steht eine kleine Hütte.
49

1732 Parlament *das* parliament
- Im Parlament wird über Gesetze abgestimmt.
49

1733 Pause *die* pause, break
- In der Pause esse ich mein belegtes Brötchen.
49

1734 Perspektive *die* perspective, prospects
- Die Schule hat keine Perspektive, weil es zu wenig Schüler gibt.
49

1735 Phänomen *das* phenomenon
- Gewitter ist ein Phänomen, das auftritt, wenn sich zwei unterschiedlich warme Luftmassen treffen.
49

1736 Realität *die* reality
- Die Realität sieht oft anders aus, als man denkt.
49

1737 regional *adj* regional
- Wir beziehen unser Gemüse aus der regionalen Landwirtschaft.
49

1738 rücken *verb* to move
- Das Problem rückte immer mehr in den Mittelpunkt der Diskussion.
49

1739 Suche *die* search
- Die Suche nach dem entflohenen Krokodil war erfolgreich.
49

1740 töten *verb* to kill
- Du sollst nicht töten!
49

1741 überwiegend *adj* predominant
- Der überwiegende Teil der Erstsemester fährt am Wochenende nach Hause.
49

1742 unmöglich *adj* impossible
- Nichts ist unmöglich.
49

1743 verabschieden *verb* to say goodbye, pass
- Karl und Till verabschiedeten sich am Bahnhof.
49

1744 verbieten *verb* to forbid, prohibit
- Die Lehrerin verbietet ihren Schülern zu reden.
49

1745 vorlegen *verb* to present, provide, produce
- Der Absolvent hat eine exzellente Arbeit vorgelegt.
49

1746 Weltkrieg *der* world war
- Der Zweite Weltkrieg endete 1945.
49

1747 zusammenfassen *verb* to summarize
- Ich fasse die Ergebnisse noch mal zusammen.
49

1748 angenehm *adj* pleasant
- Das ist eine angenehme Überraschung.
48

1749 Arbeitgeber *der* employer
- Der Arbeitgeber verweigert seinen Angestellten seit Monaten den Urlaub.
48

1750 Aufbau *der* construction, structure
- Die Arbeit hat einen logischen Aufbau.
48

1751 August *der* August
- Im August habe ich Geburtstag.
48

1752 ausrichten *verb* to tell, align, line up
- Richte ihm bitte aus, dass ich erst etwas später komme.
48

1753 bedeutend *adj* important, significant
- Schiller ist ein bedeutender deutscher Dichter.
48

1754 bedingen *verb* to cause
- Manche Krankheiten sind erblich bedingt.
48

1755 Bestimmung *die* regulation, purpose, fate
- Die Bestimmungen sind gesetzlich festgelegt.
48

1756 Botschaft *die* message
- Die Menschen erwarten eine positive Botschaft von ihrem Präsidenten.
48

1757 Brot *das* bread
- Brot ist ein Grundnahrungsmittel.
48

1758 christlich *adj* Christian
- Die christliche Gemeinde von Köln hat eine neue Homepage.
48

1759 davor *pron* before it
- Hinter dem Haus ist ein Teich, davor ein schöner Garten.
48

1760 drüben *adv* over there
- Da drüben steht die Polizei, fahr lieber langsam!
48

1761 eventuell *adj* possible
- Nächste Woche gibt es in dem Werk eventuell einen Streik.
48

1762 Flasche *die* bottle
- Zum Abendessen gab es eine gute Flasche Rotwein.
48

1763 Formel *die* formula
- Welche chemische Formel hat Wasser?
48

1764 Fortschritt *der* progress
- Meine Tochter hat große Fortschritte gemacht, sie kann schon bis hundert zählen.
48

1765 fortsetzen *verb* to continue
- Das Seminar wird nächste Woche fortgesetzt.
48

1766 Geburtstag *der* birthday
- Anna feiert ihren vierten Geburtstag im Kindergarten.
48

1767 Gegenwart *die* present
- Wer Geschichte lernt, erfährt viel über die Gegenwart.
48

1768 Hauptstadt *die* capital city
- Dresden ist die Hauptstadt von Sachsen.
48

1769 integrieren *verb* to integrate
- Unser Englischlehrer integriert die neuesten Medien in den Unterricht.
48

1770 klappen *verb* to fold, go as planned, work out
- Ich habe es lange versucht, aber es klappt einfach nicht.
48

1771 körperlich *adj* physical
- Mehr körperliche Betätigung würde dir gut tun.
48

1772 medizinisch *adj* medical
- Die Praxis ist medizinisch auf dem neuesten Stand.
48

1773 Mühe *die* effort, trouble
- Meine Mutter macht sich immer viel Mühe mit dem Mittagessen.
48

1774 Nachfrage *die* demand
- Die Nachfrage nach Rohöl steigt von Jahr zu Jahr.
48

1775 Pflicht *die* duty
- Wer Pflichten hat, der hat auch Rechte.
48

1776 räumlich *adj* three-dimensional, spatial
- Die Fragen testen das räumliche Vorstellungsvermögen.
48

1777 starren *verb* to stare
- Dietmar starrt ins Leere, er denkt nach.
48

1778 Studiengang *der* course of study
- Viele Studiengänge sind mit Studenten überfüllt.
48

1779 Teilnehmer *der* participant
- Die Teilnehmer am Marathon treffen am späten Nachmittag im Stadion ein.
48

1780 waschen *verb* to wash
- Vor dem Essen wäscht man sich die Hände.
48

1781 Wille *der* will
- Sandra schafft das, sie hat einen starken Willen.
48

1782 angemessen *adj* appropriate
- Zu einem Opernball sollte man in angemessener Bekleidung erscheinen.
47

1783 anhalten *verb* to stop, last
- Der Erholungseffekt hielt auch nach dem Urlaub noch an.
47

1784 aufmerksam *adj* attentive
- Die Schüler hören ihrem Lehrer aufmerksam zu.
47

1785 ausbilden *verb* to train, instruct, educate
- Der Betrieb bildet in diesem Jahr zehn Lehrlinge aus.
47

1786 beantworten *verb* to answer
- Der Angeklagte beantwortet die Frage des Richters mit Ja.
47

1787 Debatte *die* debate
- Die Debatte im Senat dauerte über vier Stunden.
47

1788 dünn *adj* thin
- Lebkuchen haben oft eine dünne Schokoladenschicht.
47

1789 einkaufen *verb* to shop
- Gestern habe ich Geschenke eingekauft.
47

1790 erläutern *verb* to explain
- Erläutern Sie bitte den Unterschied zwischen physisch und physikalisch!
47

1791 Fremdsprache *die* foreign language
- Frau Wotjak ist Professorin für Deutsch als Fremdsprache.
47

1792 Gegner *der* opponent, competitor, enemy
- David ist ein Gegner von Atomkraftwerken.
47

1793 global *adj* global
- Die globale Erwärmung beunruhigt nicht nur Wissenschaftler.
47

1794 gucken, kucken *verb* to look
- Was guckst du so komisch?
47

1795 Hinsicht *die* respect
- In beruflicher Hinsicht geht es ihr sehr gut.
47

1796 Käufer *der* buyer
- Der Käufer hat das Recht, die Ware innerhalb von 14 Tagen umzutauschen.
47

1797 keineswegs *adv* by no means, not at all
- Erfolg ist keineswegs nur eine Frage der Begabung.
47

1798 Kilogramm, kg *das* kilogram
- Ein Kilogramm sind tausend Gramm.
47

1799 mitbringen *verb* to bring
- Wir haben Geschenke mitgebracht.
47

1800 sonstig *adj* other
- Bücher zu sonstigen Themen finden Sie im Obergeschoss.
47

1801 sprachlich *adj* linguistic
- Lieder und Reime fördern die sprachliche Entwicklung von Kindern.
47

1802 unternehmen *verb* to do, go on, take steps
- Am Ostersonntag unternehmen wir mit der Familie einen Ausflug in die Berge.
47

1803 verraten *verb* to tell a secret, give away, betray
- Meine Freundin hat mir ein Geheimnis verraten.
47

1804 verstecken *verb* to hide
- Zu Ostern versteckt man in Deutschland bunte Eier und Süßigkeiten, die die Kinder suchen müssen.
47

1805 Verwaltung *die* administration
- Die Verwaltung der Universität befindet sich in einem extra Gebäude.
47

1806 vorsichtig *adj* cautious
- Bei Schnee und Eis muss man vorsichtig fahren.
47

1807 Weile *die* while
- Frau Hellmann betrachtet das Gemälde eine Weile und geht dann weiter zum nächsten.
47

1808 zeichnen *verb* to draw
- Aileen zeichnet gern Comics.
47

1809 Adresse *die* address
- Die Adresse des Empfängers kommt auf die Vorderseite des Briefes.
46

1810 anstreben *verb* to aim at, strive
- Jule strebt einen höheren Abschluss an.
46

1811 auflösen *verb* to disolve
- Die Tablette löst sich im Wasser auf.
46

1812 ausführen *verb* to carry out
- Sie hat nur eine Anweisung ausgeführt.
46

1813 beruhigen *verb* to calm
- Karen beruhigt ihr Kind mit einem Keks.
46

1814 Betrag *der* amount
- Von meinem Konto wurde ein größerer Betrag abgebucht.
46

1815 derartig *adj* such, like that
- Derartige Probleme hatten wir hier noch nie.
46

1816 ehrlich *adj* honest
- Ich möchte deine ehrliche Meinung dazu hören.
46

1817 entfernt *adj* distant
- Unser Nachbarplanet Mars ist ganz schön weit von uns entfernt.
46

1818 fügen *verb* to add, submit
- Letztendlich muss sich jeder in sein Schicksal fügen.
46

1819 gelb *adj* yellow
- Bananen und Zitronen sehen gelb aus.
46

1820 Hals *der* neck, throat
- Die Dame trägt eine edle Perlenkette um den Hals.
46

1821 Heimat *die* home, homeland
- Die Heimat ist da, wo man sich wohl fühlt.
46

1822 hinauf *adv* up, upwards
- Den Berg hinauf geht es immer langsamer als hinunter.
46

1823 hingehen *verb* to go (there)
- Gehst du morgen hin?
46

1824 Kauf *der* purchase
- Das Öffnen der Packung verpflichtet nicht zum Kauf der Ware.
46

1825 Kino *das* cinema, movie theatre
- Das alternative Kino zeigt auch ältere und unbekannte Filme.
46

1826 Konkurrenz *die* competition
- Die Konkurrenz schläft nicht.
46

1827 Mathematik *die* mathematics
- Mathematik ist eine Hilfswissenschaft für alle Naturwissenschaften.
46

1828 mitteilen *verb* to inform
- Das Ministerium teilt mit, dass Versicherungen bis zum Ende des Jahres steuerfrei sind.
46

1829 Schicht *die* layer, class
- Auf den Möbeln liegt eine dicke Schicht Staub.
46

1830 schmal *adj* narrow, slender
- Zwischen den Fahrbahnen ist ein schmales Stück Rasen.
46

1831 Schwerpunkt *der* main emphasis, center of gravity
- Der Schwerpunkt der Untersuchung liegt auf der Synthese verschiedener Theorien.
46

1832 schwimmen *verb* to swim
- Es muss auch Leute geben, die gegen den Strom schwimmen.
46

1833 Streit *der* argument, fight
- Der Streit um die Löhne geht weiter.
46

1834 vereinbaren *verb* to agree
- Die Regierung vereinbart mit den Rebellen eine Waffenruhe.
46

1835 Verhandlung *die* negotiation
- Die Verhandlungen mit der Gewerkschaft verlaufen positiv.
46

1836 weich *adj* soft
- Kinder mögen weiche Spielsachen wie Stofftiere.
46

1837 wohin *pron* where
- Wohin gehen wir heute Abend?
46

1838 Ablauf *der* expiry, action
- Herr Lothar plant den Ablauf seiner Silberhochzeit.
45

1839 arabisch *adj* Arabian, Arabic
- Arabischer Kaffee wird mit Gewürzen gekocht.
45

1840 Arbeitnehmer *der* employee
- Die Arbeitnehmer haben einen Betriebsrat gewählt.
45

1841 begeistern *verb* to inspire, be enthusiastic
- Robert begeistert sich für das Ballett.
45

1842 betreuen *verb* to look after, take care
- Angela betreut ihre kranke Großmutter.
45

1843 deuten *verb* to indicate, interpret
- Ich deute dein Schweigen als Zeichen deiner Zustimmung.
45

1844 Drittel *das* third
- Ein Drittel ist dasselbe wie zwei Sechstel.
45

1845 empirisch *adj* empirical
- Die gesammelten empirischen Daten unterstützen die Hypothese.
45

1846 enden *verb* to end
- Der Artikel endet mit einem Aufruf an die Leser.
45

1847 Erwachsene *der, die* adult, grown-up
- Ab 18 gilt man als Erwachsener.
45

1848 ewig *adj* eternal
- Der Sommer dauert nicht ewig.
45

1849 Fahrer *der* driver
- Der Fahrer des PKW war betrunken, als er den Unfall verursachte.
45

1850 Gegenteil *das* opposite
- Das Gegenteil von lang ist kurz.
45

1851 Gemeinschaft *die* community
- Die jüdische Gemeinschaft in Leipzig will ein neues Zentrum errichten.
45

1852 Gewerkschaft *die* trade union
- Gewerkschaften setzen sich für die Arbeitnehmer ein.
45

1853 Handel *der* trade
- Der Handel mit China boomt.
45

1854 höchstens *adv* at most
- Wir haben höchstens noch zwei Flaschen Wasser da, wir müssen welches kaufen.
45

1855 Kanzler *der* chancellor
- Der Kanzler hält eine Rede zur Lage der Nation.
45

1856 malen *verb* to paint
- Hilde malt gern Hasen und Hühner.
45

1857 Management *das* management
- Der Betrieb ist durch schlechtes Management in Konkurs gegangen.
45 −L, −S

1858 Millimeter, mm *der* millimetre
- Das Haar wächst jede Woche etwa drei Millimeter.
45

1859 Minister *der* minister
- In der Regierung sind sieben Minister und drei Ministerinnen.
45

1860 Nachteil *der* disadvantage
- Schuluniformen haben Vor- und Nachteile.
45

1861 Platte *die* disk, record, plate
- Florian kauft sich ständig neue Platten, er liebt Musik.
45

1862 probieren *verb* to try
- Kann ich mal deinen Kakao probieren?
45

1863 seitdem *adv* since then
- Vor einem Jahr hatte ich einen Unfall. Seitdem habe ich Angst beim Autofahren.
45

1864 Sitz *der* seat, headquarters
- Der Sitz der Vereinten Nationen ist in New York.
45

1865 spanisch
1 adj Spanish
- Die spanische Küste ist bei deutschen Urlaubern sehr beliebt.
2 **Spanisch** *das* Spanish
- Spanisch ist die momentan beliebteste Fremdsprache der Deutschen.
45

1866 sparen *verb* to save
- Die Schüler sparen Geld für ihre Klassenfahrt.
45

1867 Start *der* start, take-off, launch
- Start und Landung sind beim Fliegen besonders kritisch.
45

1868 steuern *verb* to steer, control
- Ein Chip steuert die Funktionen des Computers.
45

1869 Tabelle *die* table, chart
- Die Tabelle gibt eine Übersicht über Einnahmen und Ausgaben.
45

1870 Tourismus *der* tourism
- Der Tourismus ist in Österreich ein wichtiger Wirtschaftszweig.
45

1871 traurig *adj* sad
- Claudia ist traurig, weil ihr Hund gestorben ist.
45

1872 trocken *adj* dry
- Es hat lange nicht geregnet, die Erde ist ganz trocken.
45

1873 übersetzen *verb* to translate
- Im Russischunterricht müssen die Schüler Zeitungsartikel übersetzen.
45

1874 umsetzen *verb* to move, to put (into practice)
- Die Idee wurde sofort in die Tat umgesetzt.
45

1875 unheimlich *adj* eerie, scary, incredible
- Nachts im Wald ist es unheimlich.
45

1876 Verdacht *der* suspicion
- Der Mann steht unter Verdacht, eine Bank ausgeraubt zu haben.
45

1877 vielfältig *adj* diverse, varied
- Den Ozean bewohnen vielfältige Lebensformen.
45

1878 Vogel *der* bird
- Viele Vögel fliegen im Winter in den Süden.
45

1879 wagen *verb* to dare, risk
- Ich wage mich nicht, es ihr zu sagen.
45

1880 weinen *verb* to cry, weep
- Tiere können nicht weinen.
45

1881 weshalb *pron* why
- Weshalb fällt ein Apfel vom Baum zum Boden und nicht in den Himmel?
45

1882 Widerstand *der* resistance, opposition
- Die Ureinwohner leisteten lange Zeit Widerstand gegen die Kolonialisten.
45

1883 wunderbar *adj* wonderful
- Die Torte schmeckt wunderbar.
45

1884 anzeigen *verb* to report, sue, indicate
- Ich habe den Einbrecher angezeigt.
44

1885 arm *adj* poor
- Sie stammt aus armen Verhältnissen.
44

1886 auffordern *verb* to ask, request
- Sie fordern die Gäste zum Bleiben auf.
44

1887 auswählen *verb* to choose, select
- Die Kommission wählt nur einen Kandidaten aus.
44

1888 Beamte *der, die* official, civil servant
- Die meisten Beamten werden gut bezahlt.
44

1889 begrüßen *verb* to greet
- Der Conferencier begrüßt seine Gäste.
44

1890 Bundestag *der* Lower House (of Parliament)
- Der Bundestag wird diesem Gesetz nicht zustimmen.
44

1891 eintragen *verb* to enter, record, register
- Bei einer Petition muss man seinen Namen in eine Liste eintragen.
44

1892 entsprechend *prep* in accordance, accordingly
- Die Mitarbeiter werden entsprechend ihren Fähigkeiten eingesetzt.
44

1893 enttäuschen *verb* to disappoint
- Stefan enttäuschte seine Eltern sehr, als er sein Medizinstudium abbrach.
44

1894 gegenseitig *adj* mutual, each other
- Die Geschwister helfen sich gegenseitig bei den Hausaufgaben.
44

1895 gewaltig *adj* enormous, tremendous, powerful
- Ein gewaltiges Erdbeben zerstörte die ganze Stadt.
44

1896 grundlegend *adj* basic, fundamental
- Im Januar gibt es grundlegende Veränderungen in der Steuerpolitik.
44

1897 Investition *die* investment
- Kinder sind eine Investition in die Zukunft.
44

1898 normalerweise *adv* normally
- Normalerweise putze ich mir nach dem Frühstück die Zähne.
44

1899 Planung *die* planning, plan
- Alle sind mit der Planung der Exkursion beschäftigt.
44

1900 Polizist *der* policeman
- Polizisten leben relativ gefährlich.
44

1901 Schriftsteller *der* writer
- Schriftsteller denken meist nicht zuerst an den Erfolg beim Publikum.
44

1902 sportlich *adj* athletic
- Von den deutschen Teilnehmern erwartet man zu den Olympischen Spielen sportliche Höchstleistungen.
44

1903 Stärke *die* strength
- Die Stärke der Mannschaft besteht in ihrem Teamgeist.
44

1904 Steuer
1 die tax
- Die Autobahn wird aus Steuern finanziert.
2 das steering wheel, helm
- Mit Alkohol sollte man sich nicht ans Steuer setzen.
44

1905 stützen *verb* to support, base on
- Seine wilden Theorien werden von den Tatsachen nicht gestützt.
44

1906 Therapie *die* therapy
- Die Therapie hilft vor allem jüngeren Patienten.
44

1907 träumen *verb* to dream
- Die meisten Menschen träumen im Schlaf, wissen am Morgen aber nichts mehr davon.
44

1908 türkisch
1 adj Turkish
- In unserer Straße gibt es einen türkischen Imbiss.
2 Türkisch das Turkish
- Nach zwanzig Jahren in Deutschland hat er sein Türkisch schon fast verlernt.
44

1909 Überlegung *die* thought, thinking
- Meine Überlegungen gehen dahin, dass ich bald umziehen muss.
44

1910 umdrehen *verb* to turn over, turn round
- Holger hat sich einfach umgedreht und ist gegangen.
44

1911 verheiratet *adj* married
- Verheiratete Paare haben mehr gesetzliche Vorteile als unverheiratete.
44

1912 Verkehr *der* traffic
- Der Verkehr stand durch die Demonstranten eine Stunde lang still.
44

1913 Verletzung *die* injury
- Bei dem Sturz zog er sich eine schwere Verletzung zu.
44

1914 veröffentlichen *verb* to publish
- Der Verlag veröffentlicht vor allem unbekannte junge Autorinnen und Autoren.
44

1915 voraussetzen *verb* presuppose, take for granted
- Sehr gute Englischkenntnisse werden vorausgesetzt.
44

1916 zugeben *verb* to admit
- Du kannst den Fehler ruhig zugeben.
44

1917 Abgeordnete *der, die* member of parliament, congress
- Die Abgeordnete verlässt den Plenarsaal.
43

1918 achten *verb* to respect, pay attention
- Urgroßvater wird von allen Familienmitgliedern hoch geachtet.
43

1919 Anschluss *der* connection
- Leider habe ich meinen Anschluss nach Zürich verpasst. Jetzt muss ich zwei Stunden warten.
43

1920 ansetzen *verb* to position, estimate, fix
- Für welche Uhrzeit sollen wir den Termin ansetzen?
43

1921 Armee *die* army
- Die Armee marschiert in das besetzte Gebiet ein.
43

1922 Atmosphäre *die* atmosphere
- Die Atmosphäre schützt die Erde vor den Strahlen der Sonne.
43

1923 Auswahl *die* choice, selection
- Im Weingeschäft neben der Post gibt es eine große Auswahl an leckeren deutschen Weinen.
43

1924 befürchten *verb* to fear
- Viele Arbeiter befürchten nun, dass ihnen gekündigt wird.
43

1925 Beschreibung *die* description
- Die Beschreibung trifft auf den gesuchten Mann zu.
43

1926 Bewusstsein *das* consciousness
- Nach dem Sturz verlor sie das Bewusstsein.
43

1927 Boot *das* boat
- Ein Boot mit Flüchtlingen ging in der Nacht an Land.
43

1928 Einnahme *die* income, receipts, revenue
- Die Einnahmen des heutigen Abends decken nicht die Ausgaben.
43

1929 Erkrankung *die* illness, disease
- Ältere Menschen leiden oft an Erkrankungen des Herzens und der Nieren.
43

1930 euer *pron* your
- Euer Lachen wird euch schon noch vergehen.
43

1931 Fläche *die* area, surface
- Das Werksgelände erstreckt sich auf einer Fläche von 3 Quadratkilometern.
43

1932 Flughafen *der* airport
- Auf dem Flughafen gab es einen Brand.
43

1933 Gehirn *das* brain
- Das Gehirn des Menschen besteht aus zwei Hälften.
43

1934 Gesundheit
1 die health
- Rauchen gefährdet die Gesundheit.
2 Gesundheit! Bless you!
- Gesundheit!
43

1935 katholisch *adj* Catholic
- Die katholische Kirche modernisiert sich nur langsam.
43

1936 langfristig *adj* long-term
- Die Regierung muss langfristige Entscheidungen treffen.
43 –L

1937 ordentlich *adj* neat, proper, orderly
- Dein Schreibtisch ist immer so ordentlich, du hast wohl keine Arbeit.
43

1938 Park *der* park
- Durch Leipzig zieht sich ein riesiger Park.
43

1939 PC *der* computer
- Meine Augen sind ganz schlecht geworden, weil ich so viel am PC arbeite.
43

1940 Physik *die* physics
- Die Physik beschäftigt sich mit Vorgängen in der Natur.
43

1941 Post *die* mail, post office
- Hol doch bitte die Post herein.
43

1942 Saison *die* season
- Außerhalb der Saison sind die Hotels viel billiger.
43

1943 Stirn *die* forehead
- Ihre Haare hängen tief in die Stirn.
43

1944 Strategie *die* strategy
- Der Detektiv änderte seine Strategie und war erfolgreich.
43

1945 Wechsel *der* change
- Mit dem Wechsel der Körperfarbe kann sich ein Chamäleon tarnen.
43

1946 zuhören *verb* to listen
- Die Kinder hören gespannt zu.
43

1947 zumal *conj* particularly, especially
- Er konnte das Angebot nicht mehr annehmen, zumal er bereits allen erzählt hatte, dass es nicht gut sei.
43

1948 zusammenhängen *verb* to be connected
- Umweltverschmutzung und Klimaerwärmung hängen zusammen.
43

1949 Alltag *der* workday, daily routine
- Man muss immer wieder versuchen, dem Alltag zu entfliehen.
42

1950 Auftritt *der* appearance, entrance
- Der Auftritt der Band verzögert sich um eine halbe Stunde.
42

1951 aufwachsen *verb* to grow up
- Meine Tochter wächst unter den besten Bedingungen auf.
42

1952 äußere (r, s) *adj* outer, external
- Die äußeren Umstände verlangen eine Änderung der Taktik.
42

1953 Bahnhof *der* (railway) station
- Am Bahnhof fahren Züge in alle Richtungen ab.
42

1954 beinahe *adv* almost, nearly
- Beinahe wären wir jetzt zusammengestoßen.
42

1955 bevorzugen *verb* to prefer
- Die Firma bevorzugt bei der Stellenbesetzung Bewerber mit guten Französischkenntnissen.
42

1956 Bundeskanzler *der* federal chancellor
- Der Bundeskanzler hält jedes Jahr eine Neujahrsansprache.
42

1957 Demokratie *die* democracy
- Demokratie kann man nicht erzwingen.
42

1958 demokratisch *adj* democratic
- In vielen Ländern gibt es immer noch keine demokratischen Wahlen.
42

1959 desto *conj* the more
- Je länger man Gemüse kocht, desto weniger Vitamine bleiben darin.
42

1960 einander *adv* each other
- Die beiden haben einander sehr lieb.
42

1961 Erwartung *die* expectation
- Das Publikum stellt hohe Erwartungen an den neuen Film von Roman Polanski.
42

1962 exakt *adj* exact
- Bei einer technischen Zeichnung müssen exakte Längenangaben gemacht werden.
42

1963 Fahrzeug *das* vehicle
- Fahrzeuge, die im Parkverbot stehen, werden abgeschleppt.
42

1964 Fotografie *die* photography
- Die Fotografie ist ihre große Leidenschaft.
42

1965 fünfzehn *num* fifteen
- Fünfzehn ist eine durch drei teilbare Zahl.
42

1966 Hersteller *der* manufacturer, producer
- Der Hersteller gibt eine Garantie von zwei Jahren.
42

1967 herum *adv* around
- Die Kinder sitzen um das Feuer herum.
42

1968 hinsichtlich *prep* with regard to
- Hinsichtlich der Sicherheit von Zügen gibt es neue Bestimmungen.
42

1969 Holz *das* wood
- Immer mehr Menschen heizen mit Holz.
42

1970 inhaltlich *adj* in terms of content
- Wegen großer inhaltlicher Mängel bekommt der Aufsatz eine schlechte Note.
42

1971 kennzeichnen *verb* to characterize, mark
- Der Wechsel der Jahreszeiten kennzeichnet das Klima in der gemäßigten Zone.
42

1972 Knie *das* knee
- Viele Fußballer und Skifahrer haben Probleme mit den Knien.
42

1973 Kombination *die* combination
- Eine Kombination von dummen Zufällen hat zu dieser Katastrophe geführt.
42

1974 künstlich *adj* artificial
- Ich werde mir demnächst eine künstliche Hüfte einsetzen lassen.
42

1975 Liste *die* list
- Die Kriminalpolizei erstellt eine Liste der möglichen Täter.
42

1976 Niveau *das* level, standard
- Nach zehn Jahren aktiven Spielens kann der Fußballer sein Niveau nicht mehr halten.
42 –L

1977 perfekt *adj* perfect
- Niemand ist perfekt.
42

1978 Pfarrer *der* pastor
- Der Pfarrer hält eine Predigt vor seiner Gemeinde.
42

1979 sauber *adj* clean
- Chirurgen müssen beim Operieren saubere Geräte benutzen.
42

1980 Schicksal *das* fate
- Viele Menschen glauben nicht an das Schicksal.
42

1981 Schrift *die* script, handwriting
- Die Erfindung der Schrift ist eine der größten menschlichen Errungenschaften.
42

1982 sofern *conj* provided that, if
- Sofern es meine Zeit zulässt, komme ich gern zu der Auktion.
42

1983 Standort *der* site, location
- Für den Regierungssitz gibt es keinen besseren Standort als den in Berlin.
42

1984 Verlag *der* publishing company
- In diesem Verlag werden vor allem Sachbücher veröffentlicht.
42

1985 Zeitraum *der* period of time
- In einem Zeitraum von einer Woche muss Paul aus seiner Wohnung ausziehen.
42

1986 zitieren *verb* to quote
- Die Autorin zitiert in ihrer Arbeit einen umstrittenen Forscher.
42

1987 Abteilung *die* department
- Die Abteilung für kulturelle Zusammenarbeit wird zum Ende des Jahres geschlossen.
41

1988 Aids *no art* Aids
- Aids gehört zu den bedrohlichsten Krankheiten des 21. Jahrhunderts.
41

1989 bayrisch *adj* Bavarian
- Bayrisches Bier ist nicht nur in Deutschland sehr beliebt.
41

1990 Beweis *der* proof, evidence
- Der Beweis seiner Unschuld muss noch erbracht werden.
41

1991 dahinter *pron* behind it
- Dahinter versteckt sich sicher wieder die Mafia.
41

1992 Detail *das* detail
- Details sind oft nicht so wichtig wie das große Ganze.
41 –S

1993 Dimension *die* dimension
- Die Verwüstungen traten in einer unerwarteten Dimension auf.
41

1994 entschuldigen *verb* to excuse, apologize
- Entschuldigen Sie bitte meine Verspätung!
41

1995 erledigen *verb* to settle, take care
- Ich erledige meine Hausarbeiten am Wochenende.
41

1996 Forscher *der* researcher
- Japanische Forscher untersuchen die Zusammensetzung einer neuen Substanz.
41

1997 gefährden *verb* to endanger
- Betrunkene Autofahrer gefährden auch die Sicherheit der anderen Verkehrsteilnehmer.
41 –S

1998 gelegentlich *adj* occasionally
- In diesem Kino finden gelegentlich auch Konzerte statt.
41

1999 gewohnt *adj* usual
- Er ist frühes Aufstehen nicht gewohnt.
41

2000 grob *adj* coarse, rude, gross
- Unser Vorgesetzter hat sich einen groben Fehler erlaubt.
41

2001 HGB (Handelsgesetzbuch) *das* commercial code
- Jeder Kaufmann kann das HGB auswendig.
41

2002 Integration *die* integration
- Die Integration von Ausländern ist in allen modernen Gesellschaften sehr wichtig.
41

2003 Kasse *die* cash register, checkout
- Bitte bezahlen Sie die Ware an der Kasse!
41

2004 Kategorie *die* category
- A und B gehören zwei verschiedenen Kategorien an.
41

2005 literarisch *adj* literary
- Dieser Roman ist eine literarische Meisterleistung.
41

2006 maximal *adj* maximum
- Krokodile erreichen eine maximale Körperlänge von 7 Metern.
41 –L

2007 Organismus *der* organism
- Am Grunde des Ozeans leben noch viele unerforschte Organismen.
41 +A

2008 parallel *adj* parallel
- Wenn zwei Geraden parallel liegen, berühren sie sich nie.
41

2009 Radio *das* radio
- Das Radio bringt alle halbe Stunde Nachrichten.
41

2010 spätestens *adv* at the latest
- Der Antrag muss bis spätestens morgen beim Finanzamt vorliegen.
41

2011 tanzen *verb* to dance
- Meine Eltern tanzen gerne Walzer.
41

2012 Unfall *der* accident
- Auf dieser Straße passieren zu viele Unfälle.
41

2013 untere (r, s) *adj* lower
- Die untere Etage bewohnen meine Schwiegereltern, die obere wir.
41

2014 Verbesserung *die* improvement
- Das neue System stellt eine deutliche Verbesserung gegenüber dem alten dar.
41

2015 vergleichbar *adj* comparable
- In diesem Semester kann das Institut kein vergleichbares Seminar anbieten.
41

2016 Verpflichtung *die* commitment, obligation
- Hiermit gehen Sie die Verpflichtung ein, sich jede Woche bei uns zu melden.
41

2017 wandern *verb* to (go on a) walk or hike, migrate
- Wandern ist ein gesunder Sport.
41

2018 Abitur *das* school leaving exam, A levels
- Für den Zugang zu einer deutschen Hochschule wird das Abitur verlangt.
40 –L

2019 anpassen *verb* to adjust, adapt
- Das Chamäleon passt sich an seine Umwelt an.
40

2020 ausgeben *verb* to spend
- Gib nicht so viel Geld aus!
40

2021 aussetzen *verb* to abandon
- Der Hund wurde ausgesetzt.
40

2022 Bedarf *der* need, demand
- Der Bedarf an Fernsehgeräten ist gedeckt.
40

2023 beeindrucken *verb* to impress
- Marlene Dietrich beeindruckt die Menschen noch lange nach ihrem Tod.
40

2024 beraten *verb* to advise, discuss
- Das sollten wir in der Kommission beraten.
40

2025 Beratung *die* advice, discussion, consultation
- Die Mitglieder trafen sich zu einer Beratung.
40

2026 Beschäftigung *die* employment, job, activity, occupation
- Im Moment habe ich keine Beschäftigung.
40

2027 Betrachtung *die* contemplation, examination
- Bei der Betrachtung des Mondes fallen einem immer wieder neue Krater und Täler auf.
40

2028 Bundesrat *der* Upper House of Parliament
- Der Bundesrat muss über alle Gesetze, die aus dem Bundestag kommen, beraten.
40

2029 enorm *adj* enormous
- Nur mit enormen Anstrengungen konnte die Kirche wiederaufgebaut werden.
40

2030 erstellen *verb* to build, draw up, produce
- Die Bundesagentur für Arbeit erstellt jedes Jahr einen Bericht zur Arbeitslosigkeit.
40

2031 Februar *der* February
- Im Februar blühen die ersten Blumen.
40

2032 flach *adj* flat, low, shallow
- Die Erde ist keine flache Scheibe, sondern eine Kugel.
40

2033 Frühjahr *das* spring
- Im Frühjahr blühen viele Blumen.
40

2034 gewähren *verb* to grant, give
- Wir können Ihnen gerne auch noch einen kleinen Rabatt gewähren.
40

2035 Gewicht *das* weight
- Das Gewicht eines Päckchens darf zwei Kilogramm betragen.
40

2036 Journalist *der* journalist
- Journalisten umlagern den Politiker und stellen ihm Fragen.
40

2037 klären *verb* to clear up, clarify
- Den Streit können wir sicher bei einem Gespräch klären.
40

2038 Kompetenz *die* competence, authority
- Felix muss seine Kompetenz unter Beweis stellen.
40

2039 kompliziert *adj* complicated
- Quantenphysik ist sehr kompliziert.
40

2040 kurzfristig *adj* at short notice
- Es hat sich eine kurzfristige Änderung ergeben.
40

2041 Lebensmittel *das* food
- In welchen Lebensmitteln ist besonders viel Kalzium?
40

2042 massiv *adj* solid, massive, severe
- Arbeitslose müssen dieses Jahr mit massiven Einschnitten rechnen.
40

2043 Mittelpunkt *der* midpoint, centre of focus
- Sie steht gern im Mittelpunkt.
40

2044 optimal *adj* best possible, optimum
- Maria bringt optimale Voraussetzungen für den Job mit.
40

2045 speichern *verb* to store, save
- Bevor Sie den Computer ausschalten, sollten Sie die Datei speichern.
40

2046 Spiegel *der* mirror
- Wir haben einen neuen Spiegel gekauft.
40

2047 Strand *der* beach
- Am Strand der Ostsee findet man viele Muscheln und Steine.
40

2048 Treppe *die* stairs
- Die Kinder sitzen auf der Treppe und warten, bis ihnen jemand aufschließt.
40

2049 Vermögen *das* assets, fortune, ability
- Er hat ein Vermögen für den Hauskauf ausgegeben.
40

2050 Wesen *das* being, creature, nature (of sth)
- Forscher gehen dem Wesen einer Sache auf den Grund.
40

2051 zuordnen *verb* to assign, classify
- Das Werk lässt sich der Epoche der Romantik zuordnen.
40

2052 allmählich *adj* gradual
- Der Wetterbericht sagt ein allmähliches Ansteigen der Temperaturen voraus.
39

2053 Arbeitslosigkeit *die* unemployment
- Die Arbeitslosigkeit ist in Brandenburg besonders hoch.
39 –L

2054 aufheben *verb* to pick up, keep, lift
- Heb die Quittung gut auf!
39

2055 befassen (sich) *verb* to deal
- Wir müssen uns mit diesem Problem bald befassen.
39

2056 befragen *verb* to ask, question
- Fünfzig Menschen wurden befragt.
39

2057 Beobachtung *die* observation
- Das war eine wichtige Beobachtung.
39

2058 Bestandteil *der* component
- Zwei Praktika sind obligatorische Bestandteile dieses Studiums.
39

2059 Beteiligung *die* participation
- Die Beteiligung an der Wahl war gering.
39

2060 Bewertung *die* assessment
- Die Bewertung erfolgt unter unterschiedlichen Aspekten.
39

2061 Bezeichnung *die* name, term
- Wie ist die lateinische Bezeichnung für diese Pflanze?
39

2062 Brücke *die* bridge
- Dresden hat viele schöne Brücken.
39

2063 CD *die* CD
- Ich habe mir neulich die neue CD von Nena gekauft.
39

2064 engagieren *verb* to commit
- Sie engagiert sich bei Greenpeace.
39

2065 entschließen (sich) *verb* to decide
- Wir haben uns entschlossen umzuziehen.
39

2066 garantieren *verb* to guarantee
- Wir können nur 45 Arbeitsplätze garantieren.
39

2067 Gebrauch *der* use
- Vor Gebrauch schütteln!
39

2068 gegebenenfalls *adv* if necessary
- Gegebenenfalls müssen wir präventive Maßnahmen ergreifen.
39 +A

2069 gerecht *adj* just
- Wir erwarten ein gerechtes Urteil.
39

2070 Geschäftsführer *der* manager
- Der Geschäftsführer des Unternehmens war noch sehr jung.
39

2071 lehren *verb* to teach
- Sie lehrt Deutsch im Goethe-Institut.
39

2072 Lippe *die* lip
- Rote Lippen soll man küssen.
39

2073 Ministerpräsident *der* governor, minister president
- Georg Milbradt ist der Ministerpräsident von Sachsen.
39

2074 müde *adj* tired
- Er ist immer müde.
39

2075 nahezu *adv* nearly
- Sie hat nahezu ihr ganzes Geld verspielt.
39

2076 Nutzen *der* benefit, profit, use
- Der Kopierer bringt keinen großen Nutzen, er ist ständig kaputt.
39

2077 Ruf *der* reputation, call
- Die Stadt hat einen guten Ruf.
39

2078 Russe *der* Russian
- Puschkin war Russe.
39

2079 Signal *das* signal
- Wir warten auf das vereinbarte Signal.
39

2080 Standard *der* standard
- Die Firma hat einen hohen technischen Standard.
39

2081 Star *der* star, starling
- Die Fans bewunderten ihren Star.
39

2082 steigern *verb* to increase, raise
- Wir müssen den Umsatz steigern.
39

2083 strategisch *adj* strategic
- Wir sollten uns eine strategische Vorgehensweise überlegen.
39

2084 Substanz *die* substance
- Dieses Heilmittel wurde aus verschiedenen Substanzen hergestellt.
39

2085 Taste *die* key, button
- Ich habe aus Versehen die falsche Taste gedrückt.
39

2086 Teilchen *das* particle
- Ein Atom besteht aus verschiedenen Teilchen.
39

2087 umfangreich *adj* extensive
- Sie verfügt über sehr umfangreiches Wissen.
39

2088 Versicherung *die* insurance, assurance
- Hast du eine gute Versicherung für dein Haus?
39

2089 versorgen *verb* to supply, look after
- Das Rote Kreuz versorgt die Krisenregionen mit Lebensmitteln.
39

2090 Vorbereitung *die* preparation
- Alle waren mit den Vorbereitungen auf das Fest beschäftigt.
39

2091 Vordergrund *der* foreground
- Im Vordergrund des Gemäldes sehen Sie eine Hochzeitsgesellschaft.
39

2092 Anwalt *der* attorney, lawyer
- Lars ist ein guter Anwalt.
38

2093 berechtigen *verb* to entitle
- Die Krankenschwester ist nicht dazu berechtigt, Auskünfte zu geben.
38

2094 digital *adj* digital
- Die digitale Fotografie ist noch nicht sehr alt.
38 –L, –S

2095 Experiment *das* experiment
- Sie nahm an einem psycholinguistischen Experiment teil.
38

2096 generell *adj* general
- Wir suchen generell immer Aushilfskräfte.
38

2097 Glauben *der* faith, belief
- Der christliche Glauben ist 2000 Jahre alt.
38

2098 Grundsatz *der* principle
- Hier gilt der Grundsatz der Gleichbehandlung.
38

2099 hierher *adv* here
- Ich bin vor vielen Jahren hierher nach Potsdam gekommen.
38

2100 Initiative *die* initiative
- Sie gründeten eine Initiative zur Verschönerung ihrer Stadt.
38

2101 Komponente *die* component
- Beim Lernen von Fremdsprachen spielen viele Komponenten eine Rolle.
38

2102 konservativ *adj* conservative
- Ihre Verwandten sind sehr konservativ.
38

2103 kühl *adj* cool
- Heute war ein kühler Tag.
38

2104 lokal *adj* local
- Am liebsten hört er lokale Radiosender.
38

2105 mischen *verb* to mix, blend
- Heute Abend möchte ich mich unter die Leute mischen.
38

2106 nackt *adj* naked, bare
- Rubens zeichnete gerne nackte Frauen.
38

2107 Oberfläche *die* surface
- Schleifpapier hat eine raue Oberfläche.
38

2108 physikalisch *adj* physical
- Die Masse ist eine physikalische Größe.
38 –L, –S

2109 Reich *das* empire, kingdom
- Frankreich ist aus dem westfränkischen Reich entstanden.
38

2110 Rennen *das* race
- Nach dem Rennen findet die Siegerehrung statt.
38

2111 rühren *verb* to stir, move
- Der Teig muss lange gerührt werden.
38

2112 Schlag *der* blow
- Der Schlag kam völlig unerwartet.
38

2113 schrecklich *adj* terrible
- Wir hatten ein schreckliches Erlebnis im Zoo, ein Löwe ist ausgebrochen.
38

2114 Schuh *der* shoe
- Mein linker Schuh ist kaputt.
38

2115 sechzig *num* sixty
- Das Dorf hat nur sechzig Einwohner.
38

2116 Seminar *das* seminar
- Das Seminar endet um 14 Uhr.
38

2117 Sendung *die* broadcast
- Gestern hat Luise eine interessante Sendung gesehen.
38

2118 spannend *adj* exciting, thrilling
- Sonnabend sah Sarah einen spannenden Film.
38

2119 Spannung *die* suspense, tension
- Die Spannung steigt.
38

2120 Technologie *die* technology
- Das Max-Planck-Institut arbeitet mit modernster Technologie.
38

2121 touristisch *adj* touristic
- Der Harz ist eine bekannte touristische Region.
38

2122 Truppe *die* troops, unit
- Eine Truppe amerikanischer Soldaten war in Gefahr geraten.
38

2123 Umfeld *das* milieu
- Das soziale Umfeld war ihr nicht gut genug.
38

2124 Verbraucher *der* consumer
- Zahlreiche Verbraucher haben verschiedene Produkte beurteilt.
38

2125 vereinigen *verb* to unite
- Deutschland ist seit 1990 wieder vereinigt.
38

2126 Verkauf *der* sale
- An Personen unter 16 ist der Verkauf von Alkohol nicht gestattet.
38

2127 vielfach *adj* multiple
- Wir haben vielfach darüber debattiert.
38

2128 Viertel *das* quarter, district
- In diesem Viertel sind die Mieten ziemlich teuer.
38

2129 Vorjahr *das* previous year
- Wir haben bessere Ergebnisse erzielt als im Vorjahr.
38

2130 wecken *verb* to wake up
- Die Mutter weckt ihre Tochter.
38

2131 angucken, ankucken *verb* to look
- Guck mich nicht so komisch an!
37

2132 anhören *verb* to listen to
- Der Richter hört alle Zeugen an.
37

2133 anstellen *verb* to employ, line up, get into mischief
- Stellt keine Dummheiten an!
37

2134 aufführen *verb* to perform
- Die Theatergruppe führt ein neues Stück auf.
37

2135 ausgerechnet *adv* of all people, of all times
- Ausgerechnet jetzt regnet es!
37

2136 bedenken *verb* to consider
- Viola bedenkt, ihre Lage
37

2137 beruhen *verb* to be based
- Die Theorie beruht auf empirischen Untersuchungen.
37

2138 bewirken *verb* to cause
- Das Medikament bewirkt eine baldige Besserung.
37

2139 Bilanz *die* balance sheet
- Alles in allem können wir eine positive Bilanz ziehen.
37 −L, −S

2140 einbringen *verb* to bring in, contribute
- Der Schüler bringt viele Ideen in den Unterricht ein.
37

2141 Erlebnis *das* experience
- Sein erster Zahnarzttermin blieb ihm ein unvergessliches Erlebnis.
37

2142 gewöhnlich *adj* usual
- Er kommt gewöhnlich zu spät.
37

2143 Grundstück *das* plot of land
- Familie Buchwald hat ein eigenes Grundstück mit Garten.
37

2144 herausstellen *verb* to emphasize, come to light
- Seine Unschuld hat sich erst hinterher herausgestellt.
37

2145 Identität *die* identity
- Der Mörder besorgte sich eine falsche Identität.
37

2146 investieren *verb* to invest
- Ich habe viel Zeit in dieses Projekt investiert.
37

2147 israelisch *adj* Israeli
- Der israelische Außenminister ist zu Besuch in Ägypten.
37 +N

2148 Kamera *die* camera
- Ich habe mir eine neue Kamera gekauft.
37

2149 Kanal *der* canal, channel
- Wir haben eine Bootstour auf dem Kanal gemacht.
37

2150 Karriere *die* career
- Anne Will hat Karriere beim Fernsehen gemacht.
37

2151 komplett *adj* complete
- Alle sind da, die Gruppe ist komplett!
37

2152 Kredit *der* credit
- Die Bank hat dem jungen Ehepaar einen Kredit gewährt.
37

2153 momentan *adv* at the moment, momentarily
- Momentan gibt es keine passenden Stellenangebote.
37

2154 Plus
1 das plus
- Das Plus an dem Angebot ist der günstige Preis.
2 plus adv above
- Es ist 10 Grad plus.
3 conj plus
- Drei plus sieben ist zehn.
37

2155 Quartal *das* quarter of the year
- Im dritten Quartal sind die Verluste besonders gestiegen.
37 –L, –S

2156 Rad *das* wheel
- Ein Auto hat vier Räder.
37

2157 Rechner *der* computer, calculator
- Wer hat Zugang zu diesem Rechner?
37

2158 rechtfertigen *verb* to justify
- Du musst dich dafür nicht rechtfertigen.
37

2159 Schlaf *der* sleep
- Erwachsene brauchen ca. acht Stunden Schlaf pro Tag.
37

2160 Sender *der* broadcasting station
- Wir empfangen nur die öffentlich-rechtlichen Sender.
37

2161 Tal *das* valley
- Sie wandern durch Berg und Tal.
37

2162 Tiefe *die* depth
- Aus der Tiefe des Ozeans hörten sie ein seltsames Geräusch.
37

2163 TV *das* TV
- Wir haben keinen TV-Anschluss, weil wir sowieso nicht gern Fernsehen gucken.
37

2164 Verlauf *der* course
- Das Päckchen wird im Verlauf des Tages eintreffen.
37

2165 verlieben (sich) *verb* to fall in love
- Paul hat sich in Paula verliebt.
37

2166 vierzig *num* forty
- Sie ist vierzig Minuten geschwommen.
37

2167 Zigarette *die* cigarette
- Zigaretten sind teuer und das ist gut so.
37

2168 zukünftig *adj* future
- Zukünftige Generationen werden sicherlich alles besser machen.
37

2169 Aktionär *der* shareholder
- Er ist ein einflussreicher Aktionär.
36

2170 antreten *verb* to take up, start
- Am ersten September tritt der neue Minister sein Amt an.
36

2171 Atem *der* breath
- Odol macht frischen Atem.
36

2172 Auffassung *die* point of view
- Ich bin der Auffassung, dass hier noch viel verbessert werden muss.
36

2173 aufpassen *verb* to pay attention, take care
- Kannst du heute Abend auf meine Kinder aufpassen?
36

2174 aufsteigen *verb* to get on, rise
- Warme Luft steigt auf.
36

2175 befreien *verb* to free
- Die Geiseln wurden befreit.
36

2176 besprechen *verb* to discuss
- Wir besprechen das in meinem Büro.
36

2177 Bewohner *der* inhabitant, occupant
- Die Bewohner dieses Hauses mussten alle umziehen.
36

2178 braun *adj* brown
- Anita hat braune Haare.
36

2179 Charakter *der* character
- Heike hat einen schwierigen Charakter.
36

2180 einheitlich *adj* uniform, standardized
- Wir brauchen einheitliche Regeln, die für alle gelten.
36

2181 Einkommen *das* income
- Viele Menschen hier haben nur ein geringes Einkommen.
36

2182 einziehen *verb* to move in
- Nächste Woche können wir einziehen.
36

2183 Erziehung *die* upbringing, education
- In seiner Jugend genoss er eine strenge Erziehung.
36

2184 finanzieren *verb* to finance
- Wie finanzierst du dein Studium?
36

2185 Geburt *die* birth
- Die Geburt ihres ersten Kindes verlief besser, als sie gedacht hatte.
36

2186 geradezu *adv* absolutely, really
- Die Lage ist geradezu prekär.
36

2187 gezielt *adj* purposeful, pointed, well-aimed
- Er wurde mit einem gezielten Schuss getötet.
36 –S

2188 Halle *die* hall
- In welcher Halle findet die Messe statt?
36

2189 Herausforderung *die* challenge
- Ich stelle mich gerne neuen Herausforderungen.
36

2190 hinein *adv* in, into
- Die Ausstellung wurde bis in den Herbst hinein organisiert.
36

2191 hoffentlich *adv* hopefully
- Hoffentlich wirst du bald wieder gesund.
36

2192 Informationstechnologie, IT *die* information technology, IT
- Die neuen Informationstechnologien verändern die Art, wie Menschen arbeiten, leben und sich vergnügen.
36 –L

2193 islamisch *adj* Islamic
- Mevlid ist ein islamischer Feiertag.
36 –A, –S

2194 Mittag *der* noon, midday
- Ich kann erst Mittag kommen.
36

2195 Niederlage *die* defeat
- Hannibal erlitt eine eindeutige Niederlage.
36

2196 Norm *die* norm
- Abweichungen von der Norm gibt es immer wieder.
36

2197 real *adj* real
- Eigentlich haben wir keine reale Chance mehr.
36 –L, –S

2198 Reform *die* reform
- Es wird eine Reform angestrebt.
36

2199 Restaurant *das* restaurant
- Sie geht gern in chinesische Restaurants.
36

2200 riechen *verb* to smell
- Das Parfum riecht gut!
36

2201 schade *adj* (it's a) pity
- Schade, dass du am Wochenende arbeiten musst!
36

2202 Schauspieler *der* actor
- Heinz Rühmann war ein deutscher Schauspieler.
36

2203 Schnee *der* snow
- Zu Weihnachten lag leider kein Schnee.
36

2204 Schülerin *die* schoolgirl
- Sie ist Schülerin der 10. Klasse.
36

2205 Service *der* service
- Der Service im Hotel war sehr gut.
36

2206 siebzig *num* seventy
- Opa Johannes ist schon über siebzig Jahre alt.
36

2207 Sitzung *die* meeting, session
- Falk nimmt an der Sitzung teil.
36

2208 statistisch *adj* statistical
- Es handelt sich hier lediglich um eine statistische Erhebung.
36

2209 Sturm *der* storm
- Der Sturm war sehr stark.
36

2210 testen *verb* to test
- Wir testen das Auto auf seine Sicherheit.
36

2211 tja *interj* well
- Tja, was soll man dazu sagen.
36 –A, –N

2212 Träne *die* tear
- Kurt hatte Tränen in den Augen.
36

2213 Trauer *die* grief
- Ullas Trauer war sehr groß.
36

2214 überlassen *verb* to leave
- Ich überlasse dir die Entscheidung.
36

2215 unterliegen *verb* to be defeated, be subject
- Ärzte unterliegen der Schweigepflicht.
36

2216 verschieben *verb* to move, postpone
- Wir müssen unser Treffen verschieben.
36

2217 vorgeben *verb* to use as an excuse, to set in advance
- Er gibt vor, kein Geld zu haben.
36

2218 vorhaben *verb* to have in mind, be planning, intend
- Dorothee hat vor, nach Ungarn zu gehen.
36

2219 Vorstand *der* board, chairperson
- Der Vorstand hat eine Entscheidung getroffen.
36

2220 zögern *verb* to hesitate
- Er zögerte eine Weile, doch dann verließ er endgültig den Raum.
36

2221 Zufall *der* chance, coincidence
- Was für ein Zufall, dass wir uns hier treffen!
36

2222 zufällig *adj* accidental, by chance
- Eine zufällige Begegnung veränderte ihr Leben.
36

2223 zugrunde *adv* (form) the basis, (go) to ruins
- Wenn wir nicht aufpassen, geht alles zugrunde.
36

2224 Zustimmung *die* approval
- Sie haben meine volle Zustimmung.
36

2225 ableiten *verb* to derive, deduce
- Aus der Statistik kann man viele Informationen ableiten.
35

2226 Angehörige *der, die* member, relative
- Die Angehörigen des Patienten müssen verständigt werden.
35

2227 Annahme *die* acceptance, assumption
- Unsere Annahmen erwiesen sich als falsch.
35

2228 Argument *das* argument
- Das ist kein überzeugendes Argument.
35

2229 Arzneimittel *das* medicine
- Dieses Arzneimittel ist sehr teuer.
35 +A

2230 aufhalten *verb* to stop, hold up, delay
- Kannst du mir bitte die Tür aufhalten?
35

2231 Außenminister *der* foreign minister
- Der deutsche Außenminister ist auf dem Weg nach Kasachstan.
35

2232 ausstatten *verb* to furnish, provide
- Das Büro ist mit modernster Technik ausgestattet.
35 –S

2233 Benutzer *der* user
- Die Benutzer dieser Software werden gebeten, sich zu registrieren.
35

2234 berühren *verb* to touch
- Ich habe sie mit der Hand an der Wange berührt.
35

2235 Bescheid *der* information, reply
- Ich habe den Bescheid noch nicht bekommen.
35

2236 bezüglich *prep* regarding
- Wir wenden uns an Sie bezüglich ihrer Bewerbung.
35

2237 Blume *die* flower
- Die Dolmetscherin bekam einen Strauß Blumen.
35

2238 Bundeswehr *die* Armed Forces
- Dirk ist Soldat in der Bundeswehr.
35

2239 demnach *adv* therefore
- Es gibt demnach keine andere Möglichkeit.
35

2240 Disziplin *die* discipline
- Disziplin ist im Sport sehr wichtig.
35

2241 dramatisch *adj* dramatic
- Die Romanhandlung nahm eine dramatische Wendung.
35

2242 einräumen *verb* to put away, admit, concede
- Der Pressesprecher räumte Fehler der Regierung ein.
35

2243 empfangen *verb* to receive
- Wir empfangen heute Abend Gäste.
35

2244 entlassen *verb* to dismiss, fire
- Sie ist entlassen worden und nun arbeitslos.
35

2245 ergreifen *verb* to grab, seize
- Ich möchte die Gelegenheit ergreifen und mich ganz herzlich bei Ihnen bedanken.
35

2246 erkennbar *adj* recognizable
- Seine strikte Diät führt zu ersten erkennbaren Erfolgen.
35

2247 erteilen *verb* to give
- Der Offizier erteilt einen Befehl.
35

2248 Existenz *die* existence
- Die Existenz vieler Tierarten ist gefährdet.
35

2249 fern *adj* far, distant
- Mit neuen Teleskopen kann man ferne Galaxien entdecken.
35

2250 Fraktion *die* parliamentary party
- Es gibt verschiedene Meinungen innerhalb der Fraktion.
35

2251 Grundgesetz *das* basic law
- Die Verfassung der Bundesrepublik heißt Grundgesetz.
35 –L

2252 Händler *der* trader, dealer, retailer
- Diese Lagerhalle ist an verschiedene Händler vermietet.
35

2253 hierbei *adv* while doing this, on this occasion
- Hierbei tat sich eine neue Frage auf.
35

2254 hierzu *adv* with it, concerning this
- Ich habe hierzu nichts zu sagen.
35

2255 Hinblick *der* view
- Die Unzufriedenheit der Bürger ist im Hinblick auf die politische Situation verständlich.
35

im Hinblick auf in view of
- Im Hinblick auf die Weltmeisterschaft muss noch viel trainiert werden.
29

2256 indes *adv* meanwhile
- Kritiker warnen indes vor möglichen Folgen.
35 –S

2257 Individuum *das* individual
- Ein unbekanntes Individuum wurde gesichtet.
35 –N

2258 innen *adv* inside
- Das Haus ist innen noch nicht restauriert.
35

2259 juristisch *adj* legal, juridical
- Ich brauche einen juristischen Rat.
35 –L

2260 Katastrophe *die* catastrophe
- Eine Katastrophe ist geschehen.
35

2261 komisch *adj* funny, strange
- Wir waren in eine komische Situation geraten.
35

2262 lustig *adj* funny, enjoyable
- Es war ein lustiger Abend.
35

2263 Motiv *das* motive
- Was für ein Motiv hatte der Täter?
35

2264 musikalisch *adj* musical
- Amadeus ist sehr musikalisch.
35

2265 Musiker *der* musician
- Herbert Grönemeyer ist ein bekannter deutscher Musiker.
35

2266 objektiv *adj* objective
- Objektiv gesehen hat sie sicherlich Recht.
35

2267 Opposition *die* opposition
- Regierung und Opposition sind sich selten einig.
35

2268 Papa *der* daddy
- Wo ist dein Papa?
35 –A

2269 Personal *das* staff
- Ab nächsten Monat können wir neues Personal einstellen.
35

2270 regieren *verb* to rule, govern
- Wer regiert in Deutschland?
35

2271 Sand *der* sand
- Wir liegen im Sand und sonnen uns.
35

2272 seltsam *adj* strange, peculiar
- Vor einiger Zeit hatte ich eine seltsame Begegnung.
35

2273 sorgfältig *adj* careful
- Eine sorgfältige Auswahl der Zutaten ist wichtig.
35

2274 stärken *verb* to strengthen
- Du musst dein Immunsystem stärken.
35

2275 Station *die* station
- An der nächsten Station müssen wir aussteigen.
35

2276 stattdessen *adv* instead
- Du wolltest mir helfen. Stattdessen treibst du dich draußen herum.
35

2277 Tendenz *die* trend
- Es ist eine positive Tendenz zu verzeichnen.
35

2278 Training *das* training
- Wann findet das Training statt?
35

2279 trauen *verb* to trust, dare to
- Der kleine Max traut sich nicht, ins Wasser zu springen.
35

2280 Umsetzung *die* transfer, implementation
- Wie soll die praktische Umsetzung aussehen?
35

2281 unglaublich *adj* incredible
- Die deutsche Nationalmannschaft feierte einen unglaublichen Erfolg.
35

2282 Verkäufer *der* salesman
- Er ist von Beruf Verkäufer.
35

2283 vernünftig *adj* sensible
- Sie haben ein sehr vernünftiges Kind.
35

2284 Versorgung *die* supply, care
- Die WHO bemüht sich um die Versorgung der Menschen mit Lebensmitteln.
35

2285 vierzehn *num* fourteen
- Zwei Wochen sind vierzehn Tage.
35

2286 vorwiegend *adv* mainly
- Wir haben es vorwiegend mit skandinavischen Studenten zu tun.
35

2287 Wandel *der* change
- Die Stadt macht einen Wandel durch.
35

2288 wehren (sich) *verb* to defend oneself
- Wehr dich, wenn du ungerecht behandelt wirst!
35

2289 weisen *verb* to point
- Das Schild weist in eine andere Richtung.
35

2290 widmen *verb* to dedicate
- Dieses Buch ist ihrem Ehemann gewidmet.
35

2291 Wunder *das* miracle
- Ein Wunder ist geschehen.
35

2292 zufolge *prep* according to
- Den Umfragen zufolge sind 45% der Deutschen dagegen.
35

2293 zugehen *verb* to approach, close
- Der Deckel geht nicht mehr zu.
35

2294 zurückführen *verb* to attribute, trace back
- Seine Depression kann man auf seine unglückliche Kindheit zurückführen.
35

2295 ahnen *verb* to suspect
- Ich habe geahnt, dass etwas passiert ist.
34

2296 analysieren *verb* to analyse
- Die Ergebnisse müssen noch analysiert werden.
34

2297 Angelegenheit *die* matter, affair
- Wir haben es mit einer komplizierten Angelegenheit zu tun.
34

2298 aufgehen *verb* to rise, open
- Die Tür geht nicht auf.
34

2299 Auskunft *die* information
- Können Sie mir bitte eine Auskunft geben?
34

2300 Ausmaß *das* extent, size
- Das Ausmaß der Katastrophe ist unvorstellbar.
34

2301 aussuchen *verb* to choose
- Die Farbe kann man sich aussuchen.
34

2302 ausziehen *verb* a) to move out, take off (clothes)
- Nasse Strümpfe sollte man ausziehen, damit man sich nicht erkältet.
  b) **ausziehen (sich)** to undress, get undressed

- Die Kinder ziehen sich vor dem Mittagsschlaf aus.
34

2303 Begründung *die* explanation, justification
- Edgar hatte eine zweifelhafte Begründung für sein Fehlen.
34

2304 derart *adv* so
- Die Situation war derart komisch, dass wir einfach lachen mussten.
34

2305 durchschnittlich *adj* average
- Silke hat in der Prüfung durchschnittliche Leistungen erzielt.
34

2306 Engagement *das* commitment
- Soziales Engagement ist gefragt.
34

2307 Entfernung *die* distance
- Das Flugzeug befindet sich noch in einiger Entfernung vom Landeflughafen.
34

2308 erarbeiten *verb* to work for, out
- Diese Gruppe erarbeitet einen Finanzierungsplan.
34

2309 Fleck *der* stain
- Ich habe einen Fleck auf der Bluse.
34

2310 gefangen *adj* captive, (be a) prisoner
- Er ist in seinen Ansichten gefangen.
34

2311 griechisch
1 adj Greek
- Moussaka ist eine griechische Spezialität.
2 **Griechisch** *das* Greek
- Zum Theologiestudium gehört es, Griechisch zu lernen.
34

2312 Handlung *die* action, plot
- Ich kann mich nicht mehr an die Handlung des Films erinnern.
34

2313 Immunsystem *das* immune system
- Dieses Medikament unterstützt die Regenerierung des Immunsystems.
34 +A

2314 Koffer *der* suitcase
- Mein Koffer ist verloren gegangen.
34

2315 lohnen (sich) *verb* to be worth it
- Es lohnt sich, diesen Film zu sehen.
34

2316 mathematisch *adj* mathematical
- Auch dafür gibt es eine mathematische Formel.
34

2317 Not *die* need, trouble
- Das Schiff ist in Not geraten.
34

2318 Persönlichkeit *die* personality, celebrity
- Diana ist eine berühmte Persönlichkeit.
34

2319 radikal *adj* radical
- Eine radikale Veränderung steht uns bevor.
34

2320 schalten *verb* to switch, shift
- Auf der Autobahn schalte ich in den fünften Gang.
34

2321 Schlüssel *der* key
- Ich finde meinen Schlüssel nicht.
34

2322 Schreibtisch *der* desk
- Elke arbeitet am Schreibtisch.
34

2323 Seele *die* soul, mind
- Leib und Seele müssen gesund sein.
34

2324 stabil *adj* stable, sturdy
- Die Konstruktion ist stabil.
34 –S

2325 systematisch *adj* systematic
- Du musst systematisch alle Punkte abarbeiten.
34

2326 Unternehmer *der* employer
- Siegbert ist ein erfolgreicher Unternehmer.
34

2327 Unternehmung *die* undertaking, venture
- Das Hotel bietet verschiedene Unternehmungen an.
34

2328 verarbeiten *verb* to use, process, assimilate
- Das Material wurde schon verarbeitet.
34

2329 Vereinbarung *die* agreement
- Wir haben eine Vereinbarung getroffen.
34

2330 verrückt *adj* crazy
- Das war eine verrückte Aktion.
34

2331 versehen *verb* to perform, provide
- Wir müssen jede Datei mit einer Kodierung versehen.
34

2332 vertraut *adj* familiar, close
- Sie sind einander sehr vertraut.
34

2333 Video *das* video
- Wollen wir ein Video ausleihen?
34

2334 Wahrnehmung *die* perception
- Bei Alkoholkonsum wird die Wahrnehmung verzerrt.
34

2335 winzig *adj* tiny
- Sie leben in einem winzigen Dorf.
34

2336 wozu *pron* what for, to what
- Wozu tust du das?
34

2337 wundern (sich) *verb* to surprise
- Ich wundere mich über dein Desinteresse.
34

2338 abbauen *verb* to reduce, dismantle
- Der Stoff wird schnell im Körper abgebaut.
33

2339 abwarten *verb* to wait, wait out
- Wir sollten die Wahlergebnisse abwarten.
33

2340 Angestellte *der, die* employee
- Die Angestellten machen einen Betriebsausflug.
33

2341 aufeinander *adv* into, onto one another
- Leg die Bücher einfach aufeinander.
33

2342 ausfallen *verb* to drop out, be cancelled
- Die Vorlesung fällt aus.
33

2343 Äußerung *die* comment
- Bitte vermeide unsachliche Äußerungen!
33

2344 Begegnung *die* encounter, meeting
- Die Begegnung war für beide vollkommen unerwartet.
33

2345 Café *das* coffee house
- In welchem Café wollen wir uns treffen?
33

2346 Datei *die* data file
- Können Sie mir die Datei schicken?
33 +A

2347 Dienstleistung *die* service
- Die kostenlose Lieferung nach Hause ist eine Dienstleistung des Unternehmens.
33

2348 dorthin *adv* there
- Wann fährst du denn dorthin?
33

2349 ehe *conj* before
- Ehe ich ihn aufhalten konnte, war er verschwunden.
33

2350 einbauen *verb* to install, build in, fit
- Wir bauen eine neue Küche ein.
33

2351 einbeziehen *verb* to include
- Wir müssen alle Faktoren mit einbeziehen.
33

2352 ernsthaft *adj* serious
- Ich mache mir ernsthafte Sorgen.
33

2353 erstaunlich *adj* astonishing
- Das Ergebnis ist erstaunlich.
33

2354 Erzählung *die* narration, story
- Hermann Hesse hat viele Erzählungen geschrieben.
33

2355 Ferne *die* distance
- Warum in die Ferne schweifen, wenn das Gute liegt so nah.
33

2356 Gedicht *das* poem
- Anna liest gern Gedichte.
33

2357 glatt *adj* smooth, slippery
- Die Straßen sind glatt.
33

2358 golden *adj* gold, golden
- Charlotte hat einen goldenen Ring am Finger.
33

2359 Gründung *die* foundation
- Die Gründung eines Vereins erfordert mindestens sieben Mitglieder.
33

2360 hübsch *adj* pretty
- Das ist eine hübsche Katze.
33

2361 interpretieren *verb* to interpret
- Im Deutschunterricht sollen die Schüler ein Gedicht interpretieren.
33 –L

2362 Kanton *der* canton (Switzerland), province
- Die Schweiz besteht aus 26 Kantonen.
33 –L

2363 Keller *der* cellar
- Der Wirt holt eine Flasche Wein aus dem Keller.
33

2364 Konto *das* account
- Auf welches Konto soll ich das Geld überweisen?
33

2365 neigen *verb* to bend, to lean
- Petra neigte sich nach vorne, um Peter zu küssen.
33

2366 Operation *die* operation
- Die Operation dauerte vier Stunden.
33

2367 ordnen *verb* to arrange, sort
- Nach dem Krieg werden die politischen Verhältnisse neu geordnet.
33

2368 Qualifikation *die* qualification
- Sie hat eine gute Qualifikation für den Job.
33

2369 raten *verb* to advise, guess
- Ich rate dir, noch einmal darüber nachzudenken.
33

2370 Sammlung *die* collection
- Im Museum kann man eine Sammlung alter Münzen anschauen.
33

2371 sanft *adj* soft, gentle
- Heiner hat eine sanfte Stimme.
33

2372 scheinbar *adj* apparent
- Du hast scheinbar überhaupt keine Ahnung.
33

2373 schmecken *verb* to taste
- Die Kartoffelsuppe schmeckt gut.
33

2374 städtisch *adj* municipal
- Viele städtische Einrichtungen müssen geschlossen werden.
33

2375 Tonne *die* ton, barrel
- Das Auto wiegt etwa eine Tonne.
33

2376 Träger *der* holder, responsible body
- Träger von Rechten und Pflichten ist jeder, der volljährig ist.
33

2377 Trend *der* trend
- Ein neuer Trend in der Mode kommt auf.
33

2378 umso *conj* the (more . . . the)
- Je mehr Leute kommen, umso lustiger wird es.
33

2379 Variante *die* variant, variation
- Welche Variante bevorzugst du?
33

2380 vergeben *verb* to award, allocate, forgive, give away
- Sein Platz in der Firma ist schon vergeben.
33

2381 Verwandte *der, die* relative
- Zur Hochzeit sind alle Verwandten eingeladen.
33

2382 Vielfalt *die* diversity
- Es ist wichtig, eine Vielfalt an Meinungen zu haben.
33

2383 Vielzahl *die* multitude
- Dieses Restaurant hat eine Vielzahl von Speisen im Angebot.
33

2384 wirksam *adj* effective
- Der Arzt hat mir eine wirksame Salbe verschrieben.
33

2385 Zahlung *die* payment
- Die Zahlung erfolgt bar.
33

2386 zusammensetzen *verb* to put together
- Das Großhirn setzt sich aus zwei Hemisphären zusammen.
33

2387 ablegen *verb* take off, put, file
- Sie können Ihren Mantel dort drüben ablegen.
32

2388 abstimmen *verb* to vote, coordinate
- Wir müssen unsere Arbeitszeiten besser aufeinander abstimmen.
32

2389 achtzig *num* eighty
- Zur Hochzeit waren achtzig Gäste da.
32

2390 akademisch *adj* academic
- Magister ist ein akademischer Grad.
32

2391 anregen *verb* to encourage, suggest, stimulate
- Schwarzer Tee regt die Lebensgeister an.
32

2392 Arbeiter *der* worker
- Die Arbeiter kommen gut voran.
32

2393 ärgern *verb* to annoy
- Über Kritik sollte man sich nicht ärgern.
32

2394 aufregen *verb* to excite, upset, annoy
- Du brauchst dich nicht so aufzuregen.
32

2395 Aufwand *der* expense, effort
- Es ist die Frage, ob sich der Aufwand hier lohnt.
32

2396 Aufwendungen *die (pl)* expenditure
- Persönliche Aufwendungen für Reise und Unterkunft werden Ihnen erstattet.
32

2397 ausbauen *verb* to extend, improve
- Wir sollten die Beziehungen zu diesem Verlag ausbauen.
32

2398 ausweisen *verb* to identify, expel
- Kriminelle Ausländer werden ausgewiesen.
32

2399 Bauch *der* belly
- Mein Bauch tut weh.
32

2400 bedecken *verb* to cover
- Der größte Teil der Erde ist mit Wasser bedeckt.
32

2401 beliebt *adj* popular
- Eine beliebte Popgruppe gibt in Stuttgart ein Konzert.
32

2402 Berechnung *die* calculation
- Seine Berechnungen sind falsch.
32

2403 bereiten *verb* to make, cause
- Mein Freund bereitete mir eine große Freude, als er mich ins Theater einlud.
32

2404 Bestand *der* continuation, stock, supply
- Die Bibliothek hat einen großen Bestand alter Bücher.
32

2405 beugen *verb* to bend
- Ich beuge mich über den Tisch.
32

2406 Entwicklungsland *das* developing nation
- Entwicklungsländer sind auf Hilfe angewiesen.
32 –L, –S

2407 Entwurf *der* sketch, design, draft
- Hier ist der erste Entwurf des Gebäudes.
32 –L

2408 entziehen *verb* to take away, remove
- Dieses Getreide entzieht dem Boden viele Nährstoffe.
32

2409 erbringen *verb* to raise, produce
- Die Spendenaktion hat 500 Dollar erbracht.
32

2410 erfinden *verb* to invent
- Wann wurde das Fahrrad erfunden?
32

2411 etliche *pron* quite a few
- Der Zug kam etliche Minuten zu spät im Bahnhof an.
32

2412 experimentell *adj* experimental
- Sie versucht, ihre Theorie experimentell zu bestätigen.
32

2413 Fachhochschule *die* technical college (of higher education)
- Auch an Fachhochschulen soll man zukünftig promovieren können.
32

2414 faszinieren *verb* to fascinate
- Südamerika fasziniert viele junge Leute.
32

2415 Fernseher *der* television
- Schalt endlich den Fernseher ab!
32

2416 Finanzierung *die* financing
- Die Finanzierung des Projektes war nicht ganz einfach.
32

2417 gewöhnen *verb* to get used to
- Er gewöhnt sich langsam an seinen neuen Tagesrhythmus.
32

2418 grinsen *verb* to grin
- Als sie ihn ansah, grinste er zurück.
32

2419 herkommen *verb* to come here
- Komm her, ich will mit dir reden.
32

2420 herzlich *adj* cordial, warm
- Ein herzliches Dankeschön!
32

2421 hierfür *pron* for this
- Hierfür habe ich keine Verwendung.
32

2422 Hose *die* trousers, pants
- Mira hat sich eine schicke Hose gekauft.
32

2423 Impuls *der* stimulus, impulse
- Ein neuer Impuls motivierte die Mitarbeiter.
32

2424 Kapital *das* capital
- Das Unternehmen verfügt nur über geringes Kapital.
32

2425 Kern *der* seed, core, nucleus
- Hast du den Kern der Aussage verstanden?
32

2426 klagen *verb* to complain
- Trotz seiner Schmerzen klagt er nie.
32

2427 klopfen *verb* to knock, beat
- Wer klopft da an die Tür?
32

2428 mangeln *verb* to lack, be missing
- Es mangelt ihm an vielen Sachen, vor allem aber an Geld.
32

2429 Motor *der* motor, engine
- Der Motor ist kaputt.
32

2430 primär *adj* primary
- Sie sind primär für die Auswahl der Kandidaten zuständig.
32

2431 Rang *der* standing, status
- Kunst und Kultur haben einen hohen Rang.
32 – s

2432 rauchen *verb* to smoke
- Hier ist es verboten zu rauchen.
32

2433 rechtzeitig *adj* punctual
- Ich bin rechtzeitig angekommen.
32

2434 Regisseur *der* director
- Roman Polanski ist ein bekannter Regisseur.
32

2435 Republik *die* republic
- Die Republik ist eine Staatsform.
32

2436 rollen *verb* to roll
- Murmeln rollen über den Fußboden.
32

2437 Salz *das* salt
- An der Suppe fehlt Salz.
32

2438 Schilling *der* shilling
(former unit of Austrian currency)
- Wie viel Schilling hat das Haus damals gekostet?
32

2439 Stil *der* style
- Die Kirche ist im romanischen Stil gebaut.
32

2440 übel *adj* foul, bad
- Ein übler Geruch kam aus der Küche.
32

2441 ungewöhnlich *adj* unusual
- Das war eine ungewöhnliche Inszenierung von Hamlet.
32

2442 vereinen *verb* to unite
- Dieser Ansatz vereint Theorie und Praxis.
32

2443 Vermittlung *die* negotiation, placement
- Das Akademische Auslandsamt ist für die Vermittlung von Erasmusstudenten zuständig.
32

2444 versetzen *verb* to move, transfer
- Sie werden in eine andere Abteilung versetzt.
32

2445 verständlich *adj* comprehensible
- Das ist kein verständlicher Satz.
32

2446 vorübergehen *verb* to pass by
- Auch diese Krise wird vorübergehen.
32
vorübergehend *adj* temporary
- Ursachen für eine vorübergehende Impotenz können Krankheit, Alkohol- oder Drogenkonsum sein.
29

2447 Wahlkampf *der* election campaign
- Der Wahlkampf ist in seiner heißen Phase.
32

2448 Wolke *die* cloud
- Heute sind viele Wolken am Himmel.
32

2449 Zahn *der* tooth
- Der Zahnarzt zieht mir einen Zahn.
32

2450 zustande *adv* in existence, (to come, bring) about
- Er brachte nur ein müdes Lächeln zustande.
32
zustande kommen to come about, materialize
- Der Kurs kam nicht zustande, weil sich zu wenige Teilnehmer anmeldeten.
22

2451 zustimmen *verb* to agree, consent
- Der Bundesrat muss diesem Gesetz noch zustimmen.
32

2452 absolvieren *verb* to complete, graduate
- Ich werde im Sommer ein Praktikum absolvieren.
31

2453 Anstrengung *die* effort
- Skispringen erfordert einige Anstrengung.
31

2454 atmen *verb* to breathe
- Mein Nachbar in der Oper atmete sehr laut.
31

2455 Behinderung *die* obstruction, handicap
• Sie hat eine leichte Behinderung.
31

2456 bequem *adj* comfortable
• Der Stuhl ist nicht sehr bequem.
31

2457 Berücksichtigung *die* consideration
• Eine Berücksichtigung Ihres Antrags ist leider nicht mehr möglich.
31

2458 Bord *der* board
• Wie viele Personen sind an Bord des Flugzeuges?
31

2459 Dichter *der* writer, poet
• Goethe ist ein bekannter deutscher Dichter.
31

2460 Eingriff *der* intervention, interference
• Die Verletzung des Postgeheimnisses ist ein Eingriff in die Privatsphäre.
31

2461 Einwohner *der* inhabitant
• Wie viele Einwohner hat Berlin?
31

2462 errichten *verb* to build, erect
• In Berlin wurde eine Mauer errichtet.
31

2463 Fan *der* fan, supporter
• Alex ist Fan von Bayern München.
31

2464 Frankfurter *adj* Frankfurt
• Der Frankfurter Flughafen soll noch einmal erweitert werden.
31

2465 Hamburger *adj* Hamburg
• Sie arbeitet für ein Hamburger Unternehmen.
31

2466 Handy *das* mobile phone
• Mein Handy klingelt.
31

2467 herausfinden *verb* to find out
• Versucht herauszufinden, wie viele Erbsen in ein Glas passen.
31

2468 Hütte *die* hut, cabin
• Sie haben eine kleine Hütte im Thüringer Wald.
31

2469 Kooperation *die* cooperation
• Die Bereitschaft zur Kooperation ist vorhanden.
31

2470 laden *verb* to load
• Kräftige junge Männer laden die Möbel auf einen LKW.
31

2471 lehnen *verb* to lean
• Der Mann hatte sich zu weit aus dem Fenster gelehnt.
31

2472 nochmals *adv* again
• Die Krisenregion darf nicht nochmals sich selbst überlassen werden.
31

2473 ökologisch *adj* ecological, organic
• Hier wird nur Obst aus ökologischem Anbau verkauft.
31 –L

2474 qualifizieren *verb* to qualify
• Sie hat sich für den Wettbewerb qualifiziert.
31

2475 schlicht *adj* simple, plain
• Wir traten in ein schlicht eingerichtetes Zimmer.
31

2476 Stasi *die* state security service
• Die Stasi war die Überwachungsinstanz der DDR.
31

2477 Symbol *das* symbol
• Was bedeutet dieses Symbol?
31

2478 Täter *der* culprit, perpetrator
• Habt ihr den Täter gefasst?
31

2479 Tour *die* tour, trip
• Wir haben eine Tour durch Spanien gemacht.
31 –A

2480 Trennung *die* separation
• Er leidet sehr unter der Trennung von seiner Frau.
31

2481 Übertragung *die* transmission, broadcast
• Die Übertragung des Fußballspiels wurde unterbrochen.
31

2482 überwinden *verb* to overcome
• Du musst deine Höhenangst überwinden.
31

2483 unendlich *adj* endless
• Das Weltall ist unendlich.
31

2484 Verfassung *die* constitution
• Wann trat die Verfassung der Bundesrepublik in Kraft?
31

2485 verleihen *verb* to rent, award
• Elfriede Jelinek wurde der Literaturnobelpreis verliehen.
31

2486 vermögen *verb* to be capable
• Ich vermag diese Frage nicht zu beantworten.
31

2487 vollkommen *adj* complete, perfect
• Das war vollkommen richtig!
31

2488 voneinander *adv* from each other
• Hören wir voneinander?
31

2489 vorgehen *verb* to go on ahead, be fast, have priority
- Meine Uhr geht 10 Minuten vor.
31

2490 vorhin *adv* a short while ago
- Ich war vorhin einkaufen.
31

2491 weiblich *adj* feminine
- Eine weibliche Stimme meldete sich am Telefon.
31

2492 Zeitschrift *die* magazine, journal
- Ich habe eine Zeitschrift gekauft.
31

2493 zutreffen *verb* to be correct, apply to
- Die Wettervorhersage traf mal wieder nicht zu.
31

2494 Absicht *die* intention
- Das war keine böse Absicht.
30

2495 abstrakt *adj* abstract
- Das ist abstrakte Kunst.
30 –L

2496 Architekt *der* architect
- Rudolf Skoda war ein bekannter Architekt.
30

2497 attraktiv *adj* attractive
- Olaf ist ein attraktiver junger Mann.
30

2498 aufbringen *verb* to raise, find
- Michael kann die Summe für den Prozess nicht aufbringen.
30

2499 aufmachen *verb* to open
- Zum Putzen muss ich das Fenster aufmachen.
30

2500 Aufmerksamkeit *die* attention
- Kinder brauchen viel Aufmerksamkeit.
30

2501 ausdrücklich *adj* explicit
- Ich habe doch ausdrücklich gesagt, dass ich deine CD nicht habe.
30

2502 auswirken (sich) *verb* to have an effect
- Sonnenschein wirkt sich positiv auf die Stimmung aus.
30

2503 bearbeiten *verb* to work on, revise
- Der Artikel muss noch einmal bearbeitet werden.
30

2504 bedrohen *verb* to threaten
- Das Ozonloch bedroht unsere Atmosphäre.
30

2505 Beschluss *der* decision, resolution
- Die Kommission hat den Beschluss erneut geändert.
30

2506 bewerben (sich) *verb* to apply
- Ich bewerbe mich um einen Praktikumsplatz.
30 –L

2507 bewerten *verb* to assess, judge
- Die Arbeit ist gut bewertet worden.
30

2508 Bibel *die* Bible
- Die Bibel ist das meistverkaufte Buch.
30

2509 Bindung *die* relationship, attachment
- Zwischen Eltern und Kindern besteht eine enge Bindung.
30

2510 Börse *die* stock market
- Herr Zschoch spekuliert an der Börse.
30 –S

2511 Business *das* business
- Der Geschäftsführer fliegt immer Business Class.
30 –L

2512 decken *verb* to cover
- Die Einnahmen decken genau die Kosten.
30

2513 differenzieren *verb* to differentiate
- Wir müssen noch deutlicher zwischen Können und Wollen differenzieren.
30

2514 dumm *adj* stupid
- Das war eine dumme Idee von dir.
30

2515 Ehegatte *der* husband
- Bei der Preisverleihung erschien sie mit ihrem Ehegatten.
30 +S

2516 Einschätzung *die* opinion, assessment, evaluation
- Mich interessiert deine Einschätzung der Situation.
30

2517 einsteigen *verb* to board, get in
- Erst aussteigen lassen, dann einsteigen!
30

2518 eintreffen *verb* to arrive, come true, happen
- Morgen trifft das Päckchen bei dir ein.
30

2519 Elektron *das* electron
- In Physik haben wir über Elektronen gesprochen.
30 +A

2520 entnehmen *verb* to take, extract, infer
- Deiner Äußerung kann ich nicht besonders viel entnehmen.
30

2521 Entstehung *die* origin
- Was weiß man über die Entstehung der Erde?
30

2522 erlernen *verb* to learn
- Kinder können Fremdsprachen schneller erlernen als Erwachsene.
30

2523 Erweiterung *die* expansion, extension
- Die Erweiterung der EU wird häufig diskutiert.
30

2524 Feind *der* enemy
- Der natürliche Feind des Hasen ist der Fuchs.
30

2525 Flucht *die* flight, escape
- Die Flucht war erfolgreich.
30

2526 Flüchtling *der* refugee
- Die Flüchtlinge gelangten mit Booten über die Grenze.
30

2527 geheim *adj* secret
- Wir haben einen geheimen Plan.
30

2528 Geschlecht *das* sex, gender
- Aufgrund des Geschlechts darf keine Benachteiligung stattfinden.
30

2529 Gewissen *das* conscience
- Esther hat ein reines Gewissen.
30

2530 Gläubiger *der* creditor, believer
- Der Gläubiger fordert zum Ersten des Monats eine Summe von 1000 Euro.
30 –L, –S

2531 Griff *der* handle, grip, grasp
- Du solltest das Messer nur am Griff anfassen.
30

2532 Halt *der* stop, hold
- Der Bus fährt ohne Halt bis Halle.
30

2533 Hemd *das* shirt
- Er trägt ein buntes Hemd.
30

2534 hinterlassen *verb* to leave
- Sie hat ihren Kindern nur Schulden hinterlassen.
30

2535 indirekt *adj* indirect
- Sie haben meine Frage nur indirekt beantwortet.
30

2536 Infektion *die* infection
- Die Krankheit wird durch eine Infektion hervorgerufen.
30 –S

2537 intern *adj* internal
- Wir hatten eine interne Absprache getroffen.
30

2538 Kindergarten *der* nursery school
- Lucy geht schon in den Kindergarten.
30

2539 Klima *das* climate
- In Utah herrscht kontinentales Klima.
30

2540 Kontinent *der* continent
- Australien ist ein Kontinent.
30

2541 Kündigung *die* termination, (notice of) dismissal
- Viele Menschen haben Angst vor der Kündigung ihres Arbeitsplatzes.
30

2542 lebendig *adj* living, lively
- Doris ist ein sehr lebendiges Mädchen.
30

2543 loben *verb* to praise
- Kinder muss man viel loben.
30

2544 Mantel *der* coat
- Du hast einen schönen dicken Mantel.
30

2545 Marketing *das* marketing
- Helge ist für das Marketing in der Firma zuständig.
30 –L

2546 mehrmals *adv* repeatedly
- Das habe ich dir schon mehrmals gesagt.
30

2547 Mister, Mr. *der* Mister, Mr.
- Mr. Gibbs ist Rubens Klassenlehrer.
30 –L, –S

2548 murmeln *verb* to murmur, mutter
- Roman murmelt eine Entschuldigung.
30 –A, –S

2549 Mut *der* courage
- Die Situation erfordert viel Mut.
30

2550 Nationalsozialist, Nazi *der* National Socialist, Nazi
- Die Nazis ermordeten Dietrich Bonhoeffer.
30

2551 Nebenwirkung *die* side effect
- Es sind bei dieser Arznei keine Nebenwirkungen bekannt.
30 –L, –S

2552 Oper *die* opera
- Zu Weihnachten habe ich Karten für die Oper bekommen.
30

2553 Orchester *das* orchestra
- In welchem Orchester spielst du?
30

2554 Paket *das* parcel, package
- Das Paket ist rechtzeitig angekommen.
30

2555 quer *adv* diagonally, sideways
- Als ich heute erwachte, lag ich quer in meinem Bett.
30

2556 registrieren *verb* to register
- Alle Besucher werden elektronisch registriert.
30

2557 relevant *adj* relevant
- Das Thema ist für mich nicht relevant.
30

2558 rennen *verb* to run
- Antina rannte, so schnell sie konnte, zum Bahnhof.
30

2559 Ressource *die* resource
- Recycling ist ein Versuch, Ressourcen zu schonen.
30 –L, –S

2560 Revolution *die* revolution
- Die Französische Revolution begann 1789.
30

2561 Richtlinie *die* guideline
- Wir brauchen für unser Vorgehen eine Richtlinie.
30

2562 Rückkehr *die* return
- Nach dem Krieg begann die Rückkehr der Flüchtlinge.
30

2563 Scheibe *die* disc, slice, (glass) pane
- Die Erde ist keine Scheibe.
30

2564 senden *verb* to send, broadcast
- Können Sie mir eine E-Mail senden?
30

2565 Stille *die* peace, silence
- Pettersson genoss die Stille.
30

2566 Stress *der* stress
- Isabel hat in letzter Zeit viel Stress.
30

2567 subjektiv *adj* subjective
- Meinungen sind immer subjektiv.
30 –L, –N

2568 teils *adv* partly
- Sie legten den Weg teils zu Fuß, teils mit dem Pferd zurück.
30

2569 These *die* thesis
- In seiner Einleitung formuliert der Autor drei Thesen.
30 –S

2570 Transport *der* transportation
- Wir übernehmen den Transport Ihrer Möbel.
30

2571 Übergang *der* crossing, transition
- Die Pubertät ist der Übergang von der Kindheit zum Erwachsensein.
30

2572 übergehen *verb* a) to pass into
- Der Frühling geht in den Sommer über.
b) to ignore
- Keine Angst, wir übergehen Sie nicht.
30

2573 verbleiben *verb* to remain
- Beim Verbrennen von Holz verbleibt ein Rest Asche.
30

2574 verlängern *verb* to lengthen, extend
- Die Lebenserwartung verlängert sich immer mehr.
30

2575 vermissen *verb* to miss
- Ich vermisse meinen Teddy.
30

2576 verschließen *verb* to close, lock
- Die Tür ist verschlossen.
30

2577 verurteilen *verb* to condemn
- Der Angeklagte wurde verurteilt.
30

2578 vollziehen *verb* to carry out
- Die Ehe wurde noch nicht vollzogen.
30

2579 Vorbild *das* model, example
- Vorbild zu sein bedeutet, an der Ampel nur bei Grün die Straße zu überqueren.
30

2580 Vorgehen *das* action
- Die Opposition kritisiert das Vorgehen der Polizei gegen die Demonstranten.
30

2581 vorziehen *verb* to prefer
- Ich ziehe es vor, zuhause zu bleiben.
30

2582 Widerspruch *der* contradiction, dissent
- Ihre Meinung steht in klarem Widerspruch zu Ihren Ergebnissen.
30

2583 womit *pron* with what
- Womit hast du die Soße gewürzt?
30

2584 Wüste *die* desert
- Die Sahara ist eine Wüste in Afrika.
30

2585 zucken *verb* to twitch, shrug
- Sie zuckte ratlos mit den Schultern.
30

2586 zusammenarbeiten *verb* to cooperate
- Die betreuenden Ärzte müssen eng zusammenarbeiten.
30

2587 zuwenden *verb* to turn towards, devote oneself to
- Auch Pflanzen muss man sich zuwenden, damit sie gedeihen.
30

2588 abbrechen *verb* to break off, stop
- Bei dem Sturm sind viele Äste abgebrochen.
29

2589 Alkohol *der* alcohol
- Bier enthält ca. fünf Prozent Alkohol.
29

2590 analog *adj* analogous
- Das zweite Problem lösen wir analog zum ersten.
29 +A

2591 Anerkennung *die* recognition
- Durch unermüdliches Engagement erwarb er sich die Anerkennung durch die Kollegen.
29

2592 Aufenthalt *der* stay, residence
- In Frankfurt habe ich vier Stunden Aufenthalt.
29

2593 aufkommen *verb* to come up, arise, pay for
- Die Versicherung wird für den Schaden aufkommen.
29

2594 Aussicht *die* prospect, view
- Dieser Antrag hat kaum Aussicht auf Erfolg.
29

2595 Ball *der* ball
- Der Ball ist unter das Auto gerollt.
29

2596 Bemerkung *die* remark, comment
- Dazu möchte ich einige Bemerkungen machen.
29

2597 Besitz *der* property, possession
- Im Besitz der Familie befinden sich drei Villen.
29

2598 bewahren *verb* to keep, protect
- Es ist wichtig, die Ruhe zu bewahren.
29

2599 Chemie *die* chemistry
- Die Bonbons schmecken wie die pure Chemie.
29 –L

2600 dementsprechend *adv* accordingly
- Der Urlaub war nur kurz, dementsprechend gering war der Erholungseffekt.
29

2601 Distanz *die* distance
- Das Internet erlaubt schnelle Kommunikation über große Distanzen hinweg.
29

2602 dominieren *verb* to dominate
- Im Sommer dominiert warmes und trockenes Wetter.
29

2603 dynamisch *adj* dynamic
- Fremdsprachenerwerb ist ein dynamischer Prozess.
29 +A

2604 Ei *das* egg
- Die beiden Brüder ähneln sich wie ein Ei dem anderen.
29

2605 einhalten *verb* to observe
- Die Gesetze sollte man einhalten.
29

2606 einigermaßen *adv* somewhat
- Es geht mir wieder einigermaßen gut.
29

2607 einschalten *verb* to switch on
- Bei Stau schalten wir das Radio ein.
29

2608 fangen *verb* to catch
- Die Polizei fängt den Einbrecher.
29

2609 Frist *die* time period, deadline
- In zwei Wochen läuft die Frist für den Widerspruch ab.
29

2610 Geschenk *das* gift
- Das Buch ist ein Geschenk von Tante Marianne.
29

2611 Gestaltung *die* design, organization
- Die Gestaltung der Bühne übernimmt der Bühnenbildner.
29

2612 gewährleisten *verb* to guarantee
- Die gleichbleibende Qualität des Produktes wird durch regelmäßige Kontrollen gewährleistet.
29 –L, –S

2613 Heim *das* home
- Als Kind wohnte Bernd im Heim.
29

2614 heimlich *adj* secret
- Wir haben heimlich auf der Schultoilette geraucht.
29

2615 hinweg *adv* (be) over, for (many years)
- Sie blieb über viele Jahre hinweg allein.
29

2616 Höhepunkt *der* high point, peak
- Die Stimmung war auf dem Höhepunkt.
29

2617 Horizont *der* horizon
- Hinter dem Horizont geht es weiter.
29

2618 identifizieren *verb* to identify
- Der Sohn sollte die Leiche identifizieren.
29

2619 indisch *adj* Indian
- Am Donnerstag wollen wir indisch essen gehen.
29

2620 klettern *verb* to climb
- Affen können gut klettern.
29

2621 kommunikativ *adj* communicative
- Hartmut ist ein kommunikativer Typ.
29 –L

2622 Konferenz *die* conference
- Die Konferenz der Außenminister findet in Rom statt.
29

2623 Kreuz *das* cross
- Das Kreuz auf der Kirche ist vergoldet.
29

2624 kürzlich *adv* recently
- Der Film kam erst kürzlich wieder im Fernsehen.
29

2625 küssen *verb* to kiss
- Hast du ihn geküsst?
29 –A, –N

2626 locker *adj* loose, relaxed
- Die Schraube ist locker.
29

2627 mehrfach *adj* multiple
- Mehrfach ungesättigte Fettsäuren sind wichtig für die Gesundheit.
29

2628 moralisch *adj* moral
- Das ist moralisch nicht in Ordnung.
29

2629 Münchner *adj* Munich
- Das Münchner Oktoberfest beginnt im September.
29 –L

2630 nähern (sich) *verb* to approach
- Von Westen her nähert sich ein Tiefausläufer Deutschland.
29

2631 Notwendigkeit *die* necessity
- Dafür besteht keine Notwendigkeit.
29

2632 Organ *das* organ
- Die Haut ist das größte Organ des Körpers.
29 –S

2633 potenziell *adj* potential
- Nach der Wahl finden Gespräche zwischen den potenziellen Koalitionspartnern statt.
29 –S

2634 Presse *die* press
- Die Presse wittert schon wieder einen Skandal.
29

2635 prinzipiell *adj* in principle
- Prinzipiell stimme ich zu.
29

2636 problematisch *adj* problematic
- Das finde ich problematisch.
29

2637 profitieren *verb* to profit
- Von den Firmengewinnen profitiert die ganze Belegschaft.
29 –L

2638 quasi *adv* almost
- Er hat quasi schon verloren.
29

2639 Rechtsprechung *die* jurisdiction
- Jurastudenten trainieren an Beispielen aus der deutschen Rechtsprechung.
29 –L, –S

2640 Regal *das* shelf
- Im Regal stapeln sich die ungelesenen Bücher.
29

2641 Ring *der* ring
- Er trägt einen Ring an der linken Hand.
29

2642 scheiden *verb* separate, divorce
- Das Ehepaar lässt sich scheiden.
29

2643 steil *adj* steep
- Der Weg zum Gipfel ist sehr steil.
29

2644 streiten *verb* to quarrel
- Streitet euch nicht!
29

2645 südlich *adj* southern
- Leipzig liegt 200 Kilometer südlich von Berlin.
29

2646 überschreiten *verb* to exceed
- Der Showmaster überschritt wieder seine Sendezeit.
29 –L

2647 Übung *die* exercise, practice
- Das Buch enthält viele Übungen zur Grammatik.
29

2648 versterben *verb* to pass away
- Der Schauspieler verstarb im Alter von 86 Jahren.
29

2649 Vortrag *der* lecture
- Diesen Vortrag habe ich schon einmal gehalten.
29

2650 vorwerfen *verb* to accuse, reproach
- Die Opposition wirft der Regierung Untätigkeit vor.
29 –S

2651 winken *verb* to wave
- Charly winkte dem kleinen rothaarigen Mädchen.
29

2652 worauf *pron* on what
- Worauf kommt es beim Kochen an?
29

2653 Zeile *die* line
- Übersetzer werden pro Zeile bezahlt.
29 –S

2654 zittern *verb* to tremble
- Vor Angst zitterten ihr die Knie.
29

2655 zurückhalten *verb* to hold back, restrain
- Ulrike hält sich in der Diskussion zurück.
29

2656 akut *adj* acute, urgent
- Mit einer akuten Bronchitis solltest du im Bett bleiben.
28 –L, –S

2657 angreifen *verb* to attack
- Der Adler greift im Sturzflug an.
28

2658 ansteigen *verb* to rise, go up
• Der Wasserspiegel der Ozeane steigt beständig an.
28

2659 ausbreiten *verb* to spread, spread out
• Die Nachricht breitete sich wie ein Lauffeuer aus.
28

2660 Ausführung *die* implementation, type
• Den VW Golf gibt es in verschiedenen Ausführungen.
28

2661 ausgeprägt *adj* distinctive
• Sie hat einen sehr ausgeprägten Charakter.
28 –L

2662 beklagen *verb* to complain
• Ich kann mich nicht beklagen.
28

2663 benennen *verb* to name
• Die Straße ist nach dem früheren Präsidenten benannt.
28

2664 Besitzer *der* owner
• Der Besitzer des Unfallwagens konnte noch nicht ermittelt werden.
28

2665 blöd *adj* stupid, dumb
• Mario ist so ein blöder Kerl.
28 –A, –L

2666 Center *das* centre
• Im Winter trainiere ich im Fitness-Center.
28 –L, –S

2667 danken *verb* to thank
• Ich danke Ihnen für Ihre Einladung.
28

2668 daraufhin *adv* as a result
• Es begann kräftig zu regnen. Daraufhin wurden die Überschwemmungen noch schlimmer.
28

2669 dreimal *adv* three times
• Er dreht den Pfennig dreimal um, bevor er ihn ausgibt.
28

2670 Eingang *der* entrance
• Der Eingang befindet sich gegenüber der Bibliothek.
28 –S

2671 einig *adj* agreed
• Wir sind uns einig.
28

2672 erlangen *verb* to obtain, secure
• Er versuchte jahrelang, Gewissheit zu erlangen.
28

2673 Erscheinung *die* phenomenon, appearance
• Der Präsident ist eine beeindruckende Erscheinung.
28

2674 erstaunen *verb* to astonish
• Der Wahlsieg der Opposition hat niemanden erstaunt.
28

2675 erwidern *verb* to reply
• Darauf kann ich nichts erwidern.
28 +L

2676 Ferien *die (pl)* holiday, vacation
• In den Ferien besuchen wir die Oma.
28

2677 ferner *adv* furthermore
• Ferner sei darauf hingewiesen, dass das Gebäude um 22 Uhr geschlossen wird.
28 –S

2678 Flug *der* flight
• Der Flug dauert etwa acht Stunden.
28 –A

2679 Fragestellung *die* problem
• Das ist eine sehr komplexe Fragestellung.
28 –L

2680 Freundschaft *die* friendship
• Beim Geld hört die Freundschaft auf.
28

2681 Frühstück *das* breakfast
• Um acht Uhr gibt es Frühstück.
28

2682 Gehalt
1 das salary
• Das Gehalt wird am Zehnten des Folgemonats ausgezahlt.
2 der meaning, contents
• Der Gehalt an Eisen ist in grünem Gemüse besonders hoch.
28

2683 Geheimnis *das* secret
• Erst ältere Kinder können Geheimnisse bewahren.
28

2684 Geräusch *das* sound, noise
• Was ist das für ein Geräusch?
28

2685 Geschmack *der* taste
• Jeder hat einen anderen Geschmack.
28

2686 Gold *das* gold
• Es ist nicht alles Gold, was glänzt.
28

2687 Hafen *der* harbour
• Das Schiff läuft in den Hafen ein.
28

2688 hinausgehen *verb* to go out, exceed
• Quantenphysik geht über mein Vorstellungsvermögen hinaus.

2689 Hut
1 der hat
• Heide trägt gern Hüte.
2 die care
• Sei auf der Hut!
28

2690 Interpretation *die* interpretation
- Das ist alles eine Frage der Interpretation.
28 –S

2691 jetzig *adj* current
- Die jetzigen Verhältnisse sind die besten, die wir je hatten.
28

2692 Klage *die* complaint, lawsuit
- Die Klage gegen Robert H. wurde wegen Formfehlern abgewiesen.
28

2693 Klinik *die* clinic, hospital
- Diese Klinik hat einen guten Ruf.
28

2694 korrigieren *verb* to correct, revise
- Die Klassenarbeiten müssen noch korrigiert werden.
28

2695 kündigen *verb* to terminate
- Ich kündige meinen Arbeitsplatz zum nächsten Monat.
28

2696 Lehrerin *die* teacher
- Unsere Lehrerin ist sehr streng.
28

2697 losgehen *verb* to come off, go off, start
- Der Film geht nach der Tagesschau los.
28

2698 Marke *die* brand, stamp
- Die Marke klebt schief auf dem Umschlag.
28

2699 markieren *verb* to mark
- Er muß im Satz alle Verben markieren.
28

2700 Medikament *das* medicine, drug
- Fast jedes Medikament hat unerwünschte Nebenwirkungen.
28

2701 Miete *die* rent
- Die Miete ist sehr günstig.
28

2702 mitmachen *verb* to join in, take part
- Die Schüler haben überhaupt nicht mitgemacht.
28

2703 Öl *das* oil
- Die nächsten Kriege werden nicht um Öl, sondern um Wasser geführt.
28

2704 Pass *der* pass, passport
- Voraussetzung für die Einreise ist ein gültiger Pass.
28 –A

2705 Phantasie *die* imagination, fantasy
- Sie hat eine blühende Phantasie.
28

2706 Prognose *die* prognosis
- Die Klimaforscher zeichnen eine düstere Prognose.
28 –L, –S

2707 Protein *das* protein
- Zehn Prozent des Eiklars sind Proteine, der Rest ist Wasser.
28 –L, –S

2708 Protokoll *das* minutes, record
- Alle Beschlüsse werden im Protokoll festgehalten.
28

2709 schildern *verb* to describe
- Der Zeuge schilderte den Unfall.
28

2710 Schreck *der* fright, shock
- Ach du Schreck!
28

2711 seither *adv* since then
- Seither hat sich kaum etwas verändert.
28

2712 Serie *die* series
- Die Serie von Einbrüchen im Stadtzentrum reißt nicht ab.
28

2713 Tee *der* tea
- Vorsicht, der Tee ist sehr heiß.
28

2714 transportieren *verb* to transport
- Mit Schiffen kann man große Mengen billig transportieren.
28

2715 Turm *der* tower
- Vom Turm aus hat man eine gute Aussicht auf die Stadt.
28 –A

2716 Überzeugung *die* conviction
- Nach meiner Überzeugung ist das richtig.
28

2717 verteidigen *verb* to defend
- Die Mannschaft verteidigte verbissen ihr Tor.
28

2718 verwandeln *verb* to transform, turn into
- Der Zauberer kann sich in jedes beliebige Tier verwandeln.
28

2719 verweigern *verb* to refuse
- Der Angeklagte kann die Aussage verweigern.
28

2720 virtuell *adj* virtual
- Computersüchtige sind in der virtuellen Realität mehr zuhause als im wahren Leben.
28 –L, –S

2721 vorerst *adv* for the present
- Vorerst müssen wir uns mit kleinen Fortschritten zufrieden geben.
28

2722 Vorgabe *die* guideline
- Die Vorgaben des Verlags sind nicht leicht zu erfüllen.
28 –L, –S

2723 vorschreiben *verb* to tell sb to do sth
- Ich lasse mir von dir nicht vorschreiben, wie ich zu leben habe.
28

2724 wahnsinnig *adj* insane
- Diese Unordnung macht mich wahnsinnig!
28 –A

2725 weggehen *verb* to leave, go away
- Geh weg, ich kann dich nicht mehr sehen.
28 –A

2726 Weihnachten *das, die (pl)* Christmas
- Frohe Weihnachten und ein gutes neues Jahr!
28

2727 Wende *die* change (esp. the 1989–90 political change in the GDR)
- Nach der Wende kauften sie ihr altes Haus zurück.
28

2728 widersprechen *verb* to contradict
- Das widerspricht meinen Grundsätzen.
28

2729 wonach *pron* what . . . for, what . . . of
- Wonach suchst du?
28

2730 zugänglich *adj* accessible
- Diese Akten sind nur Wissenschaftlern zugänglich.
28

2731 Abhängigkeit *die* dependence
- Das Gewicht verändert sich in Abhängigkeit zur Größe.
27

2732 abholen *verb* to get, fetch, pick up
- Wer kann heute die Kinder abholen?
27

2733 absetzen *verb* to take off, dismiss
- Vor dem Duschen setzt man besser die Brille ab.
27

2734 anbringen *verb* to put up
- Hier darf man keine Plakate anbringen.
27

2735 andeuten *verb* to suggest, indicate
- Wie der Name schon andeutet, findet der Musiksommer im Sommer statt.
27

2736 Arbeitsmarkt *der* labour market
- Die Lage am Arbeitsmarkt ist unverändert schlecht.
27 –L

2737 Ärger *der* annoyance, trouble
- Mit dem neuen Computer habe ich nur Ärger.
27

2738 aufbrechen *verb* to take off, break open
- Der Dieb bricht das Schloss auf.
27

2739 aufsetzen *verb* to put on
- Die Verkäuferin setzte ihr freundlichstes Lächeln auf.
27

2740 ausführlich *adj* detailed
- Die Methode wird ausführlich beschrieben.
27

2741 ausgezeichnet *adj* excellent, perfect
- Das war ein ausgezeichnetes Essen.
27

2742 ausgleichen *verb* even out, reconcile
- Die Aktie konnte ihre Verluste vom Vortag ausgleichen.
27

2743 außerordentlich *adj* extraordinary
- Das Theaterstück hat mir außerordentlich gut gefallen.
27

2744 Austausch *der* exchange
- Der Austausch der Batterien sollte nur vom Fachmann vorgenommen werden.
27

2745 beantragen *verb* to apply for
- Nach zehn Jahren muss man einen neuen Pass beantragen.
27 –A

2746 Betreuung *die* care
- Der Kindergarten bietet auch Betreuung in der Ferienzeit an.
27 –L

2747 blind *adj* blind
- Das Mädchen ist auf einem Auge blind.
27

2748 Bombe *die* bomb
- Bei Bauarbeiten werden immer wieder Bomben aus dem Zweiten Weltkrieg gefunden.
27 –A

2749 BSE *no art* BSE, mad cow disease
- BSE kann auch auf den Menschen übertragen werden.
27

2750 dazwischen *pron* in between
- Dornröschen fiel in einen tiefen Schlaf. Der Prinz weckte sie auf. Dazwischen lagen hundert Jahre.
27

2751 denkbar *adj* conceivable
- Es ist auch denkbar, dass er sich anders entscheidet.
27

2752 Dialog *der* dialogue
- Das Theaterstück enthält spannende Dialoge.
27

2753 eigenständig *adj* independent
- Die Aufgaben sind eigenständig zu erledigen.
27 –L

2754 einigen *verb* to unite, agree
- Es ist viel billiger, sich außergerichtlich zu einigen.
27

2755 einleiten *verb* to introduce
- Die Regierung leitet Reformen ein.
27

2756 einschlafen *verb* to fall asleep
- Babys schlafen gern an Mamas Brust ein.
27 –A, –N

2757 einschließlich *prep* including
- Der Preis beträgt einschließlich Flug, Übernachtung und Frühstück 250 Euro pro Person.
27 –S

2758 E-Mail *die, das* e-mail
- Ich habe schon wieder so eine lange E-Mail von meinem Chef bekommen.
27 –L

2759 Entschuldigung *die* apology, excuse
- Dafür gibt es keine Entschuldigung.

2760 Erhöhung *die* increase
- Der Angestellte forderte eine Erhöhung seines Gehalts.
27 –L

2761 etablieren *verb* to establish
- Das Produkt hat sich am Markt etabliert.
27 –L

2762 feucht *adj* damp
- Die Wäsche ist noch ganz feucht.
27

2763 flüstern *verb* to whisper
- Wir flüsterten, damit uns niemand hörte.
27 +L

2764 Gas *das* gas
- Wir heizen mit Gas.
27

2765 geistlich *adj* religious, spiritual
- Der Pfarrer gab dem Paar seinen geistlichen Segen.
27 –L, –S

2766 Gen *das* gene
- Defekte Gene können Krankheiten verursachen.
27 –L, –S

2767 gleiten *verb* to glide
- Das Schiff gleitet durch die Wellen.
27

2768 hervorragend *adj* outstanding
- Das war eine hervorragende Leistung.
27

2769 hinterher *adv* after, afterwards
- Hinterher ist man immer schlauer.
27

2770 Hitze *die* heat
- Sprayflaschen muss man vor großer Hitze schützen.
27

2771 intellektuell *adj* intellectual
- Das Buch ist eine intellektuelle Herausforderung.
27

2772 jenseits *prep* beyond
- Das Dorf befindet sich jenseits der Berge.
27 –S

2773 keinerlei *pron* no . . . at all
- Die Maschine weist keinerlei Mängel auf.
27

2774 Kindheit *die* childhood
- Ich hatte eine glückliche Kindheit.
27

2775 Klavier *das* piano
- Im Saal steht ein Klavier.
27 –A

2776 konsequent *adj* consistent
- Es ist nicht immer leicht, Entscheidungen konsequent durchzuhalten.
27

2777 kontinuierlich *adj* constant, continuous
- Das Niveau nimmt kontinuierlich ab.
27

2778 Konzentration *die* concentration
- Diese Aufgabe erfordert meine volle Konzentration.
27

2779 korrekt *adj* correct
- Die korrekte Antwort lautet anders.
27

2780 Leib *der* body
- Sie begann, ihm das Hemd vom Leib zu reißen.
27

2781 Maler *der* painter
- Der Maler streicht die Wände.
27

2782 materiell *adj* financial, material
- Materiell geht es uns gut.
27

2783 Menschheit *die* humanity
- Klimawandel betrifft die ganze Menschheit.
27

2784 merkwürdig *adj* strange
- Das erscheint mir merkwürdig.
27

2785 Milch *die* milk
- Babys trinken nur Milch.
27

2786 Mord *der* murder
- Beim Fall Ötzi handelt es sich wahrscheinlich um Mord.
27

2787 mündlich *adj* oral
- Mündliche Prüfungen sind anders als schriftliche.
27 –L

2788 nebeneinander *adv* side by side
- Sie sitzen in der Schule nebeneinander.
27

2789 pädagogisch *adj* pedagogical
- Lehrer haben eine pädagogische Ausbildung.
27

2790 Pilot *der* pilot
- Der Pilot sitzt im Cockpit.
27 –S

2791 pressen *verb* to press
- Das Kind presst seinen Teddy an sich.
27

2792 psychisch *adj* psychological
- Eine Depression ist eine psychische Krankheit.
27 -L

2793 Resultat *das* result
- Das Resultat konnte mich nicht überzeugen.
27

2794 Riese *der* giant
- Das Schloss wird von einem gefährlichen Riesen bewacht.
27

2795 stellvertretend *adj* on behalf
- Die Mutter nahm stellvertretend für den Sohn den Preis in Empfang.
27 -L

2796 Stock *der* stick, floor
- Der alte Mann stützte sich auf seinen Stock.
27

2797 Strafe *die* punishment
- Es ist nicht leicht, sich sinnvolle Strafen auszudenken.
27

2798 trainieren *verb* to train, coach
- Christian trainiert für Olympia.
27

2799 Übersetzer *der* translator
- Helge arbeitet als Übersetzer.
27 -N

2800 Ufer *das* shore, bank
- Die Fähre liegt am anderen Ufer.
27

2801 Umfrage *die* survey
- In der letzten Umfrage kam die Opposition auf den ersten Platz.
27 -L

2802 unsicher *adj* uncertain
- Nach der Knieoperation war er im Laufen noch etwas unsicher.
27

2803 anfangs *adv* initially
- Anfangs glaubte ich noch, ich könnte ihn verändern.
26

2804 anmelden *verb* to register, sign up
- Wir melden uns im Sommer zum Fallschirmspringen an.
26

2805 aufzeigen *verb* to show, point out
- Die Broschüre will Schülern berufliche Perspektiven aufzeigen.
26

2806 aussteigen *verb* to get off
- Während der Fahrt darf man nicht aussteigen.
26 -A

2807 austauschen *verb* to exchange, replace
- Wenn die Uhr stehen bleibt, muss man die Batterie austauschen.
26

2808 auswärtig *adj* from out of town
- Sie hatte nur auswärtige Freunde.
26 -L

2809 Baby *das* baby
- Maria bekam ihr Baby in Bethlehem.
26

2810 beliebig *adj* any, as you like
- Jeder Gast darf beliebig viele Freunde mitbringen.
26

2811 bevorstehen *verb* to lie ahead, be imminent
- Uns stehen schwere Zeiten bevor.
26

2812 City *die* city centre
- Immer mehr Geschäfte ziehen aus der City auf die grüne Wiese.
26 -L, -S

2813 derzeitig *adj* current
- Die Amtsperiode des derzeitigen Präsidenten endet in vier Jahren.
26 -S

2814 Differenz *die* difference
- Die Differenz zwischen Umsatz und Kosten ist der Gewinn.
26 -L

2815 Dunkelheit *die* darkness
- Die Wanderer wurden von der einbrechenden Dunkelheit überrascht.
26 -S

2816 Dutzend *das* dozen
- Es waren etwa zwei Dutzend Leute da.
26

2817 eingreifen *verb* to intervene
- Das Jugendamt greift ein, wenn Kinder in Gefahr sind.
26

2818 Eis *das* ice, ice cream
- Zum Nachtisch nehmen wir noch ein Eis.
26

2819 Empfang *der* reception
- Sie bereiteten ihm einen festlichen Empfang.
26

2820 Empfänger *der* recipient
- Der Brief erreicht in ca. zwei Tagen seinen Empfänger.
26 -S

2821 entspannen *verb* to relax
- Im Urlaub wollen sich die meisten entspannen.
26

2822 Ernährung *die* food, diet
- Gesunde Ernährung enthält viel Obst und Gemüse.
26 -L

2823 evangelisch *adj* protestant
- Nach der Reformation wurde dieses Gebiet evangelisch.
26

2824 fliehen *verb* to flee, escape
- Die Menschen fliehen vor dem Bürgerkrieg ins Nachbarland.
26

2825 Franzose *der* Frenchman, French
- Franzosen trinken Rotwein und essen Baguette.
26

2826 friedlich *adj* peaceful
- Die Kinder liegen friedlich in ihren Bettchen.
26

2827 furchtbar *adj* terrible
- Das Erdbeben war eine furchtbare Katastrophe.
26 –A

2828 genetisch *adj* genetic
- Genetische Defekte können Krankheiten verursachen.
26 –S

2829 Gesichtspunkt *der* point of view
- Die Substanz muss nach medizinischen Gesichtspunkten eingesetzt werden.
26

2830 Großmutter *die* grandmother
- Rotkäppchen brachte ihrer Großmutter Kuchen und Wein.
26 –A, –N

2831 Herkunft *die* origin
- Die Herkunft des Namens ist nicht bekannt.
26

2832 Hochzeit *die* wedding
- Am Wochenende bin ich zu einer Hochzeit eingeladen.
26

2833 Hunger *der* hunger
- Hast du Hunger?
26

2834 jederzeit *adv* any time
- Du kannst mich jederzeit anrufen.
26

2835 Konjunktur *die* (state of the) economy
- Die Reformen sollen die Konjunktur beleben.
26 –L, –S

2836 Konkurrent *der* competitor
- Erfolgreiche Konkurrenten sollte man aufkaufen.
26 –S

2837 Last *die* load, burden
- Sie trägt die Last der Verantwortung.
26

2838 Lebensjahr *das* year (of one's life)
- Im ersten Lebensjahr entwickeln sich Kinder in einem rasanten Tempo.
26

2839 Medium *das* medium
- Das Internet ist ein relativ neues Medium.
26 –L

2840 methodisch *adj* methodical
- Das Lehrbuch ist methodisch durchdacht.
26 +A

2841 Mischung *die* mixture
- Dieser Früchtetee ist eine Mischung aus Apfel-, Orangen- und Birnenstücken.
26

2842 Muster *das* pattern, model
- Bei diesem Schlips gefällt mir das Muster nicht.
26 –S

2843 Nachfolger *der* successor
- Sein Nachfolger wird es nicht leicht haben.
26

2844 nachhaltig *adj* lasting, sustainable
- Die Reform hatte eine nachhaltige Wirkung.
26

2845 neugierig *adj* curious
- Affen sind neugierig.
26 –A, –N

2846 Note *die* note, grade
- Leider brachte er wieder schlechte Noten mit nach Hause.
26

2847 null *num* zero
- Beim Telefonieren muss man eine Null vorwählen.
26

2848 Onkel *der* uncle
- Katrin hat einen Onkel in Alabama.
26

2849 Potenzial *das* potential
- Verona hat ein großes Potenzial.
26 –L, –S

2850 Protest *der* protest
- Die Kürzungen riefen heftige Proteste hervor.
26

2851 putzen *verb* to clean
- Nächste Woche putze ich die Fenster.
26

2852 reinigen *verb* to clean
- Der Filter reinigt die Luft.
26

2853 Reiz *der* stimulus, appeal
- Der Reiz des Spiels liegt in seiner Unvorhersehbarkeit.
26

2854 restlich *adj* remaining
- Die restlichen Kosten trägt die Stadt.
26

2855 resultieren *verb* to result
- Die guten Ergebnisse resultieren aus akribischer Forschungsarbeit.
26 –L

2856 Rohstoff *der* raw material
- Holz ist ein nachwachsender Rohstoff.
26 –L

2857 Sachverhalt *der* facts
- Erich kann komplexe Sachverhalte schnell erfassen.
26 –L, –S

2858 Schuss *der* shot
- Der Schuss traf ihn an der Schulter.
26 –A

2859 sechzehn *num* sixteen
- Im Oberkiefer sind noch alle sechzehn Zähne.
26

2860 selbe (r, s) *pron* same
- Anja erledigt die Aufgaben noch am selben Tag.
26

2861 Sicherung *die* protection, fuse
- Die Sicherung ist durchgebrannt.
26 –S

2862 Sieger *der* winner
- Der Sieger erhält einen Pokal.
26

2863 sperren *verb* to cut off, block, close
- Die Straße ist gesperrt.
26

2864 Statistik *die* statistics
- Glaube nur der Statistik, die du selbst gefälscht hast.
26

2865 Strahlung *die* radiation
- Das Gebiet ist mit radioaktiver Strahlung verseucht.
26 –L, –S

2866 Taxi *das* taxi
- Können Sie mir bitte ein Taxi rufen?
26 –A, –N

2867 Turnier *das* tournament
- Das Turnier beginnt um drei.
26 –L

2868 Übernahme *die* takeover
- Die Firmenleitung kündigt die Übernahme durch die Konkurrenz an.
26 –L, –S

2869 umgeben *verb* to surround, enclose
- Das Schloss ist von einem kleinen Park umgeben.
26

2870 umstritten *adj* disputed
- Diese These ist sehr umstritten.
26 –L

2871 Verarbeitung *die* processing
- Durch die Verarbeitung zu Konserven gehen dem Gemüse Vitamine verloren.
26 –L, –S

2872 verdächtig *adj* suspicious
- Wenn die beiden sich treffen, ist das verdächtig.
26

2873 verdeutlichen *verb* to clarify, explain
- Das will ich mit einem Beispiel verdeutlichen.
26 –L

2874 Veröffentlichung *die* publication
- Der frisch gebackene Doktor kann schon auf zahlreiche Veröffentlichungen verweisen.
26 –L

2875 Verteilung *die* distribution
- Der Manager bemüht sich um eine gerechte Verteilung der Aufgaben.
26 –L, –S

2876 Wiedervereinigung *die* reunification
- Auch fünfzehn Jahre nach der Wiedervereinigung sind die Lebensumstände in beiden Teilen Deutschlands noch sehr unterschiedlich.
26

2877 wiegen *verb* to weigh
- Der Kürbis wiegt sieben Kilo.
26

2878 Witz *der* joke
- Jakobus erzählt gern Witze.
26

2879 wunderschön *adj* wonderful, lovely
- Da betrat eine wunderschöne Frau das Zimmer.
26

2880 Abschied *der* departure, parting
- Es war ein tränenreicher Abschied.
25 –A, –S

2881 anfallen *verb* to attack, accumulate
- In Nobelrestaurants fällt viel Müll an.
25

2882 anführen *verb* to lead, command, quote
- Schalke führt die Bundesliga an.
25

2883 ausbrechen *verb* to break out, erupt
- Der Vulkan ist wieder ausgebrochen.
25 –A

2884 aushalten *verb* to bear, endure
- Wie lange hältst du das noch aus?
25 –A

2885 beauftragen *verb* to give sb the task of doing sth, hire (a firm)
- Herr Töpfer ist mit der Organisation des Festes beauftragt.
25

2886 Benutzung *die* use
- Die Benutzung der Toilette ist kostenpflichtig.
25 –L, –S

2887 Berner *adj* Berne(se)
- Der Berner Bachchor führt das Weihnachtsoratorium auf.
25

2888 bestreiten *verb* to dispute
- Der Beschuldigte bestreitet die Vorwürfe.
25

2889 Beurteilung *die* judgement
- Der Schüler bekam eine gute Beurteilung.
25 –L

2890 Bewerber *der* applicant
- Auf eine freie Stelle kommen zwanzig Bewerber.
25 –L

2891 Christ *der* Christian
- In Taizé treffen sich Christen aller Konfessionen.
25

2892 Defizit *das* deficit
- Die Firma beendete das Haushaltsjahr mit einem Defizit von 200 000 Euro.
25 –L

2893 dringen *verb* to press, insist
- Ich werde darauf dringen, dass Sie mehr Geld bekommen.
25

2894 effektiv *adj* effective
- Isabel arbeitet am effektivsten unter Zeitdruck.
25

2895 eindringen *verb* to force one´s way in, penetrate
- Die Bankräuber sind unerkannt in den Tresorraum eingedrungen.
25

2896 einsam *adj* lonely, isolated
- Im Alter sind viele Menschen einsam.
25

2897 einschließen *verb* to lock up, surround, include
- Im Preis ist das Frühstück eingeschlossen.
25

2898 Einschränkung *die* restriction
- Die Nutzung des Internets ist hier nur unter Einschränkungen möglich.
25

2899 entfallen *verb* to slip (sb's mind), be dropped
- Der Name ist mir gerade entfallen.
25 –L, –S

2900 Ermittlung *die* investigation
- Die Ermittlungen sind noch nicht abgeschlossen.
25 –S

2901 Ertrag *der* yield
- Auf diesem Boden bringen Kartoffeln gute Erträge.
25 –L

2902 Flur *der* hall, corridor
- Der Lärm hallt durch die Flure.
25 –A, –N

2903 Format *das* format
- Welches Format soll das Papier haben?
25 –S

2904 gründlich *adj* thorough
- Gründliches Zähneputzen schützt vor Karies.
25

2905 Held *der* hero
- Die siegreichen Fußballer wurden wie Helden gefeiert.
25

2906 herein, rein *adv* in, into, Come in!
- Nur immer herein! Wir haben für alle Platz!
25

2907 Herstellung *die* production
- Die Herstellung von Lebensmitteln wird streng überwacht.
25 –L

2908 heuer *adv* this year
- Die Oma wird heuer schon 95.
25 –L

2909 jahrelang *adj* (lasting) for years
- In der Wüste wartet man oft jahrelang auf Regen.
25

2910 japanisch
1 *adj* Japanese
- Origami ist eine japanische Faltkunst.
2 Japanisch *das* Japanese
- Antina spricht ein wenig Japanisch.
25

2911 jemals *adv* ever
- Warst du jemals im Ausland?
25

2912 Kaiser *der* emperor
- Kaiser Augustus ordnete eine Volkszählung an.
25

2913 Kammer *die* (small) room
- Die Würste hängen in der Kammer.
25 –S

2914 Kette *die* chain
- Sie trägt eine goldene Kette um den Hals.
25

2915 kleben *verb* to stick
- Sie klebte das Poster an die Wand.
25 –A

2916 Kleidung *die* clothes
- Schwarze Kleidung ist ein Ausdruck für Trauer.
25

2917 Kneipe *die* pub, bar
- Nach der Arbeit treffen wir uns in der Kneipe zum Bier.
25 –A

2918 konstant *adj* constant
- Der Temperaturregler hält die Temperatur konstant auf zwanzig Grad.
25 –L

2919 Kritiker *der* critic
- Die Kritiker haben das Stück sehr gelobt.
25 –S

2920 Küste *die* coast
- Die Küste ist über 200 km mit Öl verseucht.
25

2921 langweilig *adj* boring
- Mir ist langweilig.
25

2922 liberal *adj* liberal
- Diese Ansichten sind mir zu liberal.
25 –A, –L

2923 logisch *adj* logical
- Das ist doch logisch.
25

2924 Messer *das* knife
- Das Messer liegt rechts neben dem Teller.
25 –A

2925 Messung *die* measuring, measurement
- Nach der Messung schaltet sich die Waage automatisch ab.
25 –L, –S

2926 mitunter *adv* from time to time
- In deutschen Großstädten kann man mitunter auch amerikanische Luxus-limousinen entdecken.
25

2927 Moslem *der* Muslim
- Gläubige Moslems fasten im Ramadan.
25 –A, –S

2928 Motto *das* motto
- Der Wettbewerb stand unter dem Motto „Schöner unsere Städte und Dörfer".
25 –L

2929 nebenbei *adv* on the side, in addition
- Nebenbei gesagt, Messer sind oft scharf.
25

2930 nervös *adj* nervous
- Er trommelte nervös mit den Fingern auf dem Lenkrad.
25 –A

2931 notieren *verb* to note
- Moment, das möchte ich mir notieren.
25

2932 Nutzer *der* user
- Alle Nutzer müssen eine Jahresgebühr von 30 Euro zahlen.
25 –S

2933 optisch *adj* optical
- In Jena werden optische Geräte hergestellt.
25 –S

2934 organisch *adj* organic
- Man unterscheidet organische und anorganische Verbindungen.
25 –L

2935 Passagier *der* passenger
- Zahlreiche Passagiere befanden sich auf dem Oberdeck.
25

2936 peinlich *adj* embarrassing
- Das ist mir aber peinlich.
25

2937 Premiere *die* opening night
- Zur Premiere kamen nur geladene Gäste.
25

2938 Probe *die* sample, test, rehearsal
- Die Probe für das Theaterstück beginnt um acht.
25

2939 Quadratmeter *der* square metre
- Das Grundstück ist 200 Quadratmeter groß.
25 –A, –L

2940 reizen *verb* to annoy, provoke, tempt
- An dieser Arbeit reizt mich die Aussicht auf Dienstreisen.
25

2941 Saal *der* hall
- Der Saal fasst 400 Personen.
25

2942 schief *adj* crooked, not straight
- Hast du den schiefen Turm von Pisa schon mal in echt gesehen?
25

2943 Schwäche *die* weakness
- Katja hat eine Schwäche für Schokolade.
25

2944 Sektor *der* sector
- Der öffentliche Sektor leidet unter zu geringen Investitionen.
25

2945 spontan *adj* spontaneous
- Das können wir heute Abend spontan entscheiden.
25

2946 Sprung *der* jump
- Das Lied schaffte den Sprung in die Top Ten.
25

2947 Symptom *das* symptom
- Wenn die Ursachen nicht bekannt sind, werden nur die Symptome behandelt.
25 –L, –S

2948 Tennis *das* tennis
- Mittwochs geht Steffi zum Tennis.
25 –A, –L

2949 Top
1 das top
- Anke trägt gern eng anliegende Tops.
2 **top** *adj* top
- Herr Eberhard ist immer top gekleidet.
25 –L

2950 Tuch *das* cloth
- Ein Sari ist ein langes Tuch, das kunstvoll um den Körper gewickelt wird.
25 +L

2951 übergeben *verb* to hand over, transfer
- Morgen übergeben wir Ihnen die Papiere.
25

2952 Überraschung *die* surprise
- Das war eine gelungene Überraschung.
25

2953 Übersetzung *die* translation
- Das ist aber eine schlechte Übersetzung.
25

2954 unzählig *adj* countless
- Nach unzähligen Versuchen erreichte er Miriam am Telefon.
25 –S

2955 Verbreitung *die* spread
- Der Begriff hat inzwischen eine weite Verbreitung gefunden.
25 –L, –S

2956 verlegen *verb* to misplace, postpone
- Silvie hatte schon wieder ihre Schlüssel verlegt.
25

2957 verringern *verb* to reduce
- Bei Nebel muss man das Tempo verringern.
25 –L, –S

2958 verschaffen *verb* to provide
- Thomas verschafft dem Freund eine Wohnung und einen Job.
25

2959 vertreiben *verb* to drive out, to sell
- Der Händler vertreibt elektrische Geräte.
25

2960 Virus *das* virus
- Grippe wird durch Viren verursacht.
25 –L

2961 Vorhaben *das* plan, project
- Sie sprechen über ihre Vorhaben.
25

2962 Vorlage *die* draft, model
- Die Bücher werden gegen Vorlage des Benutzerausweises ausgegeben.
25 −L

2963 Wärme *die* warmth, heat
- Die Wärme entweicht durch schlecht isolierte Fenster.
25

2964 werben *verb* to advertise
- Das Reisebüro wirbt für Kurzreisen nach Spanien.
25

2965 Werbung *die* advertising
- Wieder mal nur Werbung im Briefkasten.
25

2966 wertvoll *adj* valuable
- Der Schmuck ist sehr wertvoll.
25

2967 Wiese *die* meadow
- Da stehen drei Kühe auf der Wiese.
25 −A

2968 wütend *adj* furious
- Rumpelstilzchen stampfte wütend mit dem Fuß.
25 −A

2969 Zelt *das* tent
- Pfadfinder schlafen in Zelten.
25

2970 zumeist *adv* for the most part
- Bei den Tätern handelt es sich zumeist um Männer.
25 −S

2971 zurücktreten *verb* to step back, resign
- Die Regierung tritt geschlossen zurück.
25

2972 abhalten *verb* to keep from
- Sie können mich nicht davon abhalten, hier zu parken.
24

2973 abstellen *verb* to turn off, shut down, park
- Ihr Auto können Sie auf dem Hotelparkplatz abstellen.
24

2974 Anhänger *der* supporter, trailer
- Im Baumarkt kann man auch Anhänger ausleihen.
24

2975 Anzeige *die* display, advertisement
- Wenn man der Anzeige glaubt, ist der Tank leer.
24

2976 Aufklärung *die* enlightenment, solution
- Die Aufklärung des Mordfalls dauerte mehrere Jahre.
24

2977 Auflösung *die* dissolving, breaking up
- Die Polizei fordert die Auflösung der Demonstration.
24

2978 ausfüllen *verb* to fill out
- An der Rezeption muss man ein Formular ausfüllen.
24

2979 bedanken (sich) *verb* to thank
- Hast du dich schon bedankt?
24 −A, −N

2980 befestigen *verb* to fix, fasten
- Der Luftballon ist an einer Schnur befestigt.
24 −S

2981 beibringen *verb* to teach
- Die Katzenmutter bringt ihren Kätzchen das Jagen bei.
24 −A

2982 bescheiden *adj* modest
- Die Wünsche sind ganz bescheiden.
24

2983 beschleunigen *verb* to accelerate
- Viel Sonne beschleunigt das Wachstum der Pflanzen.
24 −S

2984 besorgen *verb* to get, take care
- Peter besorgt Steaks und Susanne die Kohle für den Grill.
24 −N

2985 Bestellung *die* order, reservation
- Können wir die Bestellung aufgeben?
24

2986 biegen *verb* to bend, turn
- Das Auto biegt um die Ecke.
24

2987 Bube *der* boy
- Hubertus ist gerade Vater eines Buben geworden.
24 −A, −N

2988 Bündnis *das* alliance
- Ein Bündnis mit dieser Partei ist ausgeschlossen.
24

2989 Burg *die* castle
- Der Weg zur Burg ist sehr steil.
24 −A

2990 dastehen *verb* to stand there
- Der Verein steht mit seinem Olympiasieger gut da.
24

2991 dauerhaft *adj* lasting
- Bei Frost darf die Heizung nicht dauerhaft abgestellt werden.
24 −L, −S

2992 deutschsprachig *adj* German-speaking
- Die Orthographiereform betrifft den ganzen deutschsprachigen Raum.
24

2993 Dialekt *der* dialect
- Zuhause spricht Bert Dialekt, auf Arbeit nicht.
24

2994 Durchführung *die* carrying out
- Die Durchführung der Wahlen verlief problemlos.
24 −L

2995 Einigung *die* agreement
- Die Streitenden kamen zu keiner Einigung.
24 −L

2996 Einsicht *die* view, insight
- Wirst du Einsicht in deine Stasi-Akten nehmen?
24 −S

2997 erregen *verb* to arouse, annoy
- Etwas hatte seine Aufmerksamkeit erregt.
24 −S

2998 erwischen *verb* to catch
- Jetzt hab ich dich erwischt.
24

2999 extra *adv* separately, extra
- Die Jacke ist extra dick gefüttert.
24

3000 flexibel *adj* flexible
- Wir haben flexible Arbeitszeiten.
24 −L

3001 fort *adv* away, gone
- Weit fort von hier wohnt Schneewittchen bei den sieben Zwergen hinter den sieben Bergen.
24

3002 Gedächtnis *das* memory
- Stephan hat ein gutes Gedächtnis.
24

3003 Gefängnis *das* prison
- Dafür kann man ins Gefängnis kommen.
24 −A

3004 Geste *die* gesture
- Die Einladung zum Mittagessen war eine nette Geste.
24 −L, −N

3005 Gleichung *die* equation
- Die Gleichung geht nicht auf.
24 +A

3006 haften *verb* to be responsible, to stick
- Eltern haften für ihre Kinder.
24 −S

3007 herrlich *adj* marvellous
- Abends sahen wir einen herrlichen Sonnenuntergang über dem Meer.
24 −A

3008 Herrschaft *die* power, reign
- Unter der Herrschaft Herzog Ernsts wurde das Schloss gebaut.
24 −S

3009 hocken *verb* to squat, crouch
- Die Kinder hocken ums Lagerfeuer.
24 −S

3010 Infrastruktur *die* infrastructure
- Die Region ist wegen ihrer guten Infrastruktur attraktiv für Investoren.
24 −L

3011 Katalog *der* catalogue
- Die Hose hab ich im Katalog bestellt.
24

3012 kirchlich *adj* ecclesiastical
- Der Ostermontag ist ein kirchlicher Feiertag.
24

3013 klug *adj* clever
- Das war eine kluge Entscheidung.
24 −A

3014 Meldung *die* report
- Es gab widersprüchliche Meldungen aus dem Krisengebiet.
24

3015 Mission *die* mission
- In welcher Mission ist der Außenminister in Asien unterwegs?
24

3016 Mitteilung *die* communication, announcement
- Die Mitteilung kommt mit der Post.
24

3017 nachfolgen *verb* to follow, succeed
- Wer wird Gerhard Schröder im Amt des Bundeskanzlers nachfolgen?
24

nachfolgend *adj* following
- Im nachfolgenden Kapitel wird das Experiment erklärt.
22

3018 nachgehen *verb* to follow, pursue, be slow
- Die Rathausuhr geht schon wieder zehn Minuten nach.
24

3019 Nahrung *die* nourishment, food
- Während des Krieges war die Nahrung streng rationiert.
24

3020 Nebel *der* fog
- Dichter Nebel behindert den Verkehr.
24

3021 Offizier *der* officer
- Abends treffen sich die Offiziere im Kasino.
24 −A

3022 Oma *die* grandma
- Die Ferien verbringen die Kinder bei ihrer Oma.
24 −A

3023 Philosophie *die* philosophy
- Christine studiert Mathematik, besucht aber auch Kurse in Philosophie.
24

3024 Realisierung *die* implementation
- Zur Realisierung des Projekts fehlen noch 800 Euro.
24 −L, −S

3025 Schein *der* light, appearance, certificate
- Der Arzt stellt einen Schein aus.
24

3026 schleppen *verb* to tow, carry
- Die Mutter schleppt die schweren Einkaufstaschen nach Hause.
24

3027 Schnitt *der* cut
- Der Verkäufer trennt dem Fisch mit einem Schnitt den Kopf ab.
24

3028 Schnittstelle *die* interface
- Hat der Laptop eine USB-Schnittstelle?
24 +A

3029 Schulden *die (pl)* debt
• Um das neue Auto kaufen zu können, musste er Schulden machen.
24

3030 Sehnsucht *die* longing
• Julia hat Sehnsucht nach Romeo.
24

3031 Skandal *der* scandal
• Die Scheidung war ein Skandal.
24 –A

3032 Stadion *das* stadium
• Das Stadion hat 40 000 Plätze.
24 –A

3033 stoppen *verb* to stop
• Auch Stützungskäufe können den Verfall der Aktie nicht stoppen.
24

3034 süß *adj* sweet
• Das ist ein süßes kleines Mädchen.
24 –A, –N

3035 Tipp *der* tip, hint
• Ich gebe dir einen Tipp.
24

3036 übereinstimmen *verb* to accord, correspond, agree
• Das Wetter stimmt mit der Vorhersage nicht überein.
24

3037 unangenehm *adj* unpleasant
• Hier ist es unangenehm kalt.
24

3038 unterbringen *verb* to put (up), accommodate
• Wo können wir nur die vielen Gäste unterbringen?
24

3039 verfügbar *adj* available
• Es sind keine Gelder mehr verfügbar.
24 –L

3040 vergrößern *verb* to extend, enlarge
• Viele Mädchen wollen sich die Brust vergrößern lassen.
24

3041 verkünden *verb* to announce
• Das Wahlbüro verkündet den Wahlsieger.
24

3042 vernichten *verb* to destroy
• Wir müssen die Akten schnellstmöglich vernichten.
24

3043 verwirren *verb* to confuse
• Zu viele Fakten verwirren die Zuhörer.
24 –A, –N

3044 vorläufig *adj* temporary
• Das ist nur eine vorläufige Lösung.
24 –S

3045 wiedersehen *verb* to see again
• Ich hoffe, dass wir uns irgendwann mal wiedersehen.
24 –A

Wiedersehen *das* reunion
• Wir freuen uns auf ein baldiges Wiedersehen.
16

3046 Wunde *die* wound
• Die Mutter klebt ihrem Sohn ein Pflaster auf die Wunde.
24 –S

3047 Wurzel *die* root
• Kiefern haben tiefe Wurzeln, Fichten dagegen flache.
24

3048 Zeuge *der* witness
• Martin wurde Zeuge des Unfalls.
24

3049 Zeugnis *das* report, testimonial
• Am letzten Schultag gibt es Zeugnisse.
24

3050 zugunsten *prep* in favour of
• Im Zweifelsfall wird zugunsten des Angeklagten entschieden.
24 –S

3051 abbilden *verb* to copy, portray
• Die Pflanzen sind naturgetreu abgebildet.
23

3052 abdecken *verb* to cover
• Nicht alle Schäden werden von der Versicherung abgedeckt.
23

3053 ablösen *verb* to take off, come off, peel off
• Nach dem Sonnenbrand löst sich die Haut ab.
23

3054 abspielen
1 verb to play
• Die Polizei spielt das Tonband vor dem Zeugen ab.
2 abspielen (sich) to happen
• Was spielt sich denn hier ab?
23

3055 abweichen *verb* to deviate, differ
• Du darfst nicht vom Weg abweichen, sonst verirrst du dich.
23

3056 abzeichnen *verb* to stand out, become apparent, draw
• Im Sudan zeichnet sich erneut eine Hungerkatastrophe ab.
23

3057 achtzehn *num* eighteen
• In achtzehn Tagen verreise ich.
23

3058 Anblick *der* sight
• Dieses Gemälde bietet einen schönen Anblick.
23

3059 angewiesen *adj* dependent
• Viele Studenten sind auf finanzielle Unterstützung durch die Eltern angewiesen.
23

3060 Anliegen *das* request
• Wenn Sie gestatten, hätte ich noch ein kleines Anliegen.
23

3061 Anpassung *die* adaptation
- Die Anpassung der Wünsche an die Realität fällt nicht immer leicht.
23 –L, –S

3062 Anstieg *der* rise, increase
- Ein Anstieg der Steuern ist unvermeidlich.
23 –L, –S

3063 anstrengend *adj* exhausting
- Früher war Wäschewaschen sehr anstrengend.
23

3064 Arbeitsamt *das* employment office
- Am Dienstag habe ich wieder vier Stunden auf dem Arbeitsamt zugebracht.
23 –L

3065 basieren *verb* to be based on
- Diese Erkenntnis basiert auf empirischen Beobachtungen.
23

3066 Befehl *der* order
- Auch einem Befehl kann man widersprechen.
23

3067 behindert *adj* handicapped
- Nach dem Unfall war er schwer geistig behindert.
23

3068 Bereitschaft *die* willingness
- Die Institute zeigen Bereitschaft zur Kooperation.
23 –L

3069 Beschwerde *die* complaint
- Ihrer Beschwerde werde ich nachgehen.
23

3070 Bogen *der* bow, arc, sheet
- Robin Hood schießt mit Pfeil und Bogen.
23

3071 Bundesliga *die* (sport) national division
- Der Fußballverein stieg in die Bundesliga auf.
23 –A, –L

3072 Celsius *no art* Celsius
- Wasser kocht bei hundert Grad Celsius.
23 –L

3073 demnächst *adv* shortly
- Der neue Roman erscheint demnächst auch in deutscher Übersetzung.
23

3074 divers *adj* diverse, various
- Das Problem wird divers diskutiert.
23

3075 Droge *die* drug
- Es gibt Beratungsstellen für Menschen, die Probleme mit Drogen haben.
23

3076 Ehre *die* honour
- Es ist eine große Ehre, mit dem Nobelpreis ausgezeichnet zu werden.
23

3077 Eigentum *das* property
- Das ist mein Eigentum.
23 –L

3078 einmalig *adj* unique, fantastic
- Das ist eine einmalige Chance.
23

3079 Einzelfall *der* individual case
- Es handelt sich hier um einen Einzelfall.
23 –S

3080 elegant *adj* elegant
- Der elegante Herr im Smoking heißt Charles.
23

3081 entgegenkommen *verb* to (come to) meet, accommodate
- Sie kommt ihm auf der Straße entgegen.
23

3082 entwerfen *verb* to design
- Stella hat ihre erste Kollektion entworfen.
23

3083 Epoche *die* epoch
- Mit Goethes Tod endet die Epoche der Weimarer Klassik.
23 –S

3084 Erreger *der* agent, virus, germ
- Der Erreger der Vogelgrippe ist jetzt bekannt.
23 –L, –S

3085 Feststellung *die* observation, remark
- Erlauben Sie mir die Feststellung, dass dies nicht zum ersten Mal passiert ist.
23 –S

3086 formal *adj* formal
- Der Antrag ist formal in Ordnung, wird aus inhaltlichen Gründen aber abgelehnt.
23 –L, –S

3087 Formulierung *die* formulation
- Die Formulierung ist noch etwas steif.
23 –S

3088 Gelände *das* ground, site
- In dem waldreichen Gelände konnte man selten weit sehen.
23

3089 Geliebte *der, die* lover
- Gewöhnlich versteckt man seinen Geliebten im Kleiderschrank.
23

3090 Geschwister *die (pl)* siblings
- Ingrid hat vier Geschwister.
23 –N

3091 Gramm *das* gram
- Für meine Eierkuchen brauche ich 200 Gramm Mehl.
23

3092 gültig *adj* valid
- Der Fahrschein ist eine Stunde lang gültig.
23 –S

3093 heutzutage *adv* nowadays
- Heutzutage ist das alles ganz anders.
23

3094 hinfahren *verb* to go there, drive there
- Wo fahren wir dieses Jahr hin?
23 –A, –N

3095 infolge *prep* as a result of
- Heute entstehen Wüsten infolge von Bodenerosion.
23 –S

3096 Inszenierung *die* production, staging
- Die Inszenierung an der Leipziger Oper hat mir am besten gefallen.
23

3097 isolieren *verb* isolate, insulate
- Das Haus ist gut isoliert.
23

3098 Kapitän *der* captain
- Nicht nur Schiffe, auch Fußballmannschaften haben einen Kapitän.
23 –A, –S

3099 Kiste *die* box, crate
- Nach dem Umzug stand die neue Wohnung voller Kisten.
23

3100 klinisch *adj* clinical
- Das Medikament wurde klinisch getestet.
23 –L, –S

3101 Knochen *der* bone
- Der Hund bekommt die Knochen vom Braten.
23

3102 Kontext *der* context
- Es ist wichtig, Vokabeln im Kontext zu lernen.
23 –L

3103 kreativ *adj* creative
- Für komplizierte Probleme braucht man kreative Lösungen.
23 –L

3104 Kunstwerk *das* work of art
- Das ist kein Schrott, sondern ein modernes Kunstwerk.
23

3105 Lebewesen *das* living being
- Menschen zählen wir zu den hoch entwickelten Lebewesen.
23 –N, –S

3106 LKW, Lastkraftwagen *der* truck
- Ich habe so viele Sachen, dass ich zum Umzug einen LKW brauche.
23

3107 Lohn *der* wage, pay, reward
- Der Lohn wird am Zehnten des Folgemonats gezahlt.
23

3108 Magen *der* stomach
- Mein Magen tut weh.
23

3109 meinetwegen *adv* for me, as far as I'm concerned
- Meinetwegen brauchst du dir keine Sorgen machen.
23 –A, –N

3110 Mode *die* fashion
- Digitale Armbanduhren sind aus der Mode gekommen.
23

3111 Mörder *der* murderer
- Mörder können durch DNA-Analysen schnell gefunden werden.
23 –A, –S

3112 nunmehr *adv* now
- Es ist nunmehr an der Zeit, Abschied zu nehmen.
23 –S

3113 nützlich *adj* useful
- Das Buch enthält viele nützliche Tipps.
23

3114 Öffnung *die* opening, hole
- Wir müssen die Öffnung des Safes veranlassen.
23

3115 organisatorisch *adj* organizational
- Die organisatorische Leitung des Festivals übernimmt Herr Müller.
23 –L

3116 palästinensisch *adj* Palestinian
- Die palästinensische Regierung steht vor Problemen.
23 +N

3117 Partie *die* game
- Spielen wir noch eine Partie Schach?
23 –A, –S

3118 Rathaus *das* town hall
- Der Stadtrat debattiert mittwochs im Rathaus.
23 –A

3119 Reflexion *die* reflection
- Eine genaue Reflexion des Problems ist dringend nötig.
23 +A

3120 Rente *die* pension
- Von der staatlichen Rente kann man kaum leben.
23 –L

3121 ruhen *verb* to rest
- Am ersten Mai ruht die Arbeit.
23

3122 schuldig *adj* guilty
- Der Angeklagte bekannte sich schuldig.
23 –A

3123 schwingen *verb* to swing
- Heute schwingt der Opa den Kochlöffel.
23

3124 sexuell *adj* sexual
- In welchem Alter machen Jugendliche ihre ersten sexuellen Erfahrungen?
23

3125 Show *die* show
- Hast du gestern die Show im Fernsehen gesehen?
23

3126 stetig *adj* constant
- Der Wind wehte stetig aus Süden.
23 –S

3127 Stiftung *die* foundation, institute, donation
- Stiftungen unterstützen gemeinnützige Projekte mit Geld.
23 –S

3128 super *adj* super
- Diese Idee finde ich super.
23 –A

3129 tauchen *verb* to dive, dip
- Im Urlaub taucht Thomas immer.
23

3130 Teller *der* plate
- Helge lädt sich drei Stück Kuchen auf seinen Teller.
23 –A

3131 übersehen *verb* to overlook
- Der Lehrer übersieht keinen Fehler.
23

3132 unklar *adj* unclear
- Mir ist unklar, wie das passieren konnte.
23 –S

3133 untereinander *adv* among (our-)selves, each other
- Die Geschwister verstehen sich gut untereinander.
23

3134 Unterscheidung *die* differentiation, distinction
- Ich finde es wichtig, diese Unterscheidung zu machen.
23 –S

3135 veranstalten *verb* to organize
- Die Universität veranstaltet einen Tag der offenen Tür.
23

3136 verbrennen *verb* to burn
- Holz verbrennt zu Asche.
23

3137 vergeblich *adj* futile
- Alle Versuche, einen Käufer für das Haus zu finden, waren vergeblich.
23 –S

3138 verhandeln *verb* to negotiate
- Über den Preis können wir noch verhandeln.
23

3139 verknüpfen *verb* to tie
- Die Projekte sind miteinander verknüpft.
23 –S

3140 versagen *verb* to fail
- In der Prüfung hat er völlig versagt.
23

3141 Version *die* version
- Die neue Version des Computerprogramms ist leistungsstärker als die alte.
23 –S

3142 verwirklichen *verb* to put into practice, carry out
- Träume sollte man verwirklichen.
23 –L

3143 verzeichnen *verb* to list, record
- Wo sind die Namen der Kursteilnehmer verzeichnet?
23

3144 Wähler *der* voter
- Die Wähler warten auf die Umsetzung der Wahlversprechen.
23 –L

3145 Wechselwirkung *die* interaction
- Wechselwirkungen mit anderen Medikamenten sind nicht bekannt.
23 +A

3146 Zettel *der* piece of paper, note
- Der ganze Schreibtisch liegt voller Zettel.
23

3147 Zins *der* interest
- Bei dieser Investition kann man vier Prozent Zinsen erwarten.
23 –L

3148 Zone *die* zone
- In dieser Zone des Bahnhofs herrscht Rauchverbot.
23

3149 Abbau *der* reduction, decline, mining
- Wir bedauern den Abbau von Arbeitsplätzen sehr.
22 –L

3150 Agentur *die* agency
- Die Agentur wird von verschiedenen Personen geführt.
22 –L, –S

3151 Akademie *die* academy
- Die Jury der Akademie hat sich für einen Kandidaten entschieden.
22

3152 Anfrage *die* inquiry, request
- Wir senden Ihnen auf Anfrage gern eine Broschüre zu.
22 –L

3153 anklagen *verb* to accuse
- Er wird wegen Diebstahls angeklagt.
22

3154 anwesend *adj* present
- Alle Gäste sind anwesend.
22

3155 Aufführung *die* performance
- Die Schüler planen eine Aufführung von Schillers "Don Carlos".
22

3156 aufklären *verb* to clear up, inform
- Das Problem wird sich aufklären.
22

3157 Auflage *die* edition, condition, plating
- Die Grammatik erscheint dieses Jahr in der dritten Auflage.
22

3158 auftragen *verb* to apply, serve, instruct
- Sie trägt die Creme auf ihre Haut auf.
22

3159 aufwachen *verb* to wake up
- Wach auf, du musst zur Arbeit!
22

3160 Ausbau *der* extension, consolidation
- Der Ausbau des Hauses erfolgt nur langsam.
22 –L, –S

3161 auskommen *verb* to get by, get on, manage
- Sie kommen gut miteinander aus.
22

3162 ausschalten *verb* to turn off
- Ich schalte jetzt den Fernseher aus.
22

3163 ausscheiden *verb* to leave, retire, be eliminated
- Die deutsche Mannschaft ist schon im Achtelfinale ausgeschieden.
22

3164 backen *verb* to bake
- Ich backe einen Kuchen.
22 –A, –N

3165 Bär *der* bear
- In den Pyrenäen gibt es Bären.
22 –A

3166 bedauern *verb* to regret, feel sorry
- Wir bedauern den Vorfall sehr.
22

3167 Bedenken *das* concern, doubt
- Hast du keine Bedenken, nach Kolumbien zu fahren?
22

3168 befriedigen *verb* to satisfy
- Du bist schwer zu befriedigen.
22

3169 bekämpfen *verb* to fight, combat
- Im Hundertjährigen Krieg bekämpften sich Engländer und Franzosen.
22

3170 beschädigen *verb* to damage
- Unser Haus wurde durch den Sturm beschädigt.
22

3171 betrieblich *adj* operational
- Wir haben mit betrieblichen Schwierigkeiten zu kämpfen.
22 –L, –S

3172 Buchstabe *der* letter
- Wie viele Buchstaben hat das deutsche Alphabet?
22

3173 bürgerlich *adj* civil, civic
- Er ging seinen bürgerlichen Pflichten nach.
22

3174 Dokument *das* document
- Ein Zeugnis ist ein wichtiges Dokument.
22

3175 einheimisch *adj* native
- Die einheimischen Stämme wurden vertrieben.
22

3176 einschätzen *verb* to judge, assess
- Ich habe Julia falsch eingeschätzt.
22

3177 Einzelheit *die* detail
- Die Einzelheiten klären wir in einem persönlichen Gespräch.
22

3178 empfindlich *adj* sensitive
- Dieses Duschgel ist speziell für empfindliche Haut.
22

3179 Erfüllung *die* fulfilment
- Ich hoffe, dein Wunsch geht in Erfüllung.
22

3180 erschließen *verb* to develop, tap
- Neue Rohstoffquellen müssen erschlossen werden.
22 –L, –S

3181 erziehen *verb* to bring up, educate
- Muriel erzieht ihren Sohn ganz allein.
22

3182 extern *adj* external
- In seinem Job hat er viele externe Verpflichtungen.
22 –L, –S

3183 Finanzminister *der* finance minister
- Der derzeitige deutsche Finanzminister heißt Hans Eichel.
22 –L, –S

3184 formen *verb* to form
- Aus dem Teig formen Sie ein kleines rundes Brot.
22 –S

3185 fröhlich *adj* cheerful
- Brigitte ist ein fröhliches Mädchen.
22

3186 Führer *der* leader, guide
- Ein Führer begleitete unseren Stadtrundgang und erklärte uns viel.
22

3187 Fusion *die* fusion, merger
- Die Fusion der beiden Unternehmen ist für nächstes Jahr geplant.
22 –L, –S

3188 Geruch *der* smell
- Der Geruch ist unerträglich.
22 –S

3189 Gleichgewicht *das* balance
- Das gesamtwirtschaftliche Gleichgewicht ist gestört.
22 –S

3190 großzügig *adj* generous
- Der Vorstand hat dem Bewerber ein großzügiges Angebot gemacht.
22

3191 heimisch *adj* indigenous, native, at home
- Theo fühlt sich inzwischen hier heimisch.
22 –S

3192 Investor *der* investor
- Wir müssen einen Investor für unser Projekt finden.
22 –L, –S

3193 jagen *verb* to hunt
- Die Jäger jagen im Wald Hirsche und Bären.
22

3194 Kerl *der* fellow, bloke
- Christoph ist ein komischer Kerl.
22 –A

3195 Kollegin *die* colleague
- Wir haben eine tschechische Kollegin im Betrieb.
22

3196 kombinieren *verb* to combine
- Karriere und Familie sollte man gut kombinieren können.
22 –L

3197 Komponist *der* composer
- Johann Sebastian Bach war Komponist.
22

3198 konventionell *adj* conventional
- Wir bevorzugen konventionelle Methoden und Verfahren.
22 –L

3199 kriechen *verb* to crawl
- Das Baby kriecht unter den Tisch.
22 +L

3200 Kurve *die* curve
- Das Auto kam in der Kurve ins Schleudern.
22

3201 Labor *das* laboratory
- Im Labor führt man chemische Experimente durch.
22 –L

3202 Landkreis *der* district
- Der Gesuchte wurde im Landkreis Regensburg gefasst.
22 –L, –S

3203 lenken *verb* to steer, guide
- Der Prüfling versuchte, das Gespräch auf ein anderes Thema zu lenken.
22

3204 letztendlich *adv* ultimately
- Letztendlich hat es doch geklappt.
22

3205 linear *adj* linear
- Was sind lineare Funktionen?
22 +A

3206 Märchen *das* fairy tale
- Kinder lieben Märchen.
22

3207 Mittelalter *das* Middle Ages
- Im Mittelalter starben viele Menschen an Seuchen.
22

3208 Möbel *das* (piece of) furniture
- Wir kaufen uns neue Möbel.
22

3209 Moderne *die* modern age
- Das Weltbild änderte sich in der Moderne grundlegend.
22 –L

3210 motivieren *verb* to motivate
- Schüler muss man zum Lernen motivieren.
22 –L

3211 mühsam *adj* strenuous, laborious
- Es ist sehr mühsam, eine fremde Sprache zu lernen.
22

3212 Nerv *der* nerve
- Meine Nerven sind sehr angespannt.
22

3213 nördlich *adj* northern
- Im nördlichen Teil des Landes ist es sehr gebirgig.
22

3214 Ofen *der* oven, stove
- In ihrer Wohnung wird noch mit einem Ofen geheizt.
22 –A

3215 Pflege *die* care
- Diese Pflanze braucht viel Licht und Pflege.
22

3216 Plattform *die* platform
- Es wurde eine Plattform zum Informationsaustausch im Internet eingerichtet.
22 –S

3217 Posten *der* post, position
- Er ist die richtige Person für diesen Posten.
22

3218 professionell *adj* professional
- Wir suchen professionelle Unterstützung für unser Projekt.
22

3219 Profi *der* pro, professional
- Der Einbrecher muss ein Profi gewesen sein.
22

3220 psychologisch *adj* psychological
- Wir suchen Testpersonen für ein psychologisches Experiment.
22

3221 qualitativ *adj* qualitative
- Das ist ein qualitativ hochwertiges Produkt.
22 –L

3222 Regime *das* regime
- Die Bevölkerung Chiles litt unter dem diktatorischen Regime.
22

3223 reichlich *adj* plenty, generous
- Es gab reichlich zu essen und zu trinken.
22

3224 reiten *verb* to ride
- Wir reiten durch den Wald.
22 –A, –N

3225 Rock *der* skirt, rock music
- Schotten tragen Röcke.
22 –A

3226 Rücktritt *der* resignation
- Der Direktor hat seinen baldigen Rücktritt angekündigt.
22 –L, –S

3227 Schrank *der* cabinet, wardrobe
- Familie Laue hat sich einen neuen Schrank gekauft.
22 –A

3228 schwanger *adj* pregnant
- Sie ist im vierten Monat schwanger.
22

3229 Sekretärin *die* secretary
- Sie bewirbt sich um eine Stelle als Sekretärin.
22 –N

3230 Solidarität *die* solidarity
- Viele Menschen drückten durch Spenden ihre Solidarität mit den Opfern aus.
22 – L

3231 sozialistisch *adj* socialist
- Dieses Land war lange Zeit sozialistisch.
22

3232 spazieren *verb* to (go for a) walk
- Jeden Sonntag gehen wir spazieren.
22 – N

3233 Sportler *der* athlete
- Wer ist der beliebteste Sportler der Deutschen?
22 – L

3234 Stabilität *die* stability
- Außenpolitische Stabilität ist sehr wichtig.
22 – L

3235 Status *der* status
- Lehrer haben in Frankreich einen hohen Status.
22

3236 Staub *der* dust
- Stephan hat eine Allergie gegen Staub.
22 – S

3237 strukturell *adj* structural
- Unsere Schwierigkeiten lassen sich durch strukturelle Probleme erklären.
22 – L

3238 stumm *adj* dumb, silent
- Sie ist von Geburt an stumm.
22 +L

3239 Tanz *der* dance
- Wir haben einen klassischen Tanz gelernt.
22

3240 Topf *der* pot
- Nimm einen größeren Topf!
22

3241 Überblick *der* view, overview
- Zu Beginn des Seminars wird ein Überblick über die einzelnen Veranstaltungen gegeben.
22 – L

3242 umbringen *verb* to kill
- Sag mir die Wahrheit, ich werde dich schon nicht umbringen.
22 – A

3243 Unsicherheit *die* uncertainty
- Bei vielen Jugendlichen herrscht Unsicherheit hinsichtlich ihrer Berufswahl.
22

3244 untergehen *verb* to go down
- Die Sonne geht unter.
22

3245 verdanken *verb* to owe, have sb to thank for sth
- Brit verdankt ihren Eltern sehr viel.
22

3246 vermehrt *adj* increased
- Wir stellen uns vermehrt die Frage, ob unsere Vorgehensweise die richtige ist.
22

3247 versammeln *verb* to assemble, gather
- Auf dem Platz sind viele Menschen versammelt.
22

3248 verzweifeln *verb* to despair
- Langsam begann Kerstin zu verzweifeln.
22

3249 Vorhang *der* curtain
- Die Vorhänge sind schmutzig.
22

3250 wandeln *verb* to change, convert
- Die Verhältnisse können sich noch wandeln.
22

3251 Winkel *der* angle, corner
- Ein gleichseitiges Dreieck hat drei Winkel zu je 60 Grad.
22 – S

3252 womöglich *adv* possibly
- Olaf hat womöglich noch andere dumme Sachen gemacht.
22 – S

3253 Zitat *das* quotation, quote
- Von wem ist dieses Zitat?
22

3254 zulässig *adj* permissible
- Das Verfahren ist gesetzlich nicht zulässig.
22 – L, – S

3255 zusammenkommen *verb* to meet, come together
- Wir sind heute hier zusammengekommen, um Annas Geburtstag zu feiern.
22

3256 zusammenleben *verb* to live together
- Toni und Anna leben zusammen.
22

3257 zusehen *verb* watch
- Erwin sieht Eva beim Schreiben zu.
22

3258 Abenteuer *das* adventure
- Unser letzter Urlaub war ein richtiges Abenteuer.
21

3259 Abgrenzung *die* boundary, disassociation
- Eine Abgrenzung von Privatsphäre und Öffentlichkeit ist unbedingt notwendig.
21 +A

3260 abziehen *verb* to take off, withdraw, subtract
- Der Präsident weiß nicht, wann er die Truppen abziehen kann.
21

3261 Akt *der* act
- Der dritte Akt des Stückes gefiel mir am besten.
21

3262 Akteur *der* player, actor
- Das Theaterstück wird trotz des Ausfalls von drei Akteuren aufgeführt.
21 – S

3263 aktivieren *verb* to mobilize, activate
- Die Ärztin verschreibt ein Medikament, das die Abwehrkräfte aktivieren soll.
21 –L

3264 Allianz *die* alliance
- Diplomatie macht auch unpopuläre Allianzen möglich.
21 –L, –S

3265 alltäglich *adj* daily, usual, ordinary
- Im alltäglichen Leben passieren oft Dinge, die man nicht erwartet.
21

3266 Armut *die* poverty
- Armut ist auch ein Problem von reichen Ländern.
21

3267 aufsuchen *verb* to go to (see), call on
- Du solltest jetzt endlich einen Arzt aufsuchen.
21

3268 Ausgleich *der* balancing, compensation, change
- Sport ist ein guter Ausgleich zu geistiger Tätigkeit.
21

3269 ausstellen *verb* to display, issue, make out
- Ich werde Ihnen einen Scheck ausstellen.
21

3270 Begeisterung *die* enthusiasm
- Doktor Seydlitz praktiziert seinen Beruf mit Begeisterung.
21

3271 beinhalten *verb* to contain, include
- Das Angebot beinhaltet Flug und Unterkunft.
21 –L

3272 bereitstellen *verb* to provide, put on standby
- Die Recyclingfirma stellt Müllcontainer bereit.
21 –L, –S

3273 berufen *verb* to appoint
- Mit 35 Jahren wurde sie auf eine Professur für Alte Geschichte berufen.
21

3274 beträchtlich *adj* considerable
- Es handelt sich bei diesem Kauf um eine beträchtliche Summe.
21

3275 bewähren (sich) *verb* to prove itself, oneself
- Sie hat sich für diesen Posten bewährt.
21 –S

3276 bewältigen *verb* to cope with, overcome
- Wir haben die Probleme gut bewältigt.
21

3277 Bezirk *der* district
- Die ehemalige DDR war in Bezirke eingeteilt.
21

3278 blühen *verb* bloom
- Tulpen blühen im April.
21

3279 charakteristisch *adj* characteristic
- Das momentane Wetter ist charakteristisch für diese Region.
21 –L, –N

3280 chinesisch
1 adj Chinese
- Zum Frauentag ging ich mit Cordula chinesisch essen.
2 Chinesisch das Chinese
- Sprichst du Chinesisch?
21

3281 dankbar *adj* grateful
- Ich bin dir für deine Hilfe sehr dankbar.
21

3282 dauernd *adj* constant, lasting
- Er ist dauernd krank.
21

3283 detailliert *adj* detailed
- Ich hoffe, ich kann Ihnen bald detailliertere Angaben machen.
21 –L, –S

3284 Diagnose *die* diagnosis
- Wir warten noch auf die ärztliche Diagnose.
21 –L, –S

3285 diskret *adj* discreet, confidential
- Behandeln Sie das Problem bitte diskret!
21 –S

3286 Dresdner *adj* of Dresden
- Jeder Dresdner kennt die Frauenkirche.
21

3287 Dunkel *das* darkness
- Ich gehe nicht gern im Dunkeln nach Hause.
21

3288 Durchmesser *der* diameter
- Der Durchmesser dieses Kreises beträgt fünf Zentimeter.
21 –S

3289 Einladung *die* invitation
- Ich habe eine Einladung zur Hochzeit bekommen.
21

3290 einreichen *verb* to submit
- Sie können Ihre Unterlagen bis nächsten Montag einreichen.
21 –L

3291 einschlagen *verb* to hammer in, smash, choose
- Sie hat den Nagel in die Wand eingeschlagen.
21

3292 einseitig *adj* one-sided
- Meine Nachbarn führen eine sehr einseitige Beziehung.
21

3293 einverstanden *adj* (to be) in agreement
- Ich bin mit deinem Vorschlag einverstanden.
21

3294 Empfehlung *die* recommendation
- Dieses Gericht ist eine Empfehlung des Hauses.
21

3295 erfreuen *verb* to please, take pleasure
- Ich bin höchst erfreut, Sie kennen zu lernen.
21

3296 erholen (sich) *verb* to recover, relax
- Erholen Sie sich gut!
21

3297 Eröffnung *die* opening
- Die Eröffnung des neuen Museums fand vor drei Wochen statt.
21

3298 erschießen *verb* to shoot dead
- Der Jäger hat das Reh erschossen.
21 –A

3299 ersparen *verb* to spare
- Ich hätte dir diese unangenehme Situation gern erspart.
21

3300 erstrecken (sich) *verb* to extend, include
- Russland erstreckt sich über elf Zeitzonen.
21

3301 ertragen *verb* to bear
- Sie erträgt die Schmerzen nicht mehr.
21

3302 Felsen *der* rock
- Auf den Felsen am Meer haben wir ein Picknick gemacht.
21

3303 fließend *adj* fluent
- Frau Engelbert spricht fließend Französisch.
21

3304 Flüssigkeit *die* liquid
- Man sollte täglich mehrere Liter Flüssigkeit zu sich nehmen.
21 –S

3305 Fräulein *das* young lady, miss
- Guten Tag, Fräulein Müller!
21

3306 Friedhof *der* cemetery
- Der Friedhof liegt im Osten der Stadt.
21

3307 Front *die* front
- Die Front des Hauses wird restauriert.
21

3308 Fülle *die* abundance
- Es gibt eine Fülle an Möglichkeiten.
21

3309 Gebirge *das* mountains
- Letzten Sommer fuhren wir ins Gebirge.
21 –N

3310 Geschäftsjahr *das* financial year
- Das Geschäftsjahr 2004 war ein erfolgreiches Jahr.
21 –L, –S

3311 gestehen *verb* to confess
- Er gesteht seinem Bruder die ganze Wahrheit.
21

3312 gleichwohl *adv* nevertheless
- Viele Menschen waren einverstanden. Gleichwohl gab es auch kritische Stimmen.
21 –S

3313 Gras *das* grass
- Das Gras ist grün.
21

3314 Großstadt *die* city, large town
- Berlin ist eine Großstadt.
21

3315 Hang *der* slope, inclination
- Das Auto stürzt den Hang hinunter.
21

3316 herkömmlich *adv* conventional
- Herkömmliche Tests weisen oft Mängel auf.
21 –L

3317 hinzu *adv* in addition
- Hinzu kommt, dass sie krank geworden ist.
21 –L

3318 Hügel *der* hill
- Auf dem Hügel steht eine kleine Kirche.
21 –A, –S

3319 infizieren *verb* to infect
- In Afrika infizieren sich immer mehr Menschen mit Aids.
21

3320 Ingenieur *der* engineer
- Falks Vater ist Ingenieur.
21

3321 konfrontieren *verb* to confront
- Die Eltern wollten ihn nie mit der Realität konfrontieren.
21

3322 Kongress *der* congress, convention
- Der Kongress findet auf der Neuen Messe statt.
21

3323 kostenlos *adj* free (of charge)
- Bei Fragen können Sie diese kostenlose Telefonnummer anrufen.
21

3324 lauter *adv* nothing but, just
- Es gibt in dieser Stadt lauter tolle Dinge zu entdecken.
21 –A

3325 löschen *verb* to put out, delete
- Um Mitternacht war der Brand endgültig gelöscht.
21

3326 männlich *adj* male
- Wie nennt man ein männliches Pferd?
21

3327 mechanisch *adj* mechanical
- Wir haben noch eine alte mechanische Schreibmaschine.
21

3328 medial *adj* by the media
- Der Informationsaustausch findet auf medialem Weg statt.
21 –L, –S

3329 monatlich *adj* monthly
- Die monatliche Miete beträgt 300 Euro.
21

3330 Muskel *der* muscle
- Beim Sport trainiert man die Muskeln.
21 – S

3331 Nachweis *der* proof, evidence, certificate
- Wir benötigen einen Nachweis darüber, dass Sie studieren.
21 – L

3332 neunzig *num* ninety
- Neunzig Personen wurden befragt.
21

3333 oftmals *adv* frequently
- Oftmals wurde Dominique gefragt, ob er Mädchen oder Junge sei.
21

3334 Orientierung *die* orientation
- In großen Städten verliere ich leicht die Orientierung.
21

3335 örtlich *adj* local
- Bei dieser Operation werden Sie nur örtlich betäubt.
21

3336 physisch *adj* physical
- Meine physische Verfassung ist zur Zeit nicht die stabilste.
21 – L

3337 PKW (Personenkraftwagen) *der* car, auto
- Die Anreise erfolgt mit dem PKW.
21

3338 polnisch
1 adj Polish
- Zbigniew ist polnischer Staatsbürger.
2 Polnisch das Polish
- Judith lernt Polnisch und Tschechisch.
21

3339 präzise *adj* precise
- Bitte machen Sie Ihre Angaben so präzise wie möglich!
21 – S

3340 Rhythmus *der* rhythm
- Zu diesem Rhythmus kann man gut tanzen.
21

3341 Rücksicht *die* consideration
- Du solltest Rücksicht auf deine Geschwister nehmen.
21

3342 samt *prep* together with, along with
- Im Saal war die ganze Jahrgangsstufe samt Lehrern vertreten.
21 – S

3343 schweben *verb* to float, hover, be in the balance
- Die Feder schwebt zu Boden.
21

3344 Senat *der* senate
- Der Senat hat eine Entscheidung getroffen.
21 – L

3345 siebzehn *num* seventeen
- Er ist erst siebzehn Jahre alt.
21

3346 sogleich *adv* immediately
- Faust fand sogleich Argumente, um Gretchen zu überzeugen.
21

3347 Steuerung *die* control, steering
- Die Steuerung der Maschinen erfolgt von diesem Raum aus.
21 – L, – S

3348 Stolz *der* pride
- Sie empfindet sehr viel Stolz für ihre Kinder.
21

3349 strahlen *verb* to shine
- Die Sonne strahlt vom Himmel.
21 – S

3350 symbolisch *adj* symbolic
- Diese Geste hatte symbolischen Wert.
21 – S

3351 Teilnahme *die* participation
- Ich freue mich über die rege Teilnahme am Seminar.
21 – S

3352 telefonieren *verb* to (make a telephone) call
- Moment, ich telefoniere gerade.
21 – A

3353 treu *adj* faithful
- Hunde sind treue Weggefährten.
21

3354 trösten *verb* to comfort
- Niemand konnte ihn in dieser Situation trösten.
21 – A

3355 überstehen *verb* to get over, survive
- Wir haben die schlimmste Zeit nun überstanden.
21

3356 Universum *das* universe
- Wie groß ist das Universum?
21

3357 Unterhaltung *die* entertainment, conversation
- Die Teilnehmer haben eine sehr interessante Unterhaltung geführt.
21

3358 Unterlagen *die (pl)* documents
- Wir benötigen noch verschiedene Unterlagen von Ihnen.
21

3359 unterschreiben *verb* to sign
- Dorothea hat ihren Mietvertrag gestern unterschrieben.
21

3360 veranlassen *verb* to arrange, see to it
- Die Geschäftsführerin hat eine Versammlung für heute Nachmittag veranlasst.
21

3361 Vereinigung *die* organization, association, unification
- Er wurde der Mitgliedschaft in einer kriminellen Vereinigung angeklagt.
21 – L

3362 verhaften *verb* to arrest
- Ein Verdächtiger wurde verhaftet.
21

3363 verkehren *verb* to run, associate
- Der Zug zwischen Halle und Leipzig verkehrt jetzt alle halbe Stunde.
21

3364 vermeintlich *adj* supposed
- Die Opposition versucht, vermeintliche Schwächen der Regierung auszunutzen.
21 –S

3365 verpassen *verb* to miss
- Ich habe den Zug verpasst.
21 –A

3366 Vertretung *die* replacement, substitute
- Während ihres Erziehungsurlaubs wird es eine Vertretung geben.
21 –L

3367 Volkshochschule *die* adult education centre
- Christiane gibt Kurse an der Volkshochschule.
21 +S

3368 vorangehen *verb* to go ahead, make progress
- Die Arbeit geht gut voran.
21

3369 voraus *adv* ahead, forward
- Ruben ist dir im Kopfrechnen voraus.
21

3370 vorig *adj* previous
- Vorige Woche war ich krank.
21

3371 Vorsicht *die* caution
- Beim Autofahren ist viel Vorsicht geboten.
21

3372 wach *adj* awake
- Opa liegt nachts oft lange wach.
21 –A

3373 Wahrscheinlichkeit *die* probability
- Die Wahrscheinlichkeit, dass er kommt, ist sehr gering.
21 –S

3374 Wange *die* cheek
- Du hast rote Wangen.
21 +L

3375 weitergeben *verb* to pass on
- Geben Sie diese Informationen nicht weiter!
21

3376 weitermachen *verb* to carry on, continue
- Ich würde diesen Job gern weitermachen.
21 –A

3377 Werkzeug *das* tool
- Werkzeuge sind in der unteren Schublade.
21

3378 Zeichnung *die* drawing
- Sie hat viele Zeichnungen aus ihrer Kindheit.
21

3379 zulegen *verb* to put on, get oneself sth
- Wir haben uns ein neues Auto zugelegt.
21

3380 Zunahme *die* increase
- Wegen starker Zunahme der Studierenden müssen Zulassungsbeschränkungen vorgenommen werden.
21 –L, –S

3381 zustehen *verb* to be entitled
- Diese Auszeichnung steht ihm wirklich zu.
21

3382 Zwiebel *die* onion, bulb
- Wir haben keine Zwiebeln mehr.
21

3383 abheben *verb* lift off, withdraw
- Das Flugzeug hebt pünktlich ab.
20

3384 Ablehnung *die* refusal, rejection
- Das Reformkonzept stieß auf Zurückhaltung und Ablehnung.
20

3385 abschneiden *verb* to cut off
- Schneidest du deine Haare selbst ab?
20

3386 Abstimmung *die* vote, coordination
- Die Entscheidung wurde in Abstimmung mit der Personalabteilung getroffen.
20 –L

3387 agieren *verb* to act
- UNICEF agiert weltweit.
20 –L

3388 allenfalls *adv* at most
- Wir könnten Ihnen allenfalls eine Halbtagsstelle anbieten.
20 –S

3389 alternativ *adj* alternative
- Mehr und mehr Menschen informieren sich über alternative Heilmethoden.
20

3390 anordnen *verb* to order, arrange
- Es wird Waffenstillstand angeordnet.
20

3391 Anordnung *die* order
- Wer gibt hier die Anordnungen?
20 –L, –S

3392 Anregung *die* stimulus, idea
- In diesem Heft finden Sie viele Anregungen für Bastelarbeiten.
20

3393 anrichten *verb* to prepare, cause
- Das Erdbeben richtete großen Schaden an.
20

3394 anstehen *verb* to line up
- Wir haben lange vor dem Kino angestanden.
20

3395 ärztlich *adj* medical
- Ärzte müssen ihre ärztliche Schweigepflicht ernst nehmen.
20 –L

3396 aufrufen *verb* to call out, up, upon
- Die Lehrerin ruft einen Schüler auf.
20

3397 Aufsatz *der* essay
- Im Deutschunterricht werden Aufsätze geschrieben.
20

3398 aufschreiben *verb* to write down
- Schreib deine Ideen auf, damit du sie nicht vergisst!
20 –N

3399 aufspringen *verb* to jump up, on, burst open
- Joschka sprang von seinem Platz auf.
20

3400 aufwendig *adj* extravagant, costly
- Ihre Gastgeber hatten ein aufwendiges Mahl vorbereitet.
20 –L

3401 ausdehnen *verb* to extend, expand
- Hoffentlich dehnt er seine Rede nicht zu sehr aus!
20

3402 ausnutzen *verb* to take advantage
- Das schöne Wetter müssen wir ausnutzen.
20

3403 ausprobieren *verb* to try out
- Habt ihr euer neues Kartenspiel schon ausprobiert?
20

3404 ausweichen *verb* to make way, evade, avoid
- Der Fahrer konnte dem Hindernis nicht mehr ausweichen.
20

3405 Backofen *der* oven
- Du musst den Backofen 10 Minuten vorheizen.
20 –A

3406 Bakterie *die* bacterium
- Bakterien kann man mit Antibiotika bekämpfen.
20 –L, –S

3407 beabsichtigen *verb* to intend
- Er beabsichtigt, ein Praktikum zu machen.
20

3408 beeinträchtigen *verb* to restrict, damage
- Rauchen beeinträchtigt die Gesundheit.
20 –L

3409 Befund *der* results
- In einer Woche kommt der Befund aus dem Labor.
20 –S

3410 begeben (sich) *verb* to proceed
- Nachdem das Flugzeug gelandet war, begaben sich alle Passagiere zu den Ausgängen.
20

3411 begehen *verb* to commit, make, celebrate
- Es ist ein Verbrechen begangen worden.
20

3412 bemerkenswert *adj* remarkable
- Judith Hermann hat ein bemerkenswertes Buch verfasst.
20

3413 Bemühung *die* effort
- Trotz aller Bemühungen scheiterte unser Plan.
20

3414 Beobachter *der* observer
- Die UNO sendet Beobachter ins Krisengebiet.
20

3415 Berater *der* advisor, consultant
- Politiker haben viele Berater, die oft widersprüchlicher Meinung sind.
20 –L, –S

3416 bergen *verb* to rescue, hide
- Die Verunglückten konnten erst nach Stunden geborgen werden.
20

3417 beseitigen *verb* to eliminate
- Das Chaos nach der Party wird von allen gemeinsam beseitigt.
20

3418 besorgt *adj* concerned
- Er sah sie mit besorgter Miene an.
20

3419 Betrachter *der* observer
- Was fällt dem Betrachter des Bildes auf?
20 –S

3420 Betriebssystem *das* operating system
- Unser Computer benötigt ein neues Betriebssystem.
20 –L, –S

3421 Bildschirm *der* screen, monitor
- Auf dem Bildschirm ist nichts zu sehen.
20

3422 Blüte *die* blossom
- Die Blüten dieser Pflanze sind gelb-rot.
20 –S

3423 Brille *die* glasses
- Ich habe meine Brille verlegt.
20

3424 charakterisieren *verb* to characterize
- Sie wird oft als selbstbewusst charakterisiert.
20 –L, –N

3425 chronisch *adj* chronic
- Simon hat eine chronische Bronchitis.
20 –L, –S

3426 Datenverarbeitung *die* data processing
- Durch die elektronische Datenverarbeitung wird vieles erleichtert.
20 –L, –S

3427 demonstrieren *verb* to demonstrate
- Letztes Jahr demonstrierten viele Studenten gegen Studiengebühren.
20 –S

3428 dokumentieren *verb* to document
- Es ist wichtig, jeden Arbeitsschritt zu dokumentieren.
20

3429 dreizehn *num* thirteen
- Sie hat dreizehn Kinder, zehn Mädchen und drei Jungen.
20

3430 durcheinander *adv* confused, in a mess
- Nach dem Unfall war er so durcheinander, dass er nicht weiterfahren wollte.
20

3431 düster *adj* gloomy
- Heute war ein grauer, düsterer Tag.
20

3432 effizient *adj* efficient
- Effizientes, schnelles Arbeiten ist wichtig.
20 −L

3433 Eigentümer *der* owner
- Wir suchen den Eigentümer dieses Autos.
20 −S

3434 einlassen *verb* to let in, get involved
- Lass dich nicht auf Glücksspiele ein!
20

3435 Eintragung *die* entry, registration
- In einem Tagebuch macht man persönliche Eintragungen.
20 −S

3436 emotional *adj* emotional
- Das war ein sehr emotionaler Film.
20

3437 Ensemble *das* ensemble
- Heute spielt ein berühmtes Ensemble aus Österreich.
20

3438 Enttäuschung *die* disappointment
- Lucies Enttäuschung über die Absage ist groß.
20

3439 erforschen *verb* to explore, investigate
- Im 21. Jahrhundert begannen die Menschen, auch weiter entfernte Planeten zu erforschen.
20

3440 erreichbar *adj* within reach, reachable
- Berlin ist von Leipzig gut mit dem Zug erreichbar.
20 −L, −S

3441 erschöpfen *verb* to exhaust
- Die finanziellen Ressourcen des Unternehmens sind erschöpft.
20

3442 erschweren *verb* to make more difficult
- Ein starker Wind erschwerte die Arbeit.
20 −L

3443 erwachen *verb* to wake up
- Oskar erwachte plötzlich aus einem tiefen Traum.
20

3444 erwecken *verb* to wake, arouse
- Blumen können große Freude erwecken.
20 −S

3445 Faust *die* fist
- Moritz ballte seine Hand zur Faust.
20

3446 Festival *das* festival
- Auf dem Festival waren sehr viele Menschen.
20 −L

3447 flüchten *verb* to flee
- Die Verbrecher konnten durch den Hintereingang flüchten.
20 −A

3448 fressen *verb* to eat
- Katzen fressen Mäuse.
20 −S

3449 Galerie *die* gallery
- Hast du schon die neue Galerie besichtigt?
20

3450 Gemüse *das* vegetables
- Zum Mittag gab es Schnitzel, Kartoffeln und Gemüse.
20

3451 gemütlich *adj* comfortable, cosy
- Wir haben uns einen gemütlichen Abend gemacht.
20 −A

3452 Genehmigung *die* approval, permit, permission
- Für Ihr Vorhaben brauchen Sie eine amtliche Genehmigung.
20

3453 gespannt *adj* eager, anxious, tense
- Ich bin gespannt auf den Film.
20 −A

3454 gewissermaßen *adv* so to speak, as it were
- Diese Erkenntnis kam gewissermaßen über Nacht.
20

3455 gießen *verb* to water, pour
- Wer gießt meine Pflanzen, wenn ich weg bin?
20

3456 gleichen *verb* to be alike, be just like
- Agnes gleicht ihrer Mutter sehr.
20

3457 Großvater *der* grandfather
- Lutz lebt bei seinem Großvater.
20

3458 Grundschule *die* primary school
- Im Alter von 6 Jahren gehen Kinder in die Grundschule.
20 −L

3459 grüßen *verb* to greet
- Sie grüßt mich immer sehr freundlich.
20 −A

3460 Hass *der* hatred
- Kriege provozieren Hass und Gewalt.
20

3461 hervorgehen *verb* to come from, follow
- Das Projekt ging aus einer studentischen Veranstaltung hervor.
20

3462 hinüber *adv* over, across
- Sie lief zum Taxistand hinüber.
20 +L

3463 Höhle *die* cave
- Wir haben eine Höhle besichtigt, in der es Tropfsteine gibt.
20 −A

3464 Innenstadt *die* town centre, downtown
- Die Leipziger Innenstadt ist gut überschaubar.
20 –A

3465 intelligent *adj* intelligent
- Tina ist eine sehr intelligente Frau.
20

3466 irren *verb* to be wrong
- Du irrst dich, er ist kein Chirurg, sondern Zahnarzt.
20 –A

3467 Jazz *der* jazz
- Carmen hört gern Jazz.
20 –A, –L

3468 Kloster *das* monastery, convent
- Mönche und Nonnen leben im Kloster.
20 –A

3469 Kohle *die* coal
- Früher heizten die Menschen mit Kohle.
20

3470 Konsument *der* consumer
- In der Marktwirtschaft spricht man von Produzenten und Konsumenten.
20 –L

3471 landwirtschaftlich *adj* agricultural
- Jörn leitet einen landwirtschaftlichen Betrieb.
20 –L

3472 Lärm *der* noise
- Das Müllauto macht morgens Lärm.
20

3473 lauschen *verb* to listen, eavesdrop
- Hast du wieder an der Tür gelauscht?
20 –A

3474 Liter *der* litre
- Man sollte jeden Tag mindestens zwei Liter Flüssigkeit trinken.
20

3475 locken *verb* to lure, tempt
- Tante Ilse lockt ihren Hund mit Futter.
20

3476 Lokal *das* pub, bar
- Das Lokal schließt um Mitternacht.
20

3477 loswerden *verb* to get rid of
- Theo möchte sein Auto gern loswerden.
20 –A

3478 Malerei *die* painting
- Wie gefällt dir die moderne Malerei?
20

3479 maßgeblich *adj* significant, decisive
- Agnes Helbig war maßgeblich an Gerhards Erfolg beteiligt.
20 –L

3480 Maßstab *der* scale, yardstick, standard
- Diese Straßenkarte ist im Maßstab 1:5000.
20

3481 Materie *die* matter
- Erst seit dem Urknall gibt es Materie, Raum und Zeit.
20

3482 mobil *adj* mobile
- Von Arbeitnehmern wird erwartet, mobil zu sein.
20 –S

3483 motorisch *adj* motor
- Die Ärzte suchen nach Gründen für seine motorischen Störungen.
20 +A

3484 Münze *die* coin
- Ronald sammelt alte Münzen.
20

3485 nass *adj* wet
- Mein Pulli ist nass.
20 –A, –N

3486 Netzwerk *das* network
- Das Unternehmen ist gerade dabei, ein internes Netzwerk einzurichten.
20 –L

3487 operativ *adj* operative
- Die operativen Kosten sind viel zu hoch.
20 –L, –S

3488 pakistanisch *adj* Pakistani
- In der pakistanischen Hauptstadt kam es zu Unruhen.
20 –A

3489 philosophisch *adj* philosophical
- Das ist ein sehr philosophisches Buch.
20

3490 Praktikum *das* internship
- Maria hat ein Praktikum in Italien gemacht.
20

3491 realistisch *adj* realistic
- Diese Idee ist nicht realistisch.
20

3492 Rückgang *der* fall, decline
- Wir haben einen Rückgang der Zuschauerzahlen zu verzeichnen.
20 –L

3493 sachlich *adj* objective, matter-of-fact
- Sie versteht es, sachlich und nüchtern zu argumentieren.
20

3494 Sack *der* sack
- Im Keller haben wir noch zwei Säcke Kartoffeln.
20 –A

3495 Schuldner *der* debtor
- Wenn ein Schuldner nicht zahlt, kann der Gläubiger gerichtlich gegen ihn vorgehen.
20 –L, –S

3496 schweizerisch *adj* Swiss
- Wir fliegen mit einer schweizerischen Fluggesellschaft in den Urlaub.
20

3497 sicherstellen *verb* to confiscate, guarantee
- Man muss sicherstellen, dass Gesetze auch eingehalten werden.
20 –L, –S

3498 spiegeln *verb* to shine, reflect
- Sonjas Gesicht spiegelt sich im See.
20

3499 Sportart *die* (type of) sport, discipline
- Welche Sportart magst du am liebsten?
20 – L

3500 Stamm *der* trunk, stem, tribe
- Der Stamm dieses Baumes hat einen Durchmesser von einem Meter.
20

3501 stehlen *verb* to steal
- Hotzenplotz hat ein Fahrrad gestohlen.
20

3502 Streifen *der* stripe, strip
- Sie hat einen Rock mit grünen Streifen.
20

3503 Tasse *die* cup
- Ich trinke eine Tasse Tee.
20

3504 Teppich *der* carpet
- Justus gefällt unser gelber Teppich nicht.
20

3505 Teufel *der* devil
- Der Teufel lebt in der Hölle.
20 – A

3506 überflüssig *adj* superfluous
- Deine Sorge ist überflüssig.
20

3507 Überprüfung *die* screening, check, inspection
- Eine ständige Überprüfung der Produktqualität ist wünschenswert.
20

3508 überwachen *verb* to monitor, keep under surveillance
- Die Polizei überwacht das Haus rund um die Uhr.
20

3509 überziehen *verb* to cover, put on, overdraw
- Die Bauarbeiter haben sich Regenjacken übergezogen.
20

3510 umwandeln *verb* to convert, change
- Der Generator wandelt Bewegungsenergie in elektrische Energie um.
20

3511 unsichtbar *adj* invisible
- Mit einer Tarnkappe kann man unsichtbar werden.
20

3512 Unsinn *der* nonsense
- Du redest Unsinn.
20

3513 unterdessen *adv* meanwhile
- Du warst lange weg. Unterdessen hat sich hier viel getan.
20 – A

3514 verbindlich *adj* binding, friendly
- Ihre Teilnahme an der Informationsveranstaltung ist verbindlich.
20

3515 Verbot *das* ban, prohibition
- Ich halte dieses Verbot für gerechtfertigt.
20 – L

3516 verlegen *adj* embarrassed
- Als man ihn lobte, wurde er ganz verlegen.
20 – A

3517 Vermutung *die* assumption, presumption
- Meine Vermutung hat sich bestätigt.
20

3518 Versammlung *die* meeting, gathering, assembly
- Die Versammlung findet erst morgen statt.
20

3519 voraussichtlich *adj* expected
- Der voraussichtliche Abflug findet in zirka zwei Stunden statt.
20

3520 Wäsche *die* washing, laundry
- Hängst du bitte die Wäsche auf?
20 – N

3521 Werkstatt *die* workshop, garage
- Das Auto muss zur Durchsicht in die Werkstatt.
20

3522 Wirtschaftspolitik *die* economic policy
- Die Wirtschaftspolitik der Regierung wird oft kritisiert.
20 – L, – S

3523 wovon *pron* from what, about what
- Weißt du überhaupt, wovon du redest?
20

3524 Zeug *das* stuff
- Wirf endlich das komische Zeug weg!
20 – A

3525 zueinander *adv* to one another
- Die Geschäftspartner waren sehr freundlich zueinander.
20

3526 Zunge *die* tongue
- Dirk hat sich auf die Zunge gebissen.
20

3527 zurücklegen *verb* to put back, put aside, cover (distance)
- Wir legten zu Fuß eine Strecke von fünfzehn Kilometern zurück.
20

3528 zusagen *verb* to promise, accept
- Ich sage Ihnen zu, dass ich mich um diese Sache kümmern werde.
20 – A

3529 zusammenstellen *verb* put together
- Der Koch hat ein schmackhaftes Menu zusammengestellt.
20

3530 Zwang *der* force, pressure, compulsion
- Wenn ein Kind nicht gern musiziert, sollte kein Zwang ausgeübt werden.
20

3531 zwangsläufig *adj* inevitable
- Wenn man schneller geht, verbraucht man zwangsläufig mehr Energie.
20

3532 zwischendurch *adv* in between
- Wir haben zwischendurch einen Kaffee getrunken.
20

3533 abschließend *adv* concluding, final
- Abschließend möchte ich die Thesen noch einmal zusammenfassen.
19

3534 abwenden *verb* to turn away, avert
- Sie konnten das Unglück gerade noch abwenden.
19

3535 anscheinend *adj* apparent
- Sie hatten uns anscheinend nicht gesehen.
19

3536 ansiedeln *verb* to settle, establish
- Angelockt durch die gute Infrastruktur siedeln sich hier viele Firmen an.
19 –L

3537 Antibiotikum *das* antibiotic
- Sie muss Antibiotika gegen ihre Bronchitis nehmen.
19 –L

3538 Anweisung *die* instruction
- Bewahren Sie Ruhe und folgen Sie unbedingt den Anweisungen des Kabinenpersonals.
19

3539 Anzug *der* suit
- Ich passe nicht mehr in meinen Anzug.
19

3540 Architektur *die* architecture
- Die mittelalterliche Architektur ist in Rothenburg noch gut erhalten.
19

3541 Atom *das* atom
- Moleküle sind Verbindungen aus Atomen.
19 +A

3542 aufbewahren *verb* to keep, store
- Geschenke bewahren wir in einer Truhe auf.
19

3543 auffällig *adj* conspicuous
- Dein Kollege lädt dich aber auffällig oft zum Kaffee ein.
19

3544 aufrecht *adj* upright, erect
- Eine aufrechte Körperhaltung beugt Rückenproblemen vor.
19

3545 aufschlagen *verb* to open, hit
- Ich schlage eine Zeitschrift auf.
19

3546 Aufstieg *der* climb, rise
- Der Aufstieg zur Burg ist sehr steil.
19 –S

3547 Ausflug *der* outing, trip
- Am Sonntag machen wir einen Ausflug mit dem Fahrrad.
19

3548 Ausgang *der* exit, outcome, starting point
- Der Ausgang des Hauses war versperrt.
19 –S

3549 Ausstattung *die* equipment, provision, furnishings
- Die technische Ausstattung sollte noch verbessert werden.
19 –L

3550 auswerten *verb* to evaluate, analyse
- Im Anschluss an die Datenerhebung werden die Ergebnisse ausgewertet.
19

3551 Bayer *der* Bavarian
- Ich bin gebürtiger Bayer.
19

3552 Bearbeitung *die* working, handling
- Das Finanzamt bemüht sich um eine zügige Bearbeitung des Antrags.
19

3553 beleben *verb* to stimulate
- Konkurrenz belebt das Geschäft.
19 –S

3554 berufstätig *adj* employed, working
- Beide Elternteile sind berufstätig.
19 –L

3555 beschaffen *verb* to get (hold of)
- Ich muss mir noch eine Pistole beschaffen.
19

3556 Besonderheit *die* characteristic, specific feature
- Worin liegt die Besonderheit von Alternativschulen?
19

3557 Betracht *der* consideration
- Das kommt nicht in Betracht.
19
  in Betracht into consideration
- Das Unternehmen zieht in Betracht, weitere Ausbildungsplätze zu schaffen.
18

3558 Biologie *die* biology
- Nehmen wir ein Beispiel aus der Biologie.
19

3559 blond *adj* blond
- Steffi Graf hat lange, blonde Haare.
19 –A

3560 Breite *die* width
- Das Volumen eines Raumes berechnet sich aus Breite mal Tiefe mal Höhe.
19 –S

3561 Butter *die* butter
- Die Butter steht im Kühlschrank.
19 –N

3562 Champion *der* champion
- Wir sind die Champions, olé!
19 +N

3563 Differenzierung *die* differentiation
- Es geht vor allem um die soziale Differenzierung der Gesellschaft.
19 –L, –S

3564 Dirigent *der* (musical) conductor
- Kurt Masur ist Dirigent eines großen Orchesters.
19

3565 drastisch *adj* drastic
- Der Zustand des Patienten hat sich heute Nacht drastisch verschlechtert.
19 –L

3566 eilen *verb* to hurry
- Der Sanitäter eilt dem Verletzten zu Hilfe.
19 –A, –S

3567 einsehen *verb* to see, realize, look into
- Im Stadtarchiv kann man alte Akten einsehen.
19

3568 endlos *adj* endless, infinite
- Sie haben darüber endlose Diskussionen geführt.
19 –S

3569 Entdeckung *die* discovery
- Die Entdeckung der Elektrizität veränderte das Leben der Menschen elementar.
19 –S

3570 entfalten *verb* to unfold, develop
- Rotwein entfaltet sein volles Aroma bei Zimmertemperatur.
19 –L

3571 Erfindung *die* invention
- Der Computer ist eine sehr nützliche Erfindung.
19

3572 erhältlich *adj* available
- Zuckertüten sind nur im Sommer erhältlich.
19 –L

3573 erhoffen *verb* to expect, hope for
- Durch Fortbildungen erhoffen sich viele Menschen bessere Chancen auf dem Arbeitsmarkt.
19

3574 erleiden *verb* to suffer
- Die Großmutter erlitt einen Schlaganfall.
19

3575 Ersatz *der* replacement, compensation
- Ich fordere Ersatz für den entstandenen Schaden.
19

3576 explizit *adj* explicit
- Ich habe Sie explizit davor gewarnt, mein Grundstück zu betreten.
19 –L, –S

3577 fachlich *adj* specialist, informed
- Sie gab ihm einen fachlichen Rat.
19 –L

3578 festnehmen *verb* to arrest, detain
- Die Polizei konnte den Dieb schnell finden und festnehmen.
19

3579 Feuerwehr *die* fire brigade
- Martin ist Mitglied in der Feuerwehr.
19

3580 Fieber *das* fever
- Friedemann hatte heute Nacht hohes Fieber.
19

3581 fixieren *verb* to fix (one's eyes), fixate
- Der Hund fixierte den Briefträger mit seinen Augen.
19

3582 Fluggesellschaft *die* airline
- Mit welcher Fluggesellschaft fliegst du in den Urlaub?
19 +N

3583 fotografisch *adj* photographic
- Markus hat ein fotografisches Gedächtnis.
19

3584 freigeben *verb* to release
- Das Baby wurde zur Adoption freigegeben.
19

3585 Gebühr *die* fee
- Auch in Deutschland wird eine Gebühr zur Straßennutzung eingeführt.
19 –L, –S

3586 Geheimdienst *der* secret service
- Der Geheimdienst hat vor Terroranschlägen gewarnt.
19 –S

3587 Generalsekretär *der* Secretary-General
- Der Generalsekretär hält eine Rede.
19 +N

3588 Gepäck *das* luggage
- Mein Gepäck ist sehr schwer.
19

3589 Gerücht *das* rumour
- In einer Kleinstadt gibt es immer viele Gerüchte.
19

3590 Gesetzgeber *der* legislator, legislature
- Die Streitfrage ist durch den Gesetzgeber eindeutig entschieden.
19 –S

3591 gleichmäßig *adj* regular, even
- Atmen Sie ruhig und gleichmäßig!
19 –N

3592 gleichsam *adj* as it were, so to speak
- Ihr Brief war gleichsam eine einzige Anklage.
19 –S

3593 Gliederung *die* structure, organization
- Eine chronologische Gliederung orientiert sich an der Zeit.
19 –L, –S

3594 Grab *das* grave
- Es lagen viele Blumen auf dem Grab.
19

3595 Grenzwert *der* limiting value, limit
- Die Luftverschmutzung darf einen bestimmten Grenzwert nicht überschreiten.
19 –L

3596 Handwerk *das* craft, trade
- Im Erzgebirge findet man noch viel traditionelles Handwerk.
19

3597 hassen *verb* to hate
- Ich hasse Glatteis.
19 –A

3598 Heft *das* notebook
- Moritz hat das Heft mit den Hausaufgaben zuhause vergessen.
19 –N

3599 Helfer *der* helper, accomplice
- Viele freiwillige Helfer unterstützten uns.
19 –S

3600 hervorrufen *verb* to evoke, arouse, cause
- Die Rede rief heftige Diskussionen hervor.
19

3601 hinnehmen *verb* to accept
- Das Wetter muss man hinnehmen, wie es ist.
19

3602 identisch *adj* identical
- Autor und Erzähler sind nicht identisch.
19 –S

3603 illegal *adj* illegal
- Drogenhandel ist illegal.
19 –A

3604 industriell *adj* industrial
- Die industrielle Revolution ließ die Städte schnell wachsen.
19 –L

3605 Intelligenz *die* intelligence
- Sie wollen die Intelligenz ihres Kindes testen lassen.
19 –S

3606 inwieweit *adv* to what extent
- Inwieweit werden soziale Rollen durch die neuen Medien verändert?
19 –L

3607 Jäger *der* hunter
- Nach der Jagd treffen sich die Jäger zur Heimfahrt.
19 –S

3608 jegliche (r, s) *pron* any
- Die Innenstadt ist für jeglichen Verkehr gesperrt.
19

3609 Kartoffel *die* potato
- Die Kartoffel wurde aus Amerika importiert.
19 –N

3610 Käse *der* cheese
- In Frankreich isst man sehr viel Käse.
19

3611 Klang *der* sound, tone
- Dieses Instrument hat einen ganz dumpfen Klang.
19

3612 klingeln *verb* to ring
- Es hat an der Tür geklingelt.
19 –A

3613 kommentieren *verb* to comment
- Kleine Kinder kommentieren gern ihre eigenen Handlungen.
19 –S

3614 Kompromiss *der* compromise
- Wir müssen einen Kompromiss finden.
19

3615 Königin *die* queen
- Die Königin von England kommt bald zu Besuch.
19 –A, –S

3616 Konstruktion *die* construction, design
- Matthias ist für die Konstruktion der Kulissen zuständig.
19

3617 Kreislauf *der* circulation
- Beim Sport kommt der Kreislauf in Schwung.
19

3618 Kugel *die* ball, sphere, bullet
- Die Erde ist eine Kugel.
19

3619 Kuh *die* cow
- Der Bauer hat eine Herde von vierzig Kühen.
19 –A

3620 lagern *verb* to store, to camp
- Kartoffeln sollten in einem dunklen Raum gelagert werden.
19

3621 Leiche *die* corpse
- Die Leiche wurde seziert.
19

3622 Leidenschaft *die* passion
- Motorradfahren ist seine Leidenschaft.
19

3623 Leistungsfähigkeit *die* productivity, power
- Vitaminmangel vermindert die Leistungsfähigkeit.
19 –N, –S

3624 Lieferung *die* delivery
- Sie bekommen ihre Bestellung in mehreren Lieferungen.
19 –S

3625 Liga *die* league
- In welcher Liga spielt Rot-Weiß Erfurt?
19 –A

3626 mild *adj* mild, gentle
- Dieses Duschgel ist besonders mild und gut für empfindliche Haut geeignet.
19

3627 Milligramm *das* milligram
- Der Körper braucht täglich 75 Milligramm Vitamin C.
19

3628 Nachwuchs *der* offspring, new generation
- In Deutschland fördert man den sportlichen Nachwuchs sehr.
19

3629 Nacken *der* neck
- Sie schlingt die Arme um meinen Nacken.
19 –A, –S

3630 Olympia *das* Olympics
- Die Jugend der Welt trainiert für Olympia.
19 +N

3631 olympisch *adj* Olympic
- Er möchte gern an einem olympischen Eishockey-Turnier teilnehmen.
19

3632 Palästinenser *der* Palestinian
- Arafat war wohl der berühmteste Palästinenser.
19 -L, -N

3633 Parteitag *der* party conference, convention
- Der Vorschlag fand auf dem Parteitag breite Zustimmung.
19 -A, -L

3634 Party *die* party
- Die Party beginnt gegen acht Uhr.
19 -A

3635 permanent *adj* permanent
- Diese permanente Überforderung trage ich nicht mehr lange mit.
19

3636 plädieren *verb* to plead
- Die Verteidigung plädiert für Freispruch.
19 -N

3637 Planet *der* planet
- Der Jupiter ist der größte Planet unseres Sonnensystems.
19 -S

3638 Priester *der* priest
- Katholische Priester dürfen nicht heiraten.
19 -S

3639 Problematik *die* problematic nature, problems
- Wir wollen diese Problematik hier nicht weiter vertiefen.
19 -L

3640 rauschen *verb* to rustle, roar
- Die Bäume rauschen im Wind.
19 -N, -S

3641 regelrecht *adj* proper, real
- Das Schaf hat mich regelrecht umgerannt.
19

3642 regnen *verb* to rain
- Es regnet schon seit gestern.
19

3643 Rezession *die* recession
- Die Politik sucht Wege aus der Rezession.
19 -L, -S

3644 rutschen *verb* to slide
- Sie ist vom Stuhl gerutscht und auf den Rücken gefallen.
19 -A, -S

3645 Salon *der* salon, drawing room
- Im Salon steht ein schwarzer Flügel.
19

3646 Schauspielerin *die* actress
- Sie ist Schauspielerin am Eisenacher Theater.
19 -A

3647 Schwangerschaft *die* pregnancy
- Eine Schwangerschaft dauert gewöhnlich neun Monate.
19

3648 Schweiß *der* sweat
- Deine Füße riechen nach Schweiß.
19 -A

3649 seufzen *verb* to sigh
- Er seufzte tief und fasste sich an die Stirn.
19 +L

3650 Skala *die* scale, dial, range
- Man kann den pH-Wert mit Hilfe einer Skala messen.
19 -S

3651 sowjetisch *adj* Soviet
- Aus der sowjetischen Besatzungszone entstand die DDR.
19

3652 Spalte *die* fissure, cleft, column
- In der dritten Spalte der Tabelle steht der Preis.
19 -N, -S

3653 Spektrum *das* spectrum
- Wir haben ein breites Spektrum an Möglichkeiten.
19 -L

3654 spezialisieren *verb* to specialize
- In der Facharztausbildung müssen sich junge Ärzte auf einen Fachbereich spezialisieren.
19

3655 spürbar *adj* perceptible
- Der Wind ließ am Abend spürbar nach.
19

3656 starr *adj* stiff, rigid, paralysed
- Wladimir ist starr vor Kälte.
19

3657 Steckdose *die* socket, electrical outlet
- Wenn der Drucker nicht druckt, ist vielleicht der Stecker nicht in der Steckdose.
19 -L

3658 steuerlich *adj* tax
- Für Alleinerziehende gibt es steuerliche Erleichterungen.
19 -L

3659 strecken *verb* to stretch
- Sie streckte ihre Arme und Beine.
19 +L

3660 Tafel *die* board, table
- Die Lehrerin schreibt Vokabeln an die Tafel.
19

3661 Tagebuch *das* diary
- Am Abend schrieb Anne stundenlang in ihr Tagebuch.
19

3662 Talent *das* talent
- Tina hat großes musikalisches Talent.
19

3663 Tempo *das* pace, speed
- Bei Nebel und Nässe sollte das Tempo beim Autofahren reduziert werden.
19

3664 tödlich *adj* fatal
- Der Unfall hatte tödliche Folgen.
19

3665 umarmen *verb* to embrace
- Sie umarmen sich zum Abschied.
  19 –A, –S

3666 Unruhe *die* restlessness, agitation
- Von einer inneren Unruhe getrieben, ging Ute zur Tür.
  19 –S

3667 Unterschrift *die* signature
- Da fehlt noch die Unterschrift unter dem Vertrag.
  19

3668 unterstreichen *verb* underline, emphasize
- Die Schüler haben die Aufgabe bekommen, alle Verben im Text zu unterstreichen.
  19

3669 unverändert *adj* unchanged
- Die Situation ist unverändert schlecht.
  19

3670 unverzüglich *adj* immediate, prompt
- Wir erwarten Ihre unverzügliche Antwort.
  19 –S

3671 unwahrscheinlich *adj* improbable, unlikely
- Es ist unwahrscheinlich, dass es in Deutschland im August schneit.
  19

3672 Ursprung *der* origin
- Die Donau hat ihren Ursprung im Schwarzwald.
  19

3673 Verbrechen *das* crime
- Die Polizei versucht, das Verbrechen aufzuklären.
  19

3674 verfallen *verb* to deteriorate, expire
- Die Gültigkeit des Gutscheins verfällt nach einem halben Jahr.
  19

3675 Vergnügen *das* pleasure
- Es ist mir ein Vergnügen.
  19

3676 Verhaltensweise *die* behaviour
- Diese Verhaltensweise ist Katzen angeboren.
  19 –L, –S

3677 Vermieter *der* landlord
- Der Vermieter wohnt im nächsten Haus.
  19 –L

3678 vermindern *verb* to reduce, decrease
- Durch diese Pillen werden die Schmerzen vermindert.
  19 –L, –S

3679 vernehmen *verb* to hear, learn sth from sb
- Er konnte nur undeutlich vernehmen, was gesagt wurde.
  19

3680 Vernunft *die* reason
- Der Vorschlag entbehrt jeder Vernunft.
  19

3681 Verordnung *die* prescription, order
- Es handelt sich hier um eine Verordnung meines Arztes.
  19 –L, –S

3682 verschärfen *verb* to intensify, make more rigorous
- Die internationalen Sicherheitskontrollen wurden verschärft.
  19

3683 vertraglich *adj* contractual
- Der Kauf des Hauses muss noch vertraglich geregelt werden.
  19 –L, –S

3684 Villa *die* villa
- Hinter der Villa erstreckt sich ein parkähnliches Grundstück bis zum Fluss.
  19 –S

3685 Vormittag *der* morning
- Am Vormittag sind die Geschäfte noch nicht so voll.
  19

3686 weitaus *adv* far, much
- In Leipzig wohnen weitaus mehr Menschen als in Erfurt.
  19 –A

3687 Wohnzimmer *das* living room
- Heute essen wir im Wohnzimmer.
  19 –N

3688 woran *pron* on what, of what
- Woran ist sie gestorben?
  19

3689 Zerstörung *die* destruction
- Nach dem Bombenangriff bot die Stadt ein Bild der Zerstörung.
  19

3690 Zinssatz *der* interest rate
- Die Zentralbank hat den Zinssatz angehoben.
  19 –L, –S

3691 Zulassung *die* admission, licence
- Die Zulassung zur Prüfung ist Voraussetzung für die Teilnahme an der Klausur.
  19 –L

3692 zurückgeben *verb* to give back, return
- Gib mir mein Buch zurück!
  19

3693 Zusammensetzung *die* composition
- Die Zusammensetzung der Gruppen war sehr unterschiedlich.
  19 –L, –S

3694 Abschreibung *die* deduction, depreciation
- Durch Abschreibungen verringert man seine Steuerschuld.
  18 –L, –S

3695 Achse *die* axle, axis
- Die Erde dreht sich um ihre eigene Achse.
  18

3696 amtlich *adj* official
- Dafür benötigt man eine amtliche Beglaubigung.
  18

3697 anstelle *prep* instead of
- Ein Freund hat anstelle des Kandidaten die Prüfung abgelegt.
  18

3698 Anwesenheit *die* presence
- Mary wird uns am Sonntag mit ihrer Anwesenheit beglücken.
18

3699 auflegen *verb* to publish, put on, hang up
- Ich wollte noch etwas sagen, aber Bert hatte den Hörer schon aufgelegt.
18

3700 Aufregung *die* excitement
- Vor Aufregung brachte sie kein Wort heraus.
18

3701 aufreißen *verb* to tear open
- Ungeduldig reißt Ruth die Gummibärchentüte auf.
18 –S

3702 aufrichten *verb* to put up(right), straighten
- Er richtete sich wieder auf, bevor er weitersprach.
18 –A, –N

3703 auslegen *verb* to lay out, design, interpret
- Den Text kann man unterschiedlich auslegen.
18

3704 außergewöhnlich *adj* unusual
- Das ist ein ganz außergewöhnlich schönes Blau.
18

3705 Autobahn *die* expressway, motorway
- Schon wieder Stau auf der Autobahn zwischen Apolda und Weimar.
18

3706 Batterie *die* battery
- Die Batterie gibt Energie.
18 –S

3707 bedeutsam *adj* important, significant
- Das Buch ist für mich sehr bedeutsam geworden.
18 –S

3708 belgisch *adj* Belgian
- Belgische Pralinen sind eine Delikatesse.
18 –A, –S

3709 blass *adj* pale
- Bei Fieber sieht sie immer so blass aus.
18

3710 brüllen *verb* to bellow, roar, shout
- Löwen brüllen, um ihre Opfer einzuschüchtern.
18 –A, –S

3711 Chaos *das* chaos
- Nach der Feier herrschte im Kinderzimmer ein einziges Chaos.
18

3712 Chefin *die* director, boss
- Wenn die Chefin Urlaub hat, ist es richtig gemütlich im Büro.
18 –A, –S

3713 Chip *der* chip, crisp
- Wer hat die Tüte mit den Chips leergegessen?
18 –L, –S

3714 Chor *der* choir, chorus
- Ulrike singt im Chor.
18 –A

3715 Design *das* design
- Wenn die Stühle unbequem sind, nützt auch das beste Design nichts.
18 –L

3716 Dolmetscher *der* interpreter
- Dolmetscher werden bei Arbeitsessen nie satt.
18 –A

3717 Durchschnitt *der* average
- Sein Gehalt liegt über dem Durchschnitt.
18 –L

3718 durchziehen *verb* to pull through, pass through
- Zur Weihnachtszeit durchzieht die Straßen ein Duft von Glühwein und Zimt.
18

3719 Ehepaar *das* married couple
- Die beiden sitzen auf dem Sofa wie ein altes Ehepaar.
18

3720 Einbruch *der* break in, collapse
- Der Einbruch ereignete sich am helllichten Tage.
18

3721 einlegen *verb* to put in, insert
- Sie legte eine DVD in den Recorder ein.
18

3722 Eintritt *der* entry, admission
- Der Eintritt ist frei.
18

3723 elementar *adj* elementary, basic
- Essen und Trinken sind elementare Bedürfnisse.
18

3724 Erholung *die* recovery, relaxation, rest
- Nach der vielen Arbeit brauche ich jetzt ein wenig Erholung.
18

3725 erlassen *verb* to enact, declare
- Italien hat ein Gesetz zum Rauchverbot in Restaurants erlassen.
18 –L, –S

3726 Europäer *der* European
- Die Europäer brachten neue Krankheiten nach Amerika.
18

3727 Fabrik *die* factory
- Die Fabrik stellt die Produktion ein.
18

3728 flüchtig *adj* fugitive, cursory, fleeting
- Der verurteilte Mädchenmörder ist flüchtig.
18

3729 fotografieren *verb* to photograph
- Die Kinder werden in der Schule fotografiert.
18

3730 Furcht *die* fear
- Roman klapperte vor Furcht mit den Zähnen.
18

3731 gänzlich *adj* entirely
- Der Vater hatte zwei gänzlich verschiedene Füße.
18

3732 Geduld *die* patience
- Angler brauchen sehr viel Geduld.
18

3733 General *der* general
- Der General schaute aus dem Fenster.
18

3734 Germanistik *die* German studies
- Ingo studiert Germanistik in Leipzig.
18 +S

3735 gestatten *verb* to allow, permit
- Rauchen ist hier nicht gestattet.
18

3736 Getränk *das* drink, beverage
- Getränke gibt es am Automaten.
18

3737 Gewehr *das* rifle, shotgun
- Der Jäger lehnt das Gewehr an einen Baum.
18

3738 Glied *das* limb, joint, link
- Eine Kette ist nur so stark wie ihr schwächstes Glied.
18 –S

3739 Graf *der* count, earl
- Der Graf wohnt auf einer Burg.
18 +L

3740 Gremium *das* committee
- Über den Einspruch entscheidet das zuständige Gremium.
18 –L

3741 Gunst *die* goodwill, favour
- Leider habe ich jetzt endgültig ihre Gunst verscherzt.
18

3742 Gutachten *das* report, reference
- Zur Bewerbung gehören der Lebenslauf, Zeugnisse und ein Gutachten eines Hochschullehrers.
18

3743 Handwerker *der* workman, tradesman
- Heute kommt Kevin nicht ins Büro, weil er die Handwerker zuhause hat.
18

3744 Haustür *die* front door
- Die Haustür ist zugeschlossen.
18 –A

3745 herausnehmen *verb* to take out
- Er nahm die Kette aus der Schachtel heraus.
18 –N

3746 hervorheben *verb* to emphasize, stress
- Ich möchte einen weiteren Gesichtspunkt hervorheben.
18 –L, –S

3747 Hypothese *die* hypothesis
- Forschungsbeiträge beginnen oft mit einer Hypothese.
18 –S

3748 Innenminister *der* Minister of the Interior
- Der Innenminister streitet sich mit dem Außenminister.
18 –A, –L

3749 Islam *der* Islam
- Der Islam ist eine der großen Weltreligionen.
18 –S

3750 Italiener *der* Italian
- Giovanni ist Italiener und kommt aus Palermo.
18

3751 Kassette *die* cassette, tape
- Auf der Kassette sind alte Lieder aus meiner Jugendzeit.
18

3752 Kasten *der* box, crate
- Für die Party brauchen wir noch einen Kasten Bier.
18

3753 kognitiv *adj* cognitive
- Autodidakten setzen eine Vielzahl von kognitiven Strategien ein.
18 +A

3754 Kommentar *der* comment, opinion
- Auf deine Kommentare kann ich verzichten.
18

3755 Konzeption *die* concept, conception
- Wir sollten zuerst eine Konzeption erarbeiten und erst dann an die Öffentlichkeit gehen.
18 –L, –S

3756 Kreativität *die* creativity
- Der Kreativität sind keine Grenzen gesetzt.
18 –L

3757 langjährig *adj* long-standing
- Die Trauerrede hielt der langjährige Freund der Familie.
18 –S

3758 lügen *verb* to (tell a) lie
- Du hast gelogen.
18 –A

3759 Magazin *das* magazine, storehouse
- Die Bücher müssen erst aus dem Magazin geholt werden.
18

3760 Marktanteil *der* market share
- Diese Zuschauerquote entspricht einem Marktanteil von 30 Prozent.
18 –L, –S

3761 Maus *die* mouse
- Mit Speck fängt man Mäuse.
18

3762 Menschenrecht *das* human right
- Die Umsetzung der Menschenrechte bereitet selbst in Europa Schwierigkeiten.
18 –L, –S

3763 Mieter *der* tenant
- Mieter dürfen Haustiere nur mit Zustimmung des Vermieters halten.
18

3764 Militär *das* military
- Nach der Schule geht er zum Militär.
18

3765 Minderheit *die* minority
- Sorben sind in Deutschland eine Minderheit.
18

3766 minimal *adj* minimal
- Die Chancen bei dieser Bewerbung sind minimal.
18

3767 Ministerium *das* ministry, department
- Sie arbeitet am Ministerium für Finanzen.
18

3768 mutmaßlich *adj* presumed, suspected
- Die Polizei fasste den mutmaßlichen Mörder.
18 –S

3769 Mythos *der* myth, legend
- Bei der Behauptung, Frauen könnten schlechter einparken als Männer, handelt es sich um einen Mythos.
18 –S

3770 nachträglich *adj* later, belated
- Ich gratuliere dir nachträglich zum Geburtstag.
18 –S

3771 namens
1 adv by the name of, called
- Er wohnte in einem kleinen Dorf namens Dingolfing.
2 prep in the name of
- Er gratulierte namens der ganzen Belegschaft.
18

3772 Naturwissenschaft *die* natural science
- Angelika ist gut in Naturwissenschaften und Mathematik.
18 –L

3773 naturwissenschaftlich *adj* scientific
- Das kann man mit naturwissenschaftlichen Verfahren untersuchen.
18

3774 operieren *verb* to operate, have surgery
- Magdalena ist schon zweimal am Knie operiert worden.
18

3775 Parkplatz *der* parking place
- Ich finde keinen Parkplatz, ich komm zu spät zu dir, mein Schatz.
18 –A

3776 Partnerschaft *die* partnership
- Spaß in der Partnerschaft ist eine ernste Angelegenheit.
18 –L

3777 Periode *die* period
- Die Firma erlebt zurzeit die erfolgreichste Periode ihrer Geschichte.
18 –L, –S

3778 Präparat *das* preparation, medication
- Der Sportlehrer verabreicht seinen Schülerinnen verbotene Präparate.
18

3779 Provinz *die* province, provinces
- Die Lebensumstände in der Hauptstadt und in der Provinz sind völlig verschieden.
18

3780 quantitativ *adj* quantitative
- Bei dieser Dissertation handelt es sich um eine quantitative Studie.
18 +A

3781 Rahmenbedingung *die* prevailing condition
- Die Regierung will die Rahmenbedingungen für Familien verbessern.
18 –L

3782 Regierungschef *der* head of government
- Sie strebt das Amt des Regierungschefs an.
18 –L, –S

3783 Säule *die* column, pillar
- Die Säulen tragen verschiedene Kapitele.
18 –S

3784 schämen (sich) *verb* to be ashamed
- Du brauchst dich deshalb nicht zu schämen.
18 –A

3785 Scheidung *die* divorce
- Eine Scheidung ist ziemlich teuer.
18

3786 schlank *adj* slim
- Es ist nicht so einfach, schlank zu bleiben.
18 –S

3787 Schönheit *die* beauty
- Sie war keine Schönheit.
18 –S

3788 schulisch *adj* school
- Im Lebenslauf schildert sie ihren schulischen Werdegang.
18

3789 servieren *verb* to serve
- Der Tee wird in flachen Schalen serviert.
18 –A

3790 Spezialist *der* specialist
- Er ist ein Spezialist auf diesem Gebiet.
18 –S

3791 Steigerung *die* increase
- Wirtschaftsexperten erwarten eine Steigerung des Bruttoinlandsproduktes.
18 –S

3792 Stellvertreter *der* deputy
- Für den Präsidenten werden vier Stellvertreter gewählt.
18

3793 strikt *adj* strict
- Die Sekretärin hat strikte Anweisung, niemanden ins Zimmer zu lassen.
18

3794 strukturieren *verb* to structure
- Einen wissenschaftlichen Aufsatz muss man gut strukturieren.
18

3795 Subvention *die* subsidy
- Die Bauern bekommen Subventionen dafür, dass sie auf ihren Feldern Gras statt Getreide wachsen lassen.
18 –L

3796 therapeutisch *adj* therapeutic
- Hierfür gibt es eine Vielzahl an therapeutischen Möglichkeiten.
18 –L

3797 Ticket *das* ticket
- Tickets gibt es an der Abendkasse und an den bekannten Vorverkaufsstellen.
18

3798 Tunnel *der* tunnel
- Der Zug fährt durch einen Tunnel.
18 –A, –S

3799 Übersicht *die* overview
- Vom Lehrerpult aus hat man eine gute Übersicht über die Klasse.
18 –L, –S

3800 übertreiben *verb* to exaggerate
- Jetzt übertreibst du aber!
18

3801 umsonst *adv* for free, in vain
- Alle Arbeit war umsonst.
18

3802 unglücklich *adj* unhappy, unfortunate
- Jens ist so unglücklich hingefallen, dass er sich das Bein gebrochen hat.
18 –A

3803 Uniform *die* uniform
- Selbst die Uniformen der Polizei sehen jetzt recht sportlich aus.
18

3804 Unrecht *das* injustice, wrong
- Du bist im Unrecht.
18

3805 unterdrücken *verb* to suppress
- Sie konnte ein Lachen kaum unterdrücken.
18

3806 verdoppeln *verb* to double
- In zehn Jahren verdoppelte sich die Bevölkerung.
18 –S

3807 verdrängen *verb* to drive out, suppress
- Stephan hat die Probleme jahrelang verdrängt.
18

3808 vereinfachen *verb* to simplify
- Um die Fragestellung zu vereinfachen, ist sie in drei Teilfragen unterteilt.
18

3809 verwundern *verb* to astonish
- Das verwundert mich gar nicht.
18

3810 Vitamin *das* vitamin
- Kiwis enthalten viel Vitamin C.
18 –L, –S

3811 Volkswirtschaft *die* national economy
- Die Volkswirtschaft ist letztes Jahr nur unwesentlich gewachsen.
18 –L, –S

3812 vorbeugen *verb* to lean forward, prevent
- Vorbeugen ist besser als Heilen.
18 –S

3813 vorlesen *verb* to read sth for sb
- Abends liest die Oma Geschichten vor.
18

3814 Vorlesung *die* lecture
- Die Vorlesung ist total überlaufen.
18

3815 vorzeitig *adj* early, premature
- Die Bauarbeiten wurden vorzeitig abgeschlossen.
18 –S

3816 wehen *verb* to blow, flutter
- Die Fahnen wehen im Sommerwind.
18

3817 Weiterbildung *die* continuing education
- Die Firmenleitung schickt ihre Mitarbeiter regelmäßig auf Weiterbildungen.
18 –L

3818 willkommen *adj* welcome
- Der Gastgeber heißt alle willkommen und eröffnet das Büffet.
18

3819 wodurch *pron* how, which
- Wodurch kann man die Leistungsfähigkeit steigern?
18

3820 zerreißen *verb* to tear (up, to pieces)
- Eric hat sich seine Jacke beim Klettern zerrissen.
18 –A

3821 zielen *verb* to aim
- Beim Basketball muss man gut zielen können.
18

3822 Zielsetzung *die* target, objective
- Im Laufe der Arbeit musste sie ihre Zielsetzung korrigieren.
18 –L

3823 Zucker *der* sugar
- In Cola ist eine Menge Zucker.
18 –N

3824 zuführen *verb* to lead to sth, supply
- Wasser muss man Energie zuführen, um es zum Kochen zu bringen.
18 –S

3825 zurückweisen *verb* to reject
- Der Beschuldigte weist die Vorwürfe zurück.
18

3826 zutrauen *verb* to believe sb capable
- Das hätte ich ihr nicht zugetraut.
18 –A

3827 zuverlässig *adj* reliable
- Wenn es um Pünktlichkeit geht, ist Helmut absolut zuverlässig.
18 –S

3828 abgrenzen *verb* to enclose, differentiate, distinguish
- Um die eigene Identität zu wahren, ist es wichtig, sich von anderen abzugrenzen.
17 +A

3829 Abkommen *das* agreement
- Sie haben ein Abkommen zur gegenseitigen Unterstützung geschlossen.
17 –L, –S

3830 ablenken *verb* to distract, deflect
- Du lenkst schon wieder vom Thema ab.
17

3831 abreißen *verb* to tear (down, off), stop
- Der Strom der Spenden reißt nicht ab.
17 –A

3832 abschalten *verb* to switch off
- Schalte den Computer bitte nicht ab, ich muss noch etwas schreiben.
17

3833 Absolvent *der* graduate
- Die Absolventen werden feierlich verabschiedet.
17 –L

3834 Abwehr *die* defence
- Das Immunsystem ist für die Abwehr von Krankheiten zuständig.
17 –S

3835 aneinander *adv* to one another
- Sie haben sich aneinander gewöhnt.
17 –S

3836 anmerken *verb* to notice, add, let show
- Sie lässt sich den Schmerz nicht anmerken.
17

3837 Apfel *der* apple
- Äpfel sind gesund.
17 –A, –N

3838 Arbeitskraft *die* work capacity, worker
- An dieser Stelle sollten wir die Arbeitskräfte bündeln.
17

3839 Assistent *der* assistant
- Der Mann im grünen Jackett ist der Assistent vom Professor.
17 –A

3840 ästhetisch *adj* aesthetic
- Die Landschaft ist ästhetisch reizvoll.
17 –S

3841 aufziehen *verb* to open, raise, wind
- Mechanische Uhren muss man aufziehen.
17

3842 ausnehmen *verb* to exempt, gut
- Erst muss man den Fisch ausnehmen, dann kann man ihn braten.
17

3843 Auswertung *die* evaluation, analysis
- Die Auswertung der Fragebögen erfolgt durch Spezialisten.
17 –L

3844 Bar *die* bar
- Sie sitzt ganz allein an der Bar und trinkt einen Schnaps nach dem anderen.
17

3845 Bedrohung *die* threat
- Die Bedrohung durch Computerviren ist nicht zu unterschätzen.
17

3846 beiseite *adv* to one side
- Er schiebt den Teller beiseite und zeichnet mit dem Finger einen Stadtplan aufs Tischtuch.
17

3847 Bekämpfung *die* fighting, controlling
- Dieses Mittel eignet sich zur Bekämpfung von Blattläusen.
17

3848 benehmen *verb* to behave
- Kannst du dich bitte diesmal anständig benehmen?
17 –N

3849 Beschränkung *die* restriction
- Die Beschränkung der Geschwindigkeit wird nach der Baustelle aufgehoben.
17 –L

3850 beten *verb* to pray
- Die Bauern beten um Regen.
17 –A

3851 bitter *adj* bitter
- Die Schokolade ist mir zu bitter.
17 –S

3852 Block *der* block
- Lass uns noch einmal um den Block fahren.
17

3853 bohren *verb* to drill
- Der Zahnarzt muss heute bohren.
17 –S

3854 braten *verb* to fry, roast
- Schnitzel darf man nur kurz braten.
17 +L

3855 bremsen *verb* to brake, slow down
- Vor einer roten Ampel sollte man bremsen.
17

3856 daheim *adv* at home
- Zum Abendessen müssen wir wieder daheim sein.
17

3857 Darlehen *das* loan
- Sabine bekommt bei keiner Bank mehr ein Darlehen.
17 –L, –S

3858 Datum *das* date
- Welches Datum haben wir heute?
17

3859 dulden *verb* to tolerate
- Ich dulde keinen Widerspruch.
17

3860 durchgehen *verb* to go through
- Solche Fehler werden wir nicht einfach durchgehen lassen.
17

3861 einholen *verb* to pull in, ask for, catch up
- Geht schon los, ich hole euch schon ein.
17

3862 einstig *adj* former
- Der einstige Bundeskanzler ist jetzt Privatmann.
17 –S

3863 Erhaltung *die* preservation, maintenance
- Fortpflanzung dient zur Erhaltung der Art.
17 −L, −S

3864 erkundigen (sich) *verb* to inquire
- Erkundigen Sie sich beim Akademischen Auslandsamt nach Sprachkursen.
17

3865 Erzähler *der* storyteller, narrator
- Opa ist ein guter Erzähler.
17 −S

3866 Fachbereich *der* (academic) department, field
- Der Fachbereich Informatik bekommt einen neuen Leiter.
17 −L

3867 Fachleute *die (pl)* experts
- Diese Messe ist für Laien und Fachleute gleichermaßen von Interesse.
17

3868 Fakten *die (pl)* facts
- Olaf kann man nur mit harten Fakten überzeugen.
17

3869 fällig *adj* due
- Die Zinsen werden am Jahresende fällig.
17

3870 Fassung *die* version, composure, frame, socket
- Die Glühbirne ist nicht richtig in der Fassung.
17

3871 Flügel *der* wing
- Der Vogel hat sich den Flügel gebrochen.
17

3872 flüssig *adj* liquid
- Heißes Wachs ist flüssig.
17

3873 folglich *adv* consequently
- Da ich Iris nie Hoffnungen gemacht habe, kann ich sie ihr folglich auch nicht nehmen.
17 −S

3874 Forum *das* forum, audience, public discussion
- Sie sprach vor einem internationalen Forum.
17 −L

3875 Frequenz *die* frequency
- Radio grün sendet auf einer Frequenz von 92,4.
17 −S

3876 Frucht *die* fruit
- An der Obsttheke gibt es Früchte aus aller Welt.
17

3877 fünfundzwanzig *num* twenty-five
- Isabel ist fünfundzwanzig Jahre alt.
17 −A, −N

3878 Gerechtigkeit *die* justice
- Kinder haben ein starkes Empfinden für Gerechtigkeit.
17

3879 Gipfel *der* peak, summit
- Die schneebedeckten Gipfel glitzerten in der Abendsonne.
17

3880 glänzend *adj* shining, brilliant
- Das war eine glänzende Leistung.
17

3881 Großteil *der* large part, majority
- Ein Großteil der Einnahmen ergibt sich aus Spenden.
17

3882 harmlos *adj* harmless
- Windpocken sind eine harmlose Kinderkrankheit.
17

3883 hässlich *adj* ugly
- Ist der aber hässlich!
17

3884 hochwertig *adj* high-quality
- Wir verkaufen nur hochwertige Produkte, von deren Qualität wir überzeugt sind.
17 −L, −S

3885 Hörer *der* listener, receiver
- Der Radiosender legt großen Wert auf die Meinung seiner Hörer.
17

3886 Indianer *der* Native American
- Die Indianer Nordamerikas müssen immer noch um ihre Rechte kämpfen.
17 −N

3887 Industrieland *das* industrial(ized) country
- Übergewicht ist vor allem ein Problem der Industrieländer.
17 −L, −S

3888 installieren *verb* to install
- Dieses Programm kann kostenlos installiert werden.
17

3889 interkulturell *adj* intercultural
- In der interkulturellen Kommunikation kommt es immer wieder zu Missverständnissen.
17 −L

3890 Jacke *die* jacket
- Die Jacke hängt am Haken.
17 −A, −N

3891 Jagd *die* hunt, chase
- In den frühen Morgenstunden geht er auf die Jagd.
17 −S

3892 Jahreszeit *die* season
- Der Frühling ist die schönste Jahreszeit.
17

3893 konzipieren *verb* to plan, design
- Das Gerät ist für die Verwendung im Haushalt konzipiert.
17 −L

3894 Lampe *die* lamp
- Die Lampe in der Küche ist kaputt.
17 −N

3895 ländlich *adj* rural
- In dieser ländlichen Idylle kann man sich wunderbar erholen.
17

3896 Linse *die* lens
- Eine konkave Linse ist in der Mitte dünner als am Rand.
17

3897 loslassen *verb* to let go
- Wenn man einen Drachen loslässt, fliegt er weg.
17

3898 Lücke *die* gap
- Der Stürmer nutzt die Lücke in der Abwehr.
17

3899 Metall *das* metal
- Eisen, Kupfer und Zink sind Metalle.
17

3900 Missbrauch *der* abuse, misuse
- Der Junge könnte einem Missbrauch zum Opfer gefallen sein.
17

3901 Motivation *die* motivation
- Die Motivation ist entscheidend für den Lernerfolg.
17 –L

3902 nachdenklich *adj* thoughtful
- Nachdenklich schüttelte er den Kopf.
17 –A, –S

3903 optimistisch *adj* optimistic
- Bezüglich des Weihnachtsgeschäfts zeigt sich der Handel optimistisch.
17 –L

3904 Option *die* option
- Diese Option lasse ich mir offen.
17 –L

3905 Ordner *der* file
- Der Ordner mit den Prozessakten steht im Regal.
17

3906 Ozean *der* ocean
- In den Tiefen des Ozeans warten gesunkene Schiffe auf ihre Entdeckung durch Schatzsucher.
17 –S

3907 Physiker *der* physicist
- Klaus arbeitet als Physiker.
17

3908 Pistole *die* pistol
- Der Bankräuber bedrohte die Angestellten mit einer Pistole.
17 –A

3909 protestieren *verb* to protest
- Die Gewerkschaft protestiert gegen die angekündigten Lohnkürzungen.
17

3910 Reichweite *die* reach, range
- Die Wasserpistole hat eine Reichweite von fünf Metern.
17 –S

3911 Reparatur *die* repair
- Die Reparatur ist teurer als ein Neukauf.
17

3912 repräsentieren *verb* to represent
- Der Bürgermeister repräsentiert die Stadt im Städtebund.
17

3913 Respekt *der* respect
- Vor dieser Leistung habe ich großen Respekt.
17

3914 Rose *die* rose
- Zum zehnten Hochzeitstag bekam sie zehn rote Rosen von ihrem Mann.
17 –A

3915 Rucksack *der* rucksack, backpack
- Im Rucksack trägt sie den Proviant und den Regenschirm.
17 –A, –N

3916 Sänger *der* singer
- Das Konzert muss ausfallen, weil der Sänger erkältet ist.
17

3917 schimpfen *verb* to scold, grumble
- Die Mutter schimpft mit den frechen Kindern.
17

3918 schmutzig *adj* dirty
- Die schmutzigen Schuhe lässt Ruben vor der Tür stehen.
17 –A

3919 schräg *adj* diagonal, at an angle
- Die Brücke geht schräg über den Fluss.
17

3920 schreiten *verb* to stride, walk
- Ein Mann schreitet in der Halle auf und ab.
17

3921 seitens *prep* on the part of
- Die positiven Reaktionen seitens des Publikums bestätigten den Regisseur.
17

3922 Sozialdemokrat *der* Social Democrat
- Die Sozialdemokraten stellen die Regierung.
17

3923 spannen *verb* to stretch, tighten
- Ich spanne ein Seil im Garten, um Wäsche aufzuhängen.
17 –S

3924 Tablette *die* tablet, pill
- Die Tabletten muss man eine halbe Stunde vor dem Essen einnehmen.
17

3925 Tageszeitung *die* daily newspaper
- Die Tageszeitung ist um sechs Uhr morgens im Briefkasten.
17

3926 täuschen *verb* to deceive, be mistaken
- Da habe ich mich leider getäuscht.
17

3927 Therapeut *der* therapist
- Es ist wichtig, den richtigen Therapeuten zu finden.
17 –S

3928 überfordern *verb* to overtax, be too much
- Diese Aufgabe überfordert ihn total.
17

3929 umstellen *verb* to rearrange, adjust, switch
- Sie haben ihre Buchhaltung auf Computer umgestellt.
17

3930 Umzug *der* move, parade
- Den Umzug bezahlt die Firma.
17

3931 unerwartet *adj* unexpected
- Die Flutwelle kam völlig unerwartet.
17

3932 Veranstalter *der* organizer
- Die Veranstalter sprachen von 5000 Demonstranten, die Polizei von 2000.
17 –L

3933 verfassen *verb* to draw up, write
- Die Schüler verfassen einen offenen Brief an den Bürgermeister.
17

3934 vergleichsweise *adv* comparatively
- Das ist vergleichsweise leicht zu lösen.
17 –L

3935 Verknüpfung *die* combination, link
- Das Seminar ist eine gelungene Verknüpfung von Theorie und Praxis.
17 –L, –S

3936 vertiefen *verb* to deepen, become absorbed
- Anja ist ganz in ihre Lektüre vertieft.
17 –S

3937 Vorfeld *das* advance
- Wir sollten uns das im Vorfeld sehr genau ansehen.
17 –S

3938 Vorgänger *der* predecessor
- Ihr Vorgänger im Amt war sehr beliebt.
17

3939 vorherrschen *verb* to predominate
- In Utah herrscht kontinentales Klima vor.
17 –L, –S

3940 Währung *die* currency
- Seit 2002 haben viele EU-Staaten eine gemeinsame Währung: den Euro.
17

3941 wegnehmen *verb* to take away
- Das Jugendamt hat ihr die Kinder weggenommen.
17 –A

3942 Weltmeister *der* world champion
- Der viermalige Weltmeister beendet seine Sportkarriere.
17 –A, –L

3943 wofür *pron* for what
- Wofür hast du so viel Geld bezahlt?
17

3944 Wut *die* rage, fury
- Sie ist ganz rot vor Wut.
17 –A

3945 Zuordnung *die* classification, assignment
- Die Zuordnung zu einem Sprachkurs erfolgt durch einen Sprachtest.
17 +A

3946 zurückgreifen *verb* to fall back
- Hier sollten wir auf die guten Erfahrungen aus dem letzten Jahr zurückgreifen.
17

3947 Zuwachs *der* increase
- Analysten rechnen mit einem deutlichen Zuwachs im nächsten Quartal.
17

3948 Abfall *der* waste, trash
- Bring bitte den Abfall hinaus!
16 –S

3949 absurd *adj* absurd
- Der Vater hält ihre Ideen für völlig absurd.
16

3950 Akte *die* file
- Er bat darum, Einsicht in seine Akte zu bekommen.
16

3951 anderthalb *num* one and a half
- Der Zug hatte anderthalb Stunden Verspätung.
16 –S

3952 angehören *verb* to belong
- Er gehörte zeitlebens keiner Partei an.
16

3953 Anleihe *die* loan, bond, borrowing
- Manche Anleihen kann man bei fallenden Zinssätzen kündigen.
16 –L, –S

3954 antun *verb* to do sth to sb
- Du willst uns verlassen? Das kannst du uns nicht antun.
16

3955 anvertrauen *verb* to entrust, confide
- Wem kannst du dich anvertrauen?
16

3956 Araber *der* Arab
- Unsere Zahlen haben wir von den Arabern übernommen.
16 –A, –S

3957 Arbeitszeit *die* working hours
- Die Gewerkschaften wollen die wöchentliche Arbeitszeit reduzieren.
16

3958 aufräumen *verb* to tidy up, clear (up)
- Am Wochenende müssen die Kinder ihr Zimmer aufräumen.
16 –A

3959 Aufsichtsrat *der* supervisory board
- Der Aufsichtsrat hat das Sanierungskonzept gebilligt.
16 –L, –S

3960 Ausgangspunkt *der* starting point
- Kehren wir zum Ausgangspunkt der Diskussion zurück.
16

3961 Ausrichtung *die* orientation, organization
- Die Ausrichtung der nächsten Olympischen Spiele wird wohl an Paris fallen.
16

3962 Ausweis *der* identity card
- Dieser Ausweis ist zehn Jahre gültig.
16

3963 Beachtung *die* attention, consideration
- Der Lehrer schenkt Marie keine Beachtung.
16 –S

3964 Diplom *das* degree, diploma
- Sofort nach seinem Diplom begann Klaus mit der Promotion.
16

3965 eh *part* anyway
- Ich kann an dem Abend eh nicht ausgehen.
16 –A

3966 Einblick *der* insight
- Praktika bieten einen Einblick ins Berufsleben.
16

3967 Engel *der* angel
- Den Hirten erschien ein Engel.
16 –S

3968 entgehen *verb* to escape
- Er entging nur mit Müh und Not seiner gerechten Strafe.
16

3969 Erfassung *die* recording, entry
- Kundenkarten dienen der Erfassung von Daten über den Käufer und sein Kaufverhalten.
16 –L, –S

3970 Fahne *die* flag
- Bei Staatstrauer wehen die Fahnen auf Halbmast.
16

3971 Fakultät *die* faculty
- Die Fakultät für Wirtschaftswissenschaften bietet drei Diplomstudiengänge an.
16

3972 Fassade *die* façade, front
- Die Fassade des Hauses wird neu gestrichen.
16

3973 Feier *die* celebration
- Zu der Feier am Sonnabend sind nur die Verwandten eingeladen.
16 –A

3974 festsetzen *verb* to determine
- Der Abgabetermin wird auf den 1. Juni festgesetzt.
16

3975 Frühling *der* spring
- Im Frühling werden die Tage wieder länger.
16

3976 Gemeinderat *der* district council
- Im nächsten Jahr wird ein neuer Gemeinderat gewählt.
16 –S

3977 gentechnisch *adj* (using) genetic engineering
- Gentechnisch veränderte Lebensmittel müssen gekennzeichnet werden.
16 –L, –S

3978 Gewebe *das* fabric, tissue
- Die Jacke war aus einem besonders festen Gewebe genäht.
16 –N

3979 großartig *adj* splendid, superb
- Das Essen schmeckt wirklich großartig.
16 –A

3980 Gruß *der* greeting
- Sag deiner Mutter einen schönen Gruß von mir.
16 –A

3981 herausgeben *verb* to publish, give change, hand out
- Können Sie mir auf 50 Euro herausgeben?
16

3982 hilflos *adj* helpless
- Johanna blickt den Lehrer hilflos an, damit er ihr die Aufgabe nochmal erklärt.
16

3983 inszenieren *verb* to stage
- Die Oper war großartig inszeniert.
16

3984 Jurist *der* jurist, law student
- Der jetzige Rektor der Universität ist Jurist.
16

3985 Kerze *die* candle
- Die Kerzen auf dem Geburtstagskuchen muss man selbst auspusten.
16

3986 Koch *der* cook
- Viele Köche verderben den Brei.
16 –L

3987 Kölner *adj* Cologne
- Vom Turm des Kölner Doms aus hat man einen schönen Blick über die Stadt und den Rhein.
16

3988 Kommune *die* municipality, local authority
- Bund, Länder und Kommunen haben mit niedrigeren Steuereinnahmen zu rechnen.
16 –L

3989 Koralle *die* coral
- Korallen sind ein Schmuckmaterial von ganz besonderer Faszination.
16 –N, –S

3990 Krankenkasse *die* health insurance company
- Die Krankenkassen erhöhen ihre Beiträge um durchschnittlich 0,5 Prozentpunkte.
16 –L

3991 Kunststoff *der* synthetic material, plastic
- Die meisten Gummistiefel sind aus Kunststoff.
16

3992 **Landesregierung** *die* state government
- Die Landesregierung ist zerstritten.
16

3993 **Laune** *die* mood
- Sonnenschein macht gute Laune.
16 –A

3994 **mahnen** *verb* to warn, urge
- Die Behörden mahnen zur Vorsicht beim Umgang mit Mobilfunk.
16 –S

3995 **Nahrungsmittel** *das* food
- Sandra ist gegen viele Nahrungsmittel allergisch.
16 –L

3996 **niederländisch**
1 adj Dutch
- Die niederländische Sprache ist mit der deutschen verwandt.
2 **Niederländisch** *das* Dutch
- Christine hat im Oktober angefangen, Niederländisch zu lernen.
16 –L, –S

3997 **nirgendwo** *adv* nowhere
- Das Buch ist nirgendwo zu finden.
16

3998 **ostdeutsch** *adj* East German
- Auch fünfzehn Jahre nach der Wende liegen ostdeutsche Löhne deutlich unter Westniveau.
16 –L

3999 **östlich** *adj* eastern
- Der Wind weht böig aus östlichen Richtungen.
16

4000 **Philosoph** *der* philosopher
- Friedrich der Große war Schriftsteller und Philosoph, Feldherr und Komponist.
16

4001 **Prinz** *der* prince
- Der Prinz küsste Dornröschen, und sie erwachte.
16

4002 **Profil** *das* profile
- Winterreifen haben ein starkes Profil.
16 –S

4003 **radioaktiv** *adj* radioactive
- Die ganze Region ist radioaktiv verseucht.
16 –L, –S

4004 **reflektieren** *verb* to reflect
- Weil das Wasser die Sonnenstrahlen reflektiert, bekommt man beim Segeln schnell Sonnenbrand.
16 –L, –S

4005 **Relation** *die* appropriateness, proportion, relation
- Der Aufwand steht in keiner Relation zum Ertrag.
16

4006 **Riff** *das* reef
- Im Riff leben verschiedene Korallenarten und bunte Fische.
16 –N, –S

4007 **Schlange** *die* snake, line
- Vor dem Museum bildete sich eine lange Schlange.
16

4008 **schleichen** *verb* to creep, prowl, sneak
- Leise schleichen die Kinder aus dem Bett und zum Kühlschrank.
16 –A, –S

4009 **Schwein** *das* pig
- Schweine sind Allesfresser.
16 –A

4010 **segeln** *verb* to sail
- Am Sonntag will mein Süßer mit mir segeln geh'n.
16 –A

4011 **Selbstständigkeit** *die* independence
- Der Kindergarten will die Selbstständigkeit der Kinder fördern.
16 –L

4012 **Siedlung** *die* settlement, housing development
- Das Dorf entstand aus einer fränkischen Siedlung.
16

4013 **solide** *adj* solid, sound
- Eine solide Ausbildung ist die beste Voraussetzung für einen erfolgreichen Berufseinstieg.
16

4014 **Spruch** *der* saying, slogan
- Die Wände waren mit Sprüchen beschmiert.
16

4015 **Stellungnahme** *die* opinion, statement
- Die Politiker gaben im Anschluss an ihre Unterredung eine Stellungnahme ab.
16 –L, –S

4016 **Strahl** *der* ray, beam
- Die Strahlen der Sonne fallen durch das Blätterdach.
16 –S

4017 **streben** *verb* to strive
- Birgit strebt nach olympischem Gold.
16 –N, –S

4018 **Strömung** *die* current, trend
- Der Fluss hat hier eine starke Strömung.
16

4019 **technologisch** *adj* technological
- Der technologische Fortschritt hat die Kommunikation beschleunigt.
16 –L, –S

4020 **trocknen** *verb* to dry
- Bei Wind trocknet die Wäsche schneller.
16 –N

4021 **überholen** *verb* to pass, overhaul
- Auf der Autobahn darf man nur links überholen.
16

4022 **unerträglich** *adj* intolerable
- Der Lärm von der Baustelle ist unerträglich.
16 –A

4023 unterstellen *verb* to put in charge, imply, store
- Ihnen wird die Abteilung für Forschung und Entwicklung unterstellt.
16

4024 Verbindlichkeit *die* obligation, liability, reliability
- Die Ehe ist ein Ausdruck der Verbindlichkeit in einer unverbindlichen Welt.
16 −L, −S

4025 verbrauchen *verb* to use, consume
- Energiesparlampen verbrauchen weniger Strom als herkömmliche Glühbirnen.
16

4026 vernachlässigen *verb* to neglect
- Paula arbeitet zuviel und vernachlässigt ihre Tochter.
16

4027 Volumen *das* volume, total amount
- Der Auftrag hat ein Volumen von ca. 50 000 Euro.
16 −I, −S

4028 vorbeigehen *verb* to go past, pass
- Alles geht vorbei.
16 −A

4029 vortragen *verb* to present, perform
- Die Projektgruppe trägt ihre Ergebnisse vor.
16

4030 Weib *das* woman (derogatory)
- Seine Nachbarin ist ein furchtbares Weib.
16 +L

4031 westdeutsch *adj* West German
- Westdeutsche Produkte konnte man manchmal auch in der DDR kaufen.
16

4032 Zugriff *der* access
- Auf diese Daten hat nur der Administrator Zugriff.
16 −S

4033 Zuhörer *der* listener, audience (pl)
- Daniel ist ein guter Zuhörer.
16

4034 zweifellos *adj* undoubtedly
- Das bekannteste optische Gerät ist zweifellos die Brille.
16

Alphabetical index

Aa

ab *prep* from **390**

Abbau *der* reduction, decline, mining **3149**

abbauen *verb* to reduce, dismantle **2338**

abbilden *verb* to copy, portray **3051**

Abbildung, Abb. *die* illustration **439**

abbrechen *verb* to break off, stop **2588**

abdecken *verb* to cover **3052**

Abend *der* evening **313**

Abenteuer *das* adventure **3258**

aber *conj* but **32**

Abfall *der* waste, trash **3948**

abgeben *verb* to give, hand in, submit **1290**

Abgeordnete *der, die* member of parliament, congress **1917**

abgrenzen *verb* to enclose, differentiate, distinguish **3828**

Abgrenzung *die* boundary, disassociation **3259**

abhalten *verb* to keep from **2972**

abhängen *verb* to depend **1210**

abhängig *adj* dependent **1613**

Abhängigkeit *die* dependence **2731**

abheben *verb* lift off, withdraw **3383**

abholen *verb* to get, fetch, pick up **2732**

Abitur *das* school leaving exam, A-levels **2018**

Abkommen *das* agreement **3829**

Ablauf *der* expiry, action **1838**

ablaufen *verb* to run out, expire **1490**

ablegen *verb* take off, put, file **2387**

ablehnen *verb* to refuse, reject, turn down **1113**

Ablehnung *die* refusal, rejection **3384**

ableiten *verb* to derive, deduce **2225**

ablenken *verb* to distract, deflect **3830**

ablösen *verb* to take off, come off, peel off **3053**

abnehmen *verb* to decrease, reduce **1291**

abreißen *verb* to tear (down, off), not stop **3831**

Absatz, Abs. *der* sales, paragraph, heel **487**

abschalten *verb* to switch off **3832**

Abschied *der* departure, parting **2880**

abschließen *verb* to lock, conclude **974**

abschließend *adv* concluding, final **3533**

Abschluss *der* end, conclusion **1326**

abschneiden *verb* to cut off **3385**

Abschnitt *der* portion, section **1271**

Abschreibung *die* deduction, depreciation **3694**

absehen *verb* to foresee, be in sight **1574**

absetzen *verb* to take off, dismiss **2733**

Absicht *die* intention **2494**

absolut *adj* absolute **993**

Absolvent *der* graduate **3833**

absolvieren *verb* to complete, graduate **2452**

abspielen *verb* to play **3054**

Abstand *der* distance **1313**

abstellen *verb* to turn off, shut down, park **2973**

abstimmen *verb* to vote, coordinate **2388**

Abstimmung *die* vote, coordination **3386**

abstrakt *adj* abstract **2495**

absurd *adj* absurd **3949**

Abteilung *die* department **1987**

abwarten *verb* to wait, wait out **2339**

Abwehr *die* defence **3834**

abweichen *verb* to deviate, differ **3054**

abwenden *verb* to turn away, avert **3534**

abzeichnen *verb* to stand out, become apparent, draw **3056**

abziehen *verb* to take off, withdraw, subtract **3260**

ach *part* oh **404**

Achse *die* axle, axis **3695**

acht *num* eight **458**

achten *verb* to respect, pay attention **1918**

achtzehn *num* eighteen **3057**

achtzig *num* eighty **2389**

Adresse *die* address **1809**

Agentur *die* agency **3150**

agieren *verb* to act **3387**

aha *part* aha, I see **747**

ahnen *verb* to suspect **2295**

ähnlich *adj* similar **429**

Ahnung *die* suspicion, idea **1668**

Aids *no art* Aids **1988**

Akademie *die* academy **3151**

akademisch *adj* academic **2390**

Akt *der* act **3261**

Akte *die* file **3950**

Akteur *der* player, actor 3262

Aktie *die* share 1538

Aktiengesellschaft, AG *die* incorporated company, inc. 1272

Aktion *die* action, campaign 1539

Aktionär *der* shareholder 2168

aktiv *adj* active 861

aktivieren *verb* to mobilize, activate 3263

Aktivität *die* activity 1431

aktuell *adj* current 777

akut *adj* acute, urgent 2656

akzeptieren *verb* to accept 1453

Alkohol *der* alcohol 2589

all *pron* all 42

allein, alleine *adv* alone 258

allenfalls *adv* at most 3388

allerdings *adv* though, indeed, certainly 221

allgemein *adj* general 339

Allianz *die* alliance 3264

allmählich *adj* gradual 2052

Alltag *der* workday, daily routine 1949

alltäglich *adj* daily, usual, ordinary 3265

allzu *adv* all too 1614

als *conj* as, when 25

also *adv* so 40

alt *adj* old 116

Alter *das* age 720

alternativ *adj* alternative 3389

Alternative *die* alternative 1645

am *part* the (+ superlative) 1385

Amerikaner *der* American 1250

amerikanisch *adj* American 522

Amt *das* office, department, function 1114

amtlich *adj* official 3696

an *prep* at, on 19

analog *adj* analogous 2590

Analyse *die* analysis 1134

analysieren *verb* to analyse 2296

anbieten *verb* to offer 434

Anbieter *der* supplier 1615

Anblick *der* sight 3058

anbringen *verb* to put up 2734

andere (r, s) *pron* other 59

andererseits *adv* on the other hand 840

ändern *verb* to change 479

anders *adv* differently 306

anderthalb *num* one and a half 3951

Änderung *die* change 1409

andeuten *verb* to suggest, indicate 2735

aneinander *adv* to one another 3835

anerkennen *verb* to recognize, accept 1646

Anerkennung *die* recognition 2591

anfallen *verb* to attack, accumulate 2881

Anfang *der* beginning 377

anfangen *verb* to begin 373

anfangs *adv* initially 2803

Anforderung *die* request, demand 1575

Anfrage *die* inquiry, request 3152

anführen *verb* to lead, command, quote 2882

Angabe *die* information, statement 685

angeben *verb* to claim, declare, show off 1014

angeblich *adj* alleged 1669

Angebot *das* offer 584

angehen *verb* to concern, go on 1410

angehören *verb* to belong 3952

Angehörige *der* member, relative 2226

Angelegenheit *die* matter, affair 2297

angemessen *adj* appropriate 1782

angenehm *adj* pleasant 1748

angesichts *prep* in view of 1146

Angestellte *der, die* employee 2340

angewiesen *adj* dependent 3059

angreifen *verb* to attack 2657

Angriff *der* attack 1082

Angst *die* fear, anxiety 465

angucken, ankucken *verb* to look 2131

anhalten *verb* to stop, last 1783

anhand *prep* on the basis of, with the aid of 1670

Anhänger *der* supporter, trailer 2974

anhören *verb* to listen to 2132

anklagen *verb* to accuse 3154

ankommen *verb* to arrive 714

ankündigen *verb* to announce 1172

Anlage *die* (sports) complex, investment, attachment 1348

Anlass *der* occasion, cause 1540

anlegen *verb* to put on, invest 1211

Anleihe *die* loan, bond, borrowing 3953

Anliegen *das* request 3060

anmelden *verb* to register, sign up 2804

anmerken *verb* to notice, add, let show 3836

Annahme *die* acceptance, assumption 2227

annehmen *verb* to accept, assume 495

anordnen *verb* to order, arrange 3390

Anordnung *die* order 3391

anpassen *verb* to adjust, adapt 2019

Anpassung *die* adaptation 3061

anregen *verb* to encourage, suggest, stimulate 2391

Anregung *die* stimulus, idea 3392

anrichten *verb* to prepare, cause 3393

anrufen *verb* to call 1386

Ansatz *der* approach, attempt 938

anschauen *verb* to look at, watch 1273

anscheinend *adj* apparent 3535

Anschlag *der* attack 1115

anschließen *verb* to join, chain to, connect 1515

anschließend *adv* subsequent, afterwards 1173

Anschluss *der* connection 1919

ansehen *verb* to look at, watch 444

ansetzen *verb* to position, estimate, fix 1920

Ansicht *die* opinion, view 1387

ansiedeln *verb* to settle, establish 3536

ansonsten *adv* otherwise 1473

ansprechen *verb* to address, speak 1135

Anspruch *der* claim 707

anstehen *verb* to line up 3394

ansteigen *verb* to rise, go up 2658

anstelle *prep* instead of 3697

anstellen *verb* to employ, line up, get into mischief 2133

Anstieg *der* rise, increase 3062

anstreben *verb* to aim at, strive 1810

anstrengend *adj* exhausting 3063

Anstrengung *die* effort 2453

Anteil *der* share, portion 1097

Antibiotikum *das* antibiotic 3537

Antrag *der* application 1083

antreten *verb* to take up, start 2170

antun *verb* to do sth to sb 3954

Antwort *die* answer, reply 708

antworten *verb* to answer 804

anvertrauen *verb* to entrust, confide 3955

Anwalt *der* attorney, lawyer 2092

Anweisung *die* instruction 3538

anwenden *verb* to apply, employ 1116

Anwendung *die* application, use 715

anwesend *adj* present 3154

Anwesenheit *die* presence 3698

Anzahl *die* number 1292

Anzeige *die* display, advertisement 2975

anzeigen *verb* to report, sue, indicate 1884

anziehen *verb* to attract, put on, dress 1388

Anzug *der* suit 3539

Apfel *der* apple 3837

April *der* April 1709

Araber *der* Arab 3956

arabisch *adj* Arabian, Arabic 1839

Arbeit *die* work 167

arbeiten *verb* to work 200

Arbeiter *der* worker 2392

Arbeitgeber *der* employer 1749

Arbeitnehmer *der* employee 1840

Arbeitsamt *das* employment office 3064

Arbeitskraft *die* work capacity, worker 3838

arbeitslos *adj* unemployed 1647

Arbeitslosigkeit *die* unemployment 2053

Arbeitsmarkt *der* labour market 2736

Arbeitsplatz *der* workplace, job 1184

Arbeitszeit *die* working hours 3957

Architekt *der* architect 2496

Architektur *die* architecture 3540

Ärger *der* annoyance, trouble 2737

ärgern *verb* to annoy 2393

Argument *das* argument 2228

Arm *der* arm 554

arm *adj* poor 1885

Armee *die* army 1921

Armut *die* poverty 3266

Art *die* type, kind 252

Artikel *der* article 903

Arzneimittel *das* medicine 2229

Arzt *der* physician, doctor 614

ärztlich *adj* medical 3395

Aspekt *der* aspect 939

Assistent *der* assistant 3839

ästhetisch *adj* aesthetic 3840

Atem *der* breath 2171

atmen *verb* to breathe 2454

Atmosphäre *die* atmosphere 1922

Atom *das* atom 3541

attraktiv *adj* attractive 2497

auch *adv* also, too 16

auf *prep* on, at, in 17

Aufbau *der* construction, structure 1750

aufbauen *verb* to build up 830

aufbewahren *verb* to keep, store 3542

aufbrechen *verb* to take off, break open 2738

aufbringen *verb* to raise, find 2498

aufeinander *adv* into, onto one another 2341

Aufenthalt *der* stay, residence 2592

auffallen *verb* to stand out, notice 1576

auffällig *adj* conspicuous 3543

Auffassung *die* point of view 2172

auffordern *verb* to ask, request 1886

aufführen *verb* to perform 2134

Aufführung *die* performance 3155

Aufgabe *die* task, assignment, job 317

aufgeben *verb* to give up 994

aufgehen *verb* to rise, open 2298

aufgrund *prep* on the basis of, because of 520

aufhalten *verb* to stop, hold up, delay 2230

aufheben *verb* to pick up, keep, lift 2054

aufhören *verb* to stop 1411

aufklären *verb* to clear up, inform 3156

Aufklärung *die* enlightenment, solution 2976

aufkommen *verb* to come up, arise, pay for 2593

Auflage *die* edition, condition, plating 3157

auflegen *verb* to publish, put on, hang up 3699

auflösen *verb* to disolve 1811

Auflösung *die* dissolving 2977

aufmachen *verb* to open 2499

aufmerksam *adj* attentive 1784

Aufmerksamkeit *die* attention 2500

Aufnahme *die* reception, recording, snapshot 1185

aufnehmen *verb* to record, include 528

aufpassen *verb* to pay attention, take care 2173

aufräumen *verb* to tidy up, clear (up) 3958

aufrecht *adj* upright, erect 3543

aufregen *verb* to excite, upset, annoy 2394

Aufregung *die* excitement 3700

aufreißen *verb* to tear open 3701

aufrichten *verb* to put up(right), straighten 3702

aufrufen *verb* to call out, up, upon 3396

Aufsatz *der* essay 3397

aufschlagen *verb* to open, hit 3545

aufschreiben *verb* to write down 3398

aufsetzen *verb* to put on 2739

Aufsichtsrat *der* supervisory board 3959

aufspringen *verb* to jump up, on, burst open 3399

aufstehen *verb* to stand up, get up 1174

aufsteigen *verb* to get on, rise 2174

aufstellen *verb* to put up, draw up 1474

Aufstieg *der* climb, rise 3546

aufsuchen *verb* to go to (see), call on 3267

auftauchen *verb* to surface, appear 1117

Auftrag *der* instructions, order, job 995

auftragen *verb* to apply, serve, instruct 3158

auftreten *verb* to appear, occur 615

Auftritt *der* appearance, entrance 1950

aufwachen *verb* to wake up 3159

aufwachsen *verb* to grow up 1951

Aufwand *der* expense, effort 2395

aufweisen *verb* to show, exhibit, contain 1293

aufwendig *adj* extravagant, costly 3400

Aufwendungen *die (pl)* expenditure 2396

aufzeigen *verb* to show, point out 2805

aufziehen *verb* to open, raise, wind 3841

Auge *das* eye 236

Augenblick *der* moment 848

August *der* August 1751

aus *prep* out, out of, from 41

Ausbau *der* extension, consolidation 3160

ausbauen *verb* to extend, improve 2397

ausbilden *verb* to train, instruct, educate 1785

Ausbildung *die* training, development 727

ausbrechen *verb* to break out, erupt 2883

ausbreiten *verb* to spread, spread out 2659

ausdehnen *verb* to extend, expand 3401

Ausdruck *der* term, expression 1031

ausdrücken *verb* to express 1516

ausdrücklich *adj* explicit 2501

auseinander *adv* apart 1389

Auseinandersetzung *die* argument, quarrel 1390

ausfallen *verb* to drop out, be cancelled 2342

Ausflug *der* outing, trip 3547

ausführen *verb* to carry out 1812

ausführlich *adj* detailed 2740

Ausführung *die* implementation, type 2660

ausfüllen *verb* to fill out 2978

Ausgabe *die* distribution, edition, expenses 1541

Ausgang *der* exit, outcome, starting point 3548

Ausgangspunkt *der* starting point 3960

ausgeben *verb* to spend 2020

ausgehen *verb* to go out, assume 483

ausgeprägt *adj* distinctive 2661

ausgerechnet *adv* of all people, of all times 2135

ausgezeichnet *adj* excellent, perfect 2741

Ausgleich *der* balancing, compensation, change 3268

ausgleichen *verb* even out, reconcile 2742

aushalten *verb* to bear, endure 2884

auskommen *verb* to get by, get on, manage 3161

Auskunft *die* information 2299

Ausland *das* foreign countries 1118

Ausländer *der* foreigner 1542

ausländisch *adj* foreign 1251

auslegen *verb* to lay out, design, interpret 3703

auslösen *verb* to set off, provoke 1327

ausmachen *verb* to put out, agree 1367

Ausmaß *das* extent, size 2300

Ausnahme *die* exception 1412

ausnehmen *verb* to exempt, gut 3842

ausnutzen *verb* to take advantage 3402

ausprobieren *verb* to try out 3403

ausreichen *verb* to be sufficient 862

ausrichten *verb* to tell, align, line up 1752

Ausrichtung *die* orientation, organization 3961

Aussage *die* statement 917

ausschalten *verb* to turn off 3162

ausscheiden *verb* to leave, retire, be eliminated 3163

ausschließen *verb* to exclude, rule out 1084

ausschließlich *adj* exclusive 1252

aussehen *verb* to appear, look 358

außen *adj* outside 1328

Außenminister *der* foreign minister 2231

außer *prep* except, apart from 691

außerdem *adv* besides, in addition 453

äußere (r, s) *adj* outer, external 1952

außergewöhnlich *adj* unusual 3704

außerhalb *prep* outside 1119

äußern *verb* to express, voice 1413

außerordentlich *adj* extraordinary 2743

äußerst *adv* extremely 1589

Äußerung *die* comment 2343

aussetzen *verb* to abandon 2021

Aussicht *die* prospect, view 2594

aussprechen *verb* to pronounce, express 1710

ausstatten *verb* to furnish, provide 2232

Ausstattung *die* equipment, provision, furnishings 3549

aussteigen *verb* to get off 2807

ausstellen *verb* to display, issue, make out 3269

Ausstellung *die* exhibition 1212

aussuchen *verb* to choose 2301

Austausch *der* exchange 2744

austauschen *verb* to exchange, replace 2807

ausüben *verb* to practise, exercise, exert 1590

Auswahl *die* choice, selection 1923

auswählen *verb* to choose, select 1887

auswärtig *adj* from out of town 2808

ausweichen *verb* to make way, evade, avoid 3404

Ausweis *der* identity card 3962

ausweisen *verb* to identify, expel 2398

auswerten *verb* to evaluate, analyse 3550

Auswertung *die* evaluation, analysis 3843

auswirken (sich) *verb* to have an effect 2502

Auswirkung *die* effect 1648

ausziehen *verb* to move out, take off (clothes) 2302

Auto *das* automobile, car 490

Autobahn *die* expressway, motorway 3705

automatisch *adj* automatic 1329

Autor *der* author 805

Bb

Baby *das* baby 2809

backen *verb* to bake 3164

Backofen *der* oven 3405

Bad *das* bath, bathroom, spa 1577

Bahn *die* train, railway, way 1391

Bahnhof *der* (railway) station 1953

Bakterie *die* bacterium 3406

bald *adv* soon 475

Ball *der* ball 2595

Band *der* volume, tome 1229

Bank *die* bank 509

Bar *die* bar 3843

Bär *der* bear 3165

basieren *verb* to be based on 3065

Basis *die* basis 1368

Batterie *die* battery 3706

Bau *der* construction, building 1414

Bauch *der* belly 2399

bauen *verb* to build 686

Bauer *der* farmer 1274

Baum *der* tree 996

Bayer *der* Bavarian 3551

bayrisch *adj* Bavarian 1989

beabsichtigen *verb* to intend 3407

beachten *verb* to pay attention, observe 1136

Beachtung *die* attention, consideration 3963

Beamte *der, die* official, civil servant 1888

beantragen *verb* to apply for 2745

beantworten *verb* to answer 1786

bearbeiten *verb* to work on, revise 2503

Bearbeitung *die* working, handling 3552

beauftragen *verb* to give sb the task of doing sth, hire (a firm) 2886

bedanken (sich) *verb* to thank 2979

Bedarf *der* need, demand 2022

bedauern *verb* to regret, feel sorry 3166

bedecken *verb* to cover 2400

bedenken *verb* to consider 2136

Bedenken *das* concern, doubt 3167

bedeuten *verb* to mean 450

bedeutend *adj* important, significant 1753

bedeutsam *adj* important, significant 3707

Bedeutung *die* meaning, significance 402

bedienen *verb* to serve, operate 1711

bedingen *verb* to cause 1754

Bedingung *die* condition, stipulation 806

bedrohen *verb* to threaten 2504

Bedrohung *die* threat 3845

bedürfen *verb* to require 1543

Bedürfnis *das* need 1649

beeindrucken *verb* to impress 2023

beeinflussen *verb* to influence 1120

beeinträchtigen *verb* to restrict, damage 3408

beenden *verb* to end 1392

befassen (sich) *verb* to deal 2055

Befehl *der* order 3066

befestigen *verb* to fix, fasten 2980

befinden (sich) *verb* to be 515

befragen *verb* to ask, question 2056

befreien *verb* to free 2175

befriedigen *verb* to satisfy 3168

Befund *der* results 3409

befürchten *verb* to fear 1924

begeben (sich) *verb* to proceed 3410

begegnen *verb* to meet, come across 1616

Begegnung *die* encounter, meeting 2344

begehen *verb* to commit, make, celebrate 3411

begeistern *verb* to inspire, be enthusiastic 1841

Begeisterung *die* enthusiasm 3270

Beginn *der* beginning 762

beginnen *verb* to begin 239

begleiten *verb* to accompany 1432

begreifen *verb* to understand, grasp 1196

begrenzen *verb* to limit, restrict 1433

Begriff *der* concept, idea, term 440

begründen *verb* to justify 1015

Begründung *die* explanation, justification 2302

begrüßen *verb* to greet 1889

behalten *verb* to keep 1544

behandeln *verb* to treat 864

Behandlung *die* treatment 1121

behaupten *verb* to claim 1098

beherrschen *verb* to control, have mastered 1712

behindert *adj* handicapped 3067

Behinderung *die* obstruction, handicap 2455

Behörde *die* department, authorities 1349

bei *prep* by, with, at 29

beibringen *verb* to teach 2981

beide *pron* both 130

Bein *das* leg 940

beinahe *adv* almost, nearly 1954

beinhalten *verb* to contain, include 3271

beiseite *adv* to one side 3846

Beispiel *das* example 89

beispielsweise *adv* for example 601

Beitrag *der* contribution 889

beitragen *verb* to contribute 1230

bekämpfen *verb* to fight, combat 3169

Bekämpfung *die* fighting, controlling 3847

bekannt *adj* well-known 282

beklagen *verb* to complain 2662

bekommen *verb* to get, receive 234

belasten *verb* to load, burden 1671

Belastung *die* load, strain 1578

beleben *verb* to stimulate 3553

belegen *verb* to register, prove, cover 1545

belgisch *adj* Belgian 3708

beliebig *adj* any, as you like 2810

beliebt *adj* popular 2401

bemerken *verb* to notice 1275

bemerkenswert *adj* remarkable 3412

Bemerkung *die* remark, comment 2596

bemühen (sich) *verb* to make an effort 1213

Bemühung *die* effort 3413

benehmen *verb* to behave 3848

benennen *verb* to name 2663

benötigen *verb* to require 966

benutzen *verb* to use 872

Benutzer *der* user 2233

Benutzung *die* use 2886

beobachten *verb* to observe, watch 633

Beobachter *der* observer 3414

Beobachtung *die* observation 2057

bequem *adj* comfortable 2456

beraten *verb* to advise, discuss 2024

Berater *der* adviser, consultant 3415

Beratung *die* advice, discussion, consultation 2025

berechnen *verb* to calculate, charge 1491

Berechnung *die* calculation 2402

berechtigen *verb* to entitle 2093

Bereich *der* area, region 257

bereit *adj* ready 1147

bereiten *verb* to make, cause 2403

bereits *adv* already 166

Bereitschaft *die* willingness 3068

bereitstellen *verb* to provide, put on standby 3272

Berg *der* hill, mountain 1148

bergen *verb* to rescue, hide 3416

Bericht *der* report 1231

berichten *verb* to report 627

Berliner *adj* (of) Berlin 918

Berner *adj* Berne(se) 2887

berücksichtigen *verb* to consider 1067

Berücksichtigung *die* consideration 2457

Beruf *der* occupation, job, profession 477

berufen *verb* to appoint 3273

beruflich *adj* professional 1197

berufstätig *adj* employed, working 3554

beruhen *verb* to be based 2137

beruhigen *verb* to calm 1813

berühmt *adj* famous 1369

berühren *verb* to touch 2234

beschädigen *verb* to damage 3170

beschaffen *verb* to get (hold of) 3555

beschäftigen *verb* to employ, be busy, deal with 800

Beschäftigte *der, die* employee 1099

Beschäftigung *die* employment, job, activity, occupation 2026

Bescheid *der* information, reply 2235

bescheiden *adj* modest 2982

beschleunigen *verb* to accelerate 2983

beschließen *verb* to decide 1214

Beschluss *der* decision, resolution 2505

beschränken *verb* to restrict 1186

Beschränkung *die* restriction 3849

beschreiben *verb* to describe 491

Beschreibung *die* description 1925

Beschwerde *die* complaint 3069

beseitigen *verb* to eliminate 3417

besetzen *verb* to occupy, fill 1434

Besitz *der* property, possession 2597

besitzen *verb* to own, have 748

Besitzer *der* owner 2664

besondere (r, s) *adj* special 391

Besonderheit *die* characteristic, specific feature 3556

besonders *adv* especially 242

besorgen *verb* to get, take care 2984

besorgt *adj* concerned 3418

besprechen *verb* to discuss 2176

besser *adj* better 231

Bestand *der* continuation, stock, supply 2404

Bestandteil *der* component 2058

bestätigen *verb* to confirm, endorse 831

beste (r, s) *adj* best 374

bestehen *verb* to exist, insist, pass (an exam) 210

bestellen *verb* to order, reserve 1454

Bestellung *die* order, reservation 2985

bestimmen *verb* to decide, determine 533

bestimmt *adj* special, certain 226

Bestimmung *die* regulation, purpose, fate 1755

bestreiten *verb* to dispute 2888

Besuch *der* visit 1100

besuchen *verb* to visit 703

Besucher *der* visitor 1253

beteiligen *verb* to participate 768

Beteiligung *die* participation 2059

beten *verb* to pray 3850

betonen *verb* to stress 749

Betracht *der* consideration 3557

betrachten *verb* to look at, consider 575

Betrachter *der* observer 3419

beträchtlich *adj* considerable 3274

Betrachtung *die* contemplation, examination 2027

Betrag *der* amount 1814

betragen *verb* to amount 997

betreffen *verb* to affect, concern 386

betreiben *verb* proceed with, operate 926

betreten *verb* to enter, walk into, onto 1591

betreuen *verb* to look after, take care 1842

Betreuung *die* care 2746

Betrieb *der* business, operation 546

betrieblich *adj* operational 3171

Betriebssystem *das* operating system 3420

Bett *das* bed 654

beugen *verb* to bend 2405

beurteilen *verb* to assess, judge 1650

Beurteilung *die* judgement 2889

Bevölkerung *die* population, people 769

bevor *conj* before 541

bevorstehen *verb* to lie ahead, be imminent 2811

bevorzugen *verb* to prefer 1955

bewahren *verb* to keep, protect 2598

bewähren (sich) *verb* to prove itself, oneself 3275

bewältigen *verb* to cope with, overcome 3276

bewegen *verb* to move 602

Bewegung *die* movement, motion 673

Beweis *der* proof, evidence 1990

beweisen *verb* to prove 1579

bewerben (sich) *verb* to apply 2506

Bewerber *der* applicant 2890

bewerten *verb* to assess, judge 2507

Bewertung *die* assessment 2060

bewirken *verb* to cause 2138

Bewohner *der* inhabitant, occupant 2177

bewusst *adj* conscious 908

Bewusstsein *das* consciousness 1926

bezahlen *verb* to pay 695

bezeichnen *verb* to call, name 507

Bezeichnung *die* name, term 2061

beziehen *verb* to refer, put, get 716

Beziehung *die* relation, relationship 492

beziehungsweise, bzw. *conj* or, respectively 268

Bezirk *der* district 3277

Bezug *der* reference, cover 1215

bezüglich *prep* regarding 2236

BGB (Bürgerliches Gesetzbuch) *das* civil code 1435

Bibel *die* Bible 2508

Bibliothek *die* library 927

biegen *verb* to bend, turn 2986

Bier *das* beer 1713

bieten *verb* to offer 421

Bilanz *die* balance sheet 2139

Bild *das* picture 294

bilden *verb* to form, educate 368

Bildschirm *der* screen, monitor 3421

Bildung *die* education 1314

billig *adj* cheap 1672

binden *verb* to tie, bind 1370

Bindung *die* relationship, attachment 2509

Biologie *die* biology 3558

biologisch *adj* biological 1617

bis *prep* until, till 73

bisher *adv* until now 375

bisherig *adj* so far 1254

bislang *adv* up to now 1056

bisschen, bissel *pron* a little 194

bitte *adv* please 547

Bitte *die* request 1216

bitten *verb* to request, ask 709

bitter *adj* bitter 3851

blass *adj* pale 3709

Blatt *das* sheet, leaf 1330

blau *adj* blue 1016

bleiben *verb* to stay, remain 112

Blick *der* look, view, glance 341

blicken *verb* to look 849

blind *adj* blind 2747

Block *der* block 3852

blöd *adj* stupid, dumb 2665

blond *adj* blond 3559

bloß *adv* only, simply, just 573

blühen *verb* bloom 3278

Blume *die* flower 2237

Blut *das* blood 1517

Blüte *die* blossom 3422

Boden *der* ground, floor, bottom 445

Bogen *der* bow, arc, sheet 3070

bohren *verb* to drill 3853

Bombe *die* bomb 2748

Boot *das* boat 1927

Bord *der* board 2458

Börse *die* stock market 2510

böse *adj* bad, mad 1294

Botschaft *die* message 1756

Branche *die* sector, line of business 1475

braten *verb* to fry, roast 3854

brauchen *verb* to need 201

braun *adj* brown 2178

brechen *verb* to break 1232

breit *adj* wide, broad 728

Breite *die* width 3560

bremsen *verb* to brake, slow down 3855

brennen *verb* to burn 1618

Brief *der* letter 813

Brille *die* glasses 3423

bringen *verb* to bring, take 162

britisch *adj* British 1415

Brot *das* bread 1757

Brücke *die* bridge 2062

Bruder *der* brother 687

brüllen *verb* to bellow, roar, shout 3710

Brust *die* breast, chest 1673

BSE *no art* BSE, mad cow disease 2749

Bube *der* boy 2987

Buch *das* book 295

Buchstabe *der* letter 3172

Bühne *die* stage 1350

Bund *der* association, alliance 1255

Bundeskanzler *der* federal chancellor 1956

Bundesland *das* state, province 1546

Bundesliga *die* (sport) national division 3071

Bundesrat *der* Upper House of Parliament 2028

Bundesregierung *die* federal government 1714

Bundesrepublik *die* Federal Republic 1017

Bundestag *der* Lower House (of Parliament) 1890

Bundeswehr *die* Armed Forces 2238

Bündnis *das* alliance 2988

bunt *adj* colourful 1715

Burg *die* castle 2989

Bürger *der* citizen 919

bürgerlich *adj* civil, civic 3173

Bürgermeister *der* mayor 1393

Büro *das* office 1492

Bus *der* bus 1580

Business *das* business 2511

Butter *die* butter 3561

Cc

Café *das* coffee house 2345

CD *die* CD 2063

Celsius *no art* Celsius 3072

Center *das* centre 2666

Champion *der* champion 3562

Chance *die* chance 566

Chaos *das* chaos 3711

Charakter *der* character 2179

charakterisieren *verb* to characterize 3423

charakteristisch *adj* characteristic 3279

Chef *der* head, leader, boss 610

Chefin *die* director, boss 3712

Chemie *die* chemistry 2599

chemisch *adj* chemical 1547

chinesisch *adj* Chinese 3280

Chip *der* chip, crisp 3713

Chor *der* choir, chorus 3714

Christ *der* Christian 2891

christlich *adj* Christian 1758

chronisch *adj* chronic 3425

City *die* city centre 2812

Club *der* club 1548

Computer *der* computer 739

Dd

da *adv* there 35

dabei *pron* with it, there 135

Dach *das* roof 1436

dadurch *pron* through it, as a result 369

dafür *pron* for it 213

dagegen *pron* against it, on the other hand 431

daheim *adv* at home 3856

daher *pron* from there, therefore 330

dahin *adv* there 1233

dahinter *pron* behind it 1991

damalig *adj* at that time 1674

damals *pron* then 271

Dame *die* lady 1351

damit *pron* with it 97

danach *pron* after it, afterward 437

daneben *pron* beside it, next to it 1675

Dank *der* gratefulness 681

dankbar *adj* grateful 3281

danke *adv* thanks 778

danken *verb* to thank 2667

dann *adv* then 33

daran, dran *pron* on it 290

darauf, drauf *pron* on it 193

daraufhin *adv* as a result 2668

daraus *pron* from it 801

darin, drin, drinnen *pron* in it, inside 315

Darlehen *das* loan 3857

darstellen *verb* to depict, portray 343

Darstellung *die* presentation, description 1493

darüber, drüber *pron* above it, about it 277

darum *pron* around it, therefore 585

darunter *pron* under it 890

dass *conj* that 22

dastehen *verb* to stand there 2990

Datei *die* data file 2346

Daten *die (pl)* data 832

Datenverarbeitung *die* data processing 3426

Datum *das* date 3858

Dauer *die* length (of time) 1518

dauerhaft *adj* lasting 2991

dauern *verb* to last, take (time) 696

dauernd *adj* constant, lasting 3282

davon *pron* from it, about it, thereof 238

davor *pron* before it 1759

dazu *pron* in addition, furthermore, to that 150

dazwischen *pron* in between 2750

Debatte *die* debate 1787

Decke *die* ceiling, blanket 1619

decken *verb* to cover 2512

definieren *verb* to define 1234

Definition *die* definition 1394

Defizit *das* deficit 2892

dein *pron* your 225

dementsprechend *adv* accordingly 2600

demnach *adv* therefore 2239

demnächst *adv* shortly 3073

Demokratie *die* democracy 1957

demokratisch *adj* democratic 1958

demonstrieren *verb* to demonstrate 3427

denen *pron* whom, that 198

denkbar *adj* conceivable 2751

denken *verb* to think 124

denn *conj* because 86

dennoch *adv* nevertheless 750

der, die, das *art* the 1

derart *adv* so 2304

derartig *adj* such, like that 1815

deren *pron* whose 265

derjenige, diejenige, dasjenige *pron* the one (who, that) 1315

derselbe, dieselbe, dasselbe *pron* the same (one, ones) 1295

derzeit *adv* at the moment 779

derzeitig *adj* current 2813

deshalb *adv* for that reason 264

Design *das* design 3715

dessen *pron* whose 350

desto *conj* the more 1959

deswegen *adv* therefore, that's why 833

Detail *das* detail 1992

detailliert *adj* detailed 3283

deuten *verb* to indicate, interpret 1843

deutlich *adj* clear 338

deutsch *adj* German 105

deutschsprachig *adj* German-speaking 2992

Dezember *der* December 1331

Diagnose *die* diagnosis 3284

Dialekt *der* dialect 2993

Dialog *der* dialogue 2752

dich *pron* you, yourself 212

dicht *adj* thick, dense 1455

Dichter *der* writer, poet 2459

dick *adj* thick, fat 1122

dienen *verb* to serve 607

Dienst *der* service, duty 982

Dienstag *der* Tuesday 1032

Dienstleistung *die* service 2347

dies *pron* this, that 24

diesmal *adv* this time 1296

Differenz *die* difference 2814

differenzieren *verb* to differentiate 2513

Differenzierung *die* differentiation 3563

digital *adj* digital 2094

Dimension *die* dimension 1993

Ding *das* thing 337

Diplom *das* degree, diploma 3964

dir *pron* you 232

direkt *adj* direct, straight 370

Direktor *der* director 1256

Dirigent *der* (musical) conductor 3564

diskret *adj* discreet, confidential 3285

Diskussion *die* discussion, debate 850

diskutieren *verb* to discuss 1085

Distanz *die* distance 2601

Disziplin *die* discipline 2240

divers *adj* diverse, various 3074

doch *adv* however, still 72

Doktor, Dr. *der* doctor 534

Dokument *das* document 3174

dokumentieren *verb* to document 3428

Dollar *der* dollar 740

Dolmetscher *der* interpreter 3716

dominieren *verb* to dominate 2602

Donnerstag *der* Thursday 1332

doppelt *adj* double 1620

Dorf *das* village 682

dort *adv* there 134

dorthin *adv* there 2348

dramatisch *adj* dramatic 2241

drängen *verb* to push, insist 1352

drastisch *adj* drastic 3565

draußen *adv* outside 1033

drehen *verb* to turn 904

drei *num* three 101

dreimal *adv* three times 2669

dreißig *num* thirty 1456

dreizehn *num* thirteen 3429

Dresdner *adj* of Dresden 3286

dringen *verb* to press, insist 2893

dringend *adj* urgent 1716

Drittel *das* third 1844

Droge *die* drug 3075

drohen *verb* to threaten 873

drüben *adv* over there 1760

Druck *der* pressure, printing 967

drücken *verb* to press, push 851

du *pron* you 52

dulden *verb* to tolerate 3859

dumm *adj* stupid 2514

dunkel *adj* dark 819

Dunkel *das* darkness 3287

Dunkelheit *die* darkness 2815

dünn *adj* thin 1788

durch *prep* through 56

durchaus *adv* absolutely 820

durcheinander *adv* confused, in a mess 3430

durchführen *verb* to carry out, hold 821

Durchführung *die* carrying out 2994

durchgehen *verb* to go through 3860

Durchmesser *der* diameter 3288

Durchschnitt *der* average 3717

durchschnittlich *adj* average 2305

durchsetzen *verb* to carry through, enforce 1333

durchziehen *verb* to pull through, pass through 3718

dürfen *verb* to be allowed, may 142

düster *adj* gloomy 3431

Dutzend *das* dozen 2816

dynamisch *adj* dynamic 2603

Ee

eben, ebend *adv* just now 125

Ebene *die* plane, level 784

ebenfalls *adv* likewise 523

ebenso *adv* just as, as much as, as well 435

echt *adj* genuine, real 928

Ecke *die* corner 1371

Effekt *der* effect 1581

effektiv *adj* effective 2894

effizient *adj* efficient 3432

egal *adv* (it's all) the same 1549

eh *part* anyway 3965

Ehe *die* marriage 1276

ehe *conj* before 2349

Ehegatte *der* husband 2515

ehemalig *adj* former 874

Ehepaar *das* married couple 3719

eher *adv* earlier, more likely 309

Ehre *die* honour 3076

ehrlich *adj* honest 1816

Ei *das* egg 2604

eigen *adj* own 170

Eigenschaft *die* quality 1316

eigenständig *adj* independent 2753

eigentlich *adv* actually 96

Eigentum *das* property 3078

Eigentümer *der* owner 3433

eignen (sich) *verb* to be suitable 780

eilen *verb* to hurry 3566

ein *art* a 5

einander *adv* each other 1960

einbauen *verb* to install, build in, fit 2350

einbeziehen *verb* to include 2351

Einblick *der* insight 3966

einbringen *verb* to bring in, contribute 2140

Einbruch *der* break in, collapse 3720

eindeutig *adj* clear 1353

eindringen *verb* to force one's way in, penetrate 2895

Eindruck *der* impression 883

einerseits *adv* on the one hand 1187

einfach *adj* simple, easy 132

einfallen *verb* to occur, remind, collapse 1123

Einfluss *der* influence 834

einführen *verb* to introduce, import 1416

Einführung *die* introduction 1676

Eingang *der* entrance 2670

eingehen *verb* to deal with, give attention 852

eingreifen *verb* to intervene 2817

Eingriff *der* intervention, interference 2460

einhalten *verb* to observe 2605

einheimisch *adj* native 3175

Einheit *die* unity, unit 791

einheitlich *adj* uniform, standardized 2180

einholen *verb* to pull in, ask for, catch up 3861

einig *adj* agreed 2671

einige *pron* a few, some 165

einigen *verb* to unite, agree 2754

einigermaßen *adv* somewhat 2606

Einigung *die* agreement 2995

einkaufen *verb* to shop 1789

Einkommen *das* income 2181

einladen *verb* to invite, load 1198

Einladung *die* invitation 3289

einlassen *verb* to let in, get involved 3434

einlegen *verb* to put in, insert 3721

einleiten *verb* to introduce 2755

einmal *adv* once 136

einmalig *adj* unique, fantastic 3078

Einnahme *die* income, receipts, revenue 1928

einnehmen *verb* to take (up, in) 1257

einräumen *verb* to put away, admit, concede 2242

einreichen *verb* to submit 3290

einrichten *verb* to furnish 1018

Einrichtung *die* institution, furnishings 1124

eins *num* one 1372

einsam *adj* lonely, isolated 2896

Einsatz *der* inset, deployment 677

einschalten *verb* to switch on 2607

einschätzen *verb* to judge, assess 3176

Einschätzung *die* opinion, assessment, evaluation 2516

einschlafen *verb* to fall asleep 2756

einschlagen *verb* to hammer in, smash, choose 3291

einschließen *verb* to lock up, surround, include 2897

einschließlich *prep* including 2757

einschränken *verb* to restrict, reduce 1717

Einschränkung *die* restriction 2898

einsehen *verb* to see, realize, look into 3567

einseitig *adj* one-sided 3292

einsetzen *verb* put in, insert 476

Einsicht *die* view, insight 2996

einst *adv* once, at one time, one day 1592

einsteigen *verb* to board, get in 2517

einstellen *verb* to adjust, employ, stop 814

Einstellung *die* attitude, employment 1235

einstig *adj* former 3862

eintragen *verb* to enter, record, register 1891

Eintragung *die* entry, registration 3435

eintreffen *verb* to arrive, come true, happen 2518

eintreten *verb* to enter, join, occur 1494

Eintritt *der* entry, admission 3722

einverstanden *adj* (to be) in agreement 3293

Einwohner *der* inhabitant 2461

Einzelfall *der* individual case 3079

Einzelheit *die* detail 3177

einzeln *adj* individual 263

einziehen *verb* to move in 2182

einzig *adj* only, single 342

Eis *das* ice, ice cream 2818

elegant *adj* elegant 3080

elektrisch *adj* electric 1519

Elektron *das* electron 2519

elektronisch *adj* electronic 1593

Element *das* element 1354

elementar *adj* elementary, basic 3723

elf *num* eleven 1417

Eltern *die (pl)* parents 351

E-Mail *die, das* e-mail 2758

emotional *adj* emotional 3436

Empfang *der* reception 2819

empfangen *verb* to receive 2243

Empfänger *der* recipient 2820

empfehlen *verb* to recommend 1199

Empfehlung *die* recommendation 3294

empfinden *verb* to feel 1137

empfindlich *adj* sensitive 3178

empirisch *adj* empirical 1845

Ende *das* end 204

enden *verb* to end 1846

endgültig *adj* final 1594

endlich *adv* finally, at last 496

endlos *adj* endless, infinite 3568

Energie *die* energy 1101

eng *adj* narrow, close 591

Engagement *das* commitment 2306

engagieren *verb* to commit 2064

Engel *der* angel 3967

englisch *adj* English 628

enorm *adj* enormous 2029

Ensemble *das* ensemble 3437

entdecken *verb* to discover 884

Entdeckung *die* discovery 3569

entfallen *verb* to slip (sb's mind), be dropped 2899

entfalten *verb* to unfold, develop 3570

entfernen *verb* to remove, leave 1138

entfernt *adj* distant 1817

Entfernung *die* distance 2307

entgegenkommen *verb* to (come to) meet, accommodate 3081

entgehen *verb* to escape 3968

enthalten *verb* to contain 574

entlang *prep* along 1520

entlassen *verb* to dismiss, fire 2244

entnehmen *verb* to take, extract, infer 2520

entscheiden *verb* to decide 576

entscheidend *adj* decisive 586

Entscheidung *die* decision 542

entschließen (sich) *verb* to decide 2065

entschuldigen *verb* to excuse, apologize 1994

Entschuldigung *die* apology, excuse 2759

entspannen *verb* to relax 2821

entsprechen *verb* to correspond 254

entsprechend *prep* in accordance, accordingly 1892

entstehen *verb* to originate, develop 281

Entstehung *die* origin 2521

enttäuschen *verb* to disappoint 1893

Enttäuschung *die* disappointment 3438

entweder *conj* either 998

entwerfen *verb* to design 3082

entwickeln *verb* to develop 353

Entwicklung *die* development 303

Entwicklungsland *das* developing nation 2406

Entwurf *der* sketch, design, draft 2407

entziehen *verb* to take away, remove 2408

Epoche *die* epoch 3083

er *pron* he 20

erarbeiten *verb* to work for, out 2308

erbringen *verb* to raise, produce 2409

Erde *die* earth, ground, soil 781

Ereignis *das* event 1175

erfahren *verb* to experience, find out 587

Erfahrung *die* experience 493

erfassen *verb* to grasp 1373

Erfassung *die* recording, entry 3969

erfinden *verb* to invent 2410

Erfindung *die* invention 3571

Erfolg *der* success 577

erfolgen *verb* to take place, occur 568

erfolgreich *adj* successful 841

erforderlich *adj* required, necessary 891

erfordern *verb* to require, demand 1621

erforschen *verb* to explore, investigate 3439

erfreuen *verb* to please, take pleasure 3295

erfüllen *verb* to grant, fulfil 751

Erfüllung *die* fulfilment 3179

ergänzen *verb* to add, complete 1495

ergeben *verb* to result in 430

Ergebnis *das* result 405

ergreifen *verb* to grab, seize 2245

erhalten *verb* to receive 283

erhältlich *adj* available 3572

Erhaltung *die* preservation, maintenance 3863

erheben *verb* to raise 1102

erheblich *adj* considerable 1057

erhoffen *verb* to expect, hope for 3573

erhöhen *verb* to raise, increase 729

Erhöhung *die* increase 2760

erholen (sich) *verb* to recover, relax 3296

Erholung *die* recovery, relaxation, rest 3724

erinnern *verb* to remind 424

Erinnerung *die* memory 941

erkennbar *adj* recognizable 2246

erkennen *verb* to recognize, admit 352

Erkenntnis *die* realization, discovery 1149

erklären *verb* to explain 250

Erklärung *die* explanation 1103

Erkrankung *die* illness, disease 1929

erkundigen (sich) *verb* to inquire 3864

erlangen *verb* to obtain, secure 2672

erlassen *verb* to enact, declare 3725

erlauben *verb* to allow, permit 853

erläutern *verb* to explain 1790

erleben *verb* to experience 637

Erlebnis *das* experience 2141

erledigen *verb* to settle, take care 1995

erleichtern *verb* to relieve, make easier 1651

erleiden *verb* to suffer 3574

erlernen *verb* to learn 2522

ermitteln *verb* to find out, investigate 1476

Ermittlung *die* investigation 2900

ermöglichen *verb* to enable 942

Ernährung *die* food, diet 2822

erneut *adj* again, renewed 975

ernst *adj* serious 1058

ernsthaft *adj* serious 2352

eröffnen *verb* to open, start 1200

Eröffnung *die* opening 3297

erregen *verb* to arouse, annoy 2997

Erreger *der* agent, virus, germ 3084

erreichbar *adj* within reach, reachable 3440

erreichen *verb* to achieve, reach 305

errichten *verb* to build, erect 2462

Ersatz *der* replacement, compensation 3575

erscheinen *verb* to appear 359

Erscheinung *die* phenomenon, appearance 2672

erschießen *verb* to shoot dead 3298

erschließen *verb* to develop, tap 3180

erschöpfen *verb* to exhaust 3441

erschrecken *verb* to frighten, be startled 1622

erschweren *verb* to make more difficult 3442

ersetzen *verb* to replace, reimburse 1334

ersparen *verb* to spare 3299

erst *adv* first, only, not until 126

erstaunen *verb* to astonish 2674

erstaunlich *adj* astonishing 2353

erste (r, s) *adj* first 91

erstellen *verb* to build, draw up, produce 2030

erstmals *adv* for the first time 1258

erstrecken (sich) *verb* to extend, include 3300

erteilen *verb* to give 2246

Ertrag *der* yield 2901

ertragen *verb* to bear 3301

erwachen *verb* to wake up 3443

Erwachsene *der, die* adult, grown-up 1847

erwähnen *verb* to mention 983

erwarten *verb* to expect 376

Erwartung *die* expectation 1961

erwecken *verb* to wake, arouse 3444

erweisen *verb* to prove 1457

erweitern *verb* to widen, expand 1458

Erweiterung *die* expansion, extension 2523

erwerben *verb* to acquire, purchase 1496

erwidern *verb* to reply 2675

erwischen *verb* to catch 2298

erzählen *verb* to tell 240

Erzähler *der* storyteller, narrator 3865

Erzählung *die* narration, story 2354

erzeugen *verb* to produce, generate 1595

erziehen *verb* to bring up, educate 3181

Erziehung *die* upbringing, education 2181

erzielen *verb* to achieve, reach 1317

es *pron* it 14

essen *verb* to eat 655

Essen *das* food, meal 968

etablieren *verb* to establish 2761

etc. *adv* etc. 1521

etliche *pron* quite a few 2412

etwa *adv* about, approximately 172

etwas *pron* something, some, a little 107

euch *pron* you, yourselves 697

euer *pron* your 1930

Euro *der* euro (unit of currency) 333

Europäer *der* European 3726

europäisch *adj* European 416

evangelisch *adj* protestant 2823

eventuell *adj* possible 1761

ewig *adj* eternal 1848

exakt *adj* exact 1962

Existenz *die* existence 2248

existieren *verb* to exist 1125

Experiment *das* experiment 2095

experimentell *adj* experimental 2412

Experte *der* expert 1459

explizit *adj* explicit 3576

extern *adj* external 3182

extra *adv* separately, extra 2999

extrem *adj* extreme 1550

Ff

Fabrik *die* factory 3727

Fach *das* compartment, subject 698

Fachbereich *der* (academic) department, field 3866

Fachhochschule *die* technical college (of higher education) 2413

Fachleute *die (pl)* experts 3867

fachlich *adj* specialist, informed 3577

Fähigkeit *die* ability, capability 1188

Fahne *die* flag 3970

fahren *verb* to drive, ride, go 169

Fahrer *der* driver 1849

Fahrrad *das* bicycle 1596

Fahrt *die* drive, trip 1677

Fahrzeug *das* vehicle 1963

Fakten *die (pl)* facts 3868

Faktor *der* factor 1150

Fakultät *die* faculty 3971

Fall *der* fall, case 160

fallen *verb* to fall 278

fällig *adj* due 3869

falls *conj* in case, if 1355

falsch *adj* false, wrong 638

Familie *die* family 310

Fan *der* fan, supporter 2463

fangen *verb* to catch 2608

Farbe *die* colour 929

Fassade *die* façade, front 3972

fassen *verb* to grasp, hold 1151

Fassung *die* version, composure, frame, socket 3870

fast *adv* almost 223

faszinieren *verb* to fascinate 2414

Faust *die* fist 3445

Februar *der* February 2031

fehlen *verb* to lack, be missing, be absent 446

Fehler *der* mistake, error 1152

Feier *die* celebration 3973

feiern *verb* to celebrate 1059

fein *adj* fine 1235

Feind *der* enemy 2524

Feld *das* field 1126

Felsen *der* rock 3302

Fenster *das* window 634

Ferien *die (pl)* holiday, vacation 2676

fern *adj* far, distant 2249

Ferne *die* distance 2355

ferner *adv* furthermore 2677

Fernsehen *das* television 1060

Fernseher *der* television 2415

fertig *adj* finished, ready 717

fest *adj* firm, solid 674

Fest *das* festival, celebration 1437

festhalten *verb* to hold on to, detain 1019

Festival *das* festival 3446

festlegen *verb* to fix, lay down 1237

festnehmen *verb* to arrest, detain 3578

festsetzen *verb* to determine 3974

feststellen *verb* to establish, detect 603

Feststellung *die* observation, remark 3085

feucht *adj* damp 2762

Feuer *das* fire 1522

Feuerwehr *die* fire brigade 3579

Fieber *das* fever 3580

Figur *die* figure 1477

Film *der* film 524

finanziell *adj* financial 909

finanzieren *verb* to finance 2184

Finanzierung *die* financing 2416

Finanzminister *der* finance minister 3183

finden *verb* to find 110

Finger *der* finger 1034

Firma *die* firm, company 555

Fisch *der* fish 1623

fixieren *verb* to fix (one's eyes), fixate 3581

flach *adj* flat, low, shallow 2032

Fläche *die* area, surface 1931

Flasche *die* bottle 1762

Fleck *der* stain 2309

Fleisch *das* meat, flesh 1624

flexibel *adj* flexible 3000

fliegen *verb* to fly 930

fliehen *verb* to flee, escape 2824

fließen *verb* to flow 1678

fließend *adj* fluent 3303

Flucht *die* flight, escape 2525

flüchten *verb* to flee 3447

flüchtig *adj* fugitive, cursory, fleeting 3728

Flüchtling *der* refugee 2526

Flug *der* flight 2678

Flügel *der* wing 3871
Fluggesellschaft *die* airline 3582
Flughafen *der* airport 1932
Flugzeug *das* aeroplane 1395
Flur *der* hall, corridor 2902
Fluss *der* river 1551
flüssig *adj* liquid 3872
Flüssigkeit *die* liquid 3304
flüstern *verb* to whisper 2763
Folge *die* result, consequence 389
folgen *verb* to follow 202
folglich *adv* consequently 3873
fordern *verb* to demand, claim 535
fördern *verb* to promote, support 1127
Forderung *die* demand, claim 854
Förderung *die* support, sponsorship 1679
Form *die* form, shape 300
formal *adj* formal 3086
Format *das* format 2903
Formel *die* formula 1763
formen *verb* to form 3184
formulieren *verb* to formulate 1335
Formulierung *die* formulation 3087
Forscher *der* researcher 1996
Forschung *die* research 1020
fort *adv* away, gone 3001
Fortschritt *der* progress 1764
fortsetzen *verb* to continue 1765
Forum *das* forum, audience, public discussion 3874
Foto *das* photograph 1396
Fotografie *die* photography 1964
fotografieren *verb* to photograph 3729
fotografisch *adj* photographic 3583
Frage *die* question 152
fragen *verb* to ask 175
Fragestellung *die* problem 2679
Fraktion *die* parliamentary party 2250
Franken, fr. *der* (Swiss) franc 1438
Frankfurter *adj* Frankfurt 2464
Franzose *der* Frenchman, French 2825
französisch *adj* French 644
Frau *die* woman, wife, Mrs 103
Fräulein *das* young lady, miss 3305
frei *adj* free 318
freigeben *verb* to release 3584
Freiheit *die* freedom 1153
freilich *adv* of course 1523
Freitag *der* Friday 1277

freiwillig *adj* voluntary 1718
Freizeit *die* spare time 1154
fremd *adj* foreign, strange 639
Fremdsprache *die* foreign language 1791
Frequenz *die* frequency 3875
fressen *verb* to eat 3448
Freude *die* joy 999
freuen *verb* to be happy 692
Freund *der* friend 327
Freundin *die* friend 1035
freundlich *adj* friendly 1552
Freundschaft *die* friendship 2680
Frieden *der* peace 1478
Friedhof *der* cemetery 3306
friedlich *adj* peaceful 2826
frisch *adj* fresh 1297
Frist *die* time period, deadline 2609
froh *adj* happy 1418
fröhlich *adj* cheerful 3185
Front *die* front 3307
Frucht *die* fruit 3876
früh *adj* early 322
früher *adv* in former times 354
Frühjahr *das* spring 2033
Frühling *der* spring 3975
Frühstück *das* breakfast 2681
fügen *verb* to add, submit 1818
fühlen *verb* to feel 419
führen *verb* to lead 155
Führer *der* leader, guide 3186
Führung *die* management, command, leadership 1553
Fülle *die* abundance 3308
füllen *verb* to fill 1278
fünf *num* five 272
fünfundzwanzig *num* twenty-five 3877
fünfzehn *num* fifteen 1965
fünfzig *num* fifty 1625
Funktion *die* function 441
funktionieren *verb* to function, work 1086
für *prep* for 18
Furcht *die* fear 3730
furchtbar *adj* terrible 2827
fürchten *verb* to fear 1460
Fusion *die* fusion, merger 3187
Fuß *der* foot 616
Fußball *der* soccer, football 1496

Gg

Galerie *die* gallery 3449

Gang *der* corridor, aisle, course 1104

ganz *adj* whole, all the 66

gänzlich *adj* entirely 3731

gar *adv* at all 153

garantieren *verb* to guarantee 2066

Garten *der* garden 959

Gas *das* gas 2764

Gast *der* guest 675

Gebäude *das* building 1201

geben *verb* to give 57

Gebiet *das* region, area 678

Gebirge *das* mountains 3309

geboren *adj* born 855

Gebrauch *der* use 2067

Gebühr *die* fee 3585

Geburt *die* birth 2185

Geburtstag *der* birthday 1766

Gedächtnis *das* memory 3002

Gedanke *der* thought 529

Gedicht *das* poem 2356

Geduld *die* patience 3732

Gefahr *die* danger 732

gefährden *verb* to endanger 1997

gefährlich *adj* dangerous 1336

gefallen *verb* to please 536

gefangen *adj* captive, (be a) prisoner 2310

Gefängnis *das* prison 3003

Gefühl *das* feeling 502

gegebenenfalls *adv* if necessary 2068

gegen *prep* against 117

Gegend *die* area, region 1155

Gegensatz *der* opposite, contrast 910

gegenseitig *adj* mutual, each other 1894

Gegenstand *der* object 984

Gegenteil *das* opposite 1850

gegenüber *prep* opposite 326

Gegenwart *die* present 1767

gegenwärtig *adj* present 1479

Gegner *der* opponent, competitor, enemy 1792

Gehalt *das* salary 2682

geheim *adj* secret 2527

Geheimdienst *der* secret service 3586

Geheimnis *das* secret 2683

gehen *verb* to go 69

Gehirn *das* brain 1933

gehören *verb* to belong 280

Geist *der* mind, spirit 1337

geistig *adj* intellectual, mental 1279

geistlich *adj* religious, spiritual 2765

Gelände *das* ground, site 3088

gelangen *verb* to reach 1439

gelb *adj* yellow 1819

Geld *das* money 249

Gelegenheit *die* opportunity 1356

gelegentlich *adj* occasionally 1998

Geliebte *der, die* lover 3089

gelingen *verb* to succeed 578

gelten *verb* to be valid 185

gemäß *prep* in accordance with 1524

Gemeinde *die* community, municipality 1000

Gemeinderat *der* district council 3976

gemeinsam *adj* common, mutual 346

Gemeinschaft *die* community 1851

Gemüse *das* vegetables 3450

gemütlich *adj* comfortable, cosy 3451

Gen *das* gene 2766

genau *adj* exact 183

genauso *adv* just as 943

Genehmigung *die* approval, permit, permission 3452

General *der* general 3733

Generalsekretär *der* Secretary-General 3587

Generation *die* generation 1318

generell *adj* general 2096

genetisch *adj* genetic 2828

genießen *verb* to enjoy, relish 1652

gentechnisch *adj* (using) genetic engineering 3977

genug *adv* enough 480

genügen *verb* to be sufficient 822

Geographie *die* geography 1259

geographisch *adj* geographic 1680

Gepäck *das* luggage 3588

gerade *adv* just, just now 176

geradezu *adv* absolutely, really 2186

Gerät *das* tool, piece of equipment, appliance 733

geraten *verb* to get into 1021

Geräusch *das* sound, noise 2684

gerecht *adj* just 2069

Gerechtigkeit *die* justice 3878

Gericht *das* court, dish 1238

gering *adj* low, small 466

Germanistik *die* German studies 3733

gern, gerne *adv* (with a verb) enjoy 235

Geruch *der* smell 3188

Gerücht *das* rumour 3589

gesamt *adj* whole, entire 569

Geschäft *das* business 663

Geschäftsführer *der* manager 2070
Geschäftsjahr *das* financial year 3310
geschehen *verb* to happen, occur 488
Geschenk *das* gift 2610
Geschichte *die* history, story 273
Geschlecht *das* sex, gender 2528
Geschmack *der* taste 2685
Geschwindigkeit *die* speed 1554
Geschwister *die (pl)* siblings 3090
Gesellschaft *die* society, company 275
Gesellschafter *der* associate, shareholder 1202
gesellschaftlich *adj* social 1001
Gesetz *das* law 552
Gesetzgeber *der* legislator, legislature 3590
gesetzlich *adj* legal 1156
Gesicht *das* face 365
Gesichtspunkt *der* point of view 2829
gespannt *adj* eager, anxious, tense 3453
Gespräch *das* conversation 420
Gestalt *die* shape, form, figure 1461
gestalten *verb* to shape, design 1374
Gestaltung *die* design, organization 2611
gestatten *verb* to allow, permit 3735
Geste *die* gesture 3004
gestehen *verb* to confess 3311
gestern *adv* yesterday 530
gesund *adj* healthy 1525
Gesundheit *die* health 1934
Getränk *das* drink, beverage 3736
gewähren *verb* to grant, give 2034
gewährleisten *verb* to guarantee 2612
Gewalt *die* violence, force 1498
gewaltig *adj* enormous, tremendous, powerful 1895
Gewebe *das* fabric, tissue 3978
Gewehr *das* rifle, shotgun 3737
Gewerkschaft *die* trade union 1852
Gewicht *das* weight 2035
Gewinn *der* profit 1239
gewinnen *verb* to win, gain 410
gewiss *adj* certain 392
Gewissen *das* conscience 2529
gewissermaßen *adv* so to speak, as it were 3453
gewöhnen *verb* to get used to 2417
gewöhnlich *adj* usual 2142
gewohnt *adj* usual 1999
gezielt *adj* purposeful, pointed, well-aimed 2187
gießen *verb* to water, pour 3455
Gipfel *der* peak, summit 3879
glänzend *adj* shining, brilliant 3880

Glas *das* glass 1022
glatt *adj* smooth, slippery 2357
glauben *verb* to believe 143
Glauben *der* faith, belief 2097
Gläubiger *der* creditor, believer 2530
gleich *adj* same, right away, just 148
gleichen *verb* to be alike, be just like 3456
Gleichgewicht *das* balance 3189
gleichmäßig *adj* regular, even 3591
gleichsam *adj* as it were, so to speak 3592
Gleichung *die* equation 3005
gleichwohl *adv* nevertheless 3312
gleichzeitig *adj* simultaneous 548
gleiten *verb* to glide 2767
Glied *das* limb, joint, link 3738
Gliederung *die* structure, organization 3593
global *adj* global 1793
Glück *das* luck, fortune 763
glücklich *adj* happy, fortunate 1189
GmbH *die* limited liability company, Ltd 1176
Gold *das* gold 2686
golden *adj* gold, golden 2358
Gott *der* god 489
Grab *das* grave 3594
Grad *der, das* degree 1087
Graf *der* count, earl 3739
Gramm *das* gram 3091
Gras *das* grass 3313
grau *adj* grey 1526
greifen *verb* to take hold of, reach 985
Gremium *das* committee 3740
Grenze *die* border, frontier 579
Grenzwert *der* limiting value, limit 3595
griechisch *adj* Greek 2311
Griff *der* handle, grip, grasp 2531
grinsen *verb* to grin 2418
grob *adj* coarse, rude, gross 2000
groß *adj* big, large, great 74
großartig *adj* splendid, superb 3979
Größe *die* size, height 815
Großmutter *die* grandmother 2830
Großstadt *die* city, large town 3314
Großteil *der* large part, majority 3881
Großvater *der* grandfather 3457
großzügig *adj* generous 3190
grün *adj* green 556
Grund *der* reason, basis 230
gründen *verb* to establish, found 1088
Grundgesetz *das* basic law 2251

Grundlage *die* basis 969

grundlegend *adj* basic, fundamental 1896

gründlich *adj* thorough 2904

Grundsatz *der* principle 2098

grundsätzlich *adj* fundamental 721

Grundschule *die* primary school 3458

Grundstück *das* plot of land 2143

Gründung *die* foundation 2359

Gruppe *die* group 363

Gruß *der* greeting 3980

grüßen *verb* to greet 3459

gucken, kucken *verb* to look 1794

gültig *adj* valid 3092

Gunst *die* goodwill, favour 3741

günstig *adj* favourable, good 1462

gut *adj* good 78

Gut *das* estate, good(s) 1555

Gutachten *das* report, reference 3742

Gymnasium *das* secondary school 1527

Hh

Haar *das* hair 792

haben *verb* to have 7

Hafen *der* harbour 2687

haften *verb* to be responsible, to stick 3006

halb *adj* half 411

Hälfte *die* half 976

Halle *die* hall 2188

hallo *part* hello 1375

Hals *der* neck, throat 1820

halt *part* just, simply 219

Halt *der* stop, hold 2532

halten *verb* to stop, hold 144

Haltung *die* posture, attitude 1653

Hamburger *adj* Hamburg 2465

Hand *die* hand 179

Handel *der* trade 1853

handeln *verb* to deal, trade 301

Händler *der* trader, dealer, retailer 2252

Handlung *die* action, plot 2312

Handwerk *das* craft, trade 3596

Handwerker *der* workman, tradesman 3743

Handy *das* mobile phone 2466

Hang *der* slope, inclination 3315

hängen *verb* to hang 688

harmlos *adj* harmless 3882

hart *adj* hard 730

Hass *der* hatred 3460

hassen *verb* to hate 3597

hässlich *adj* ugly 3883

häufig *adj* frequent 432

hauptsächlich *adj* main 1463

Hauptstadt *die* capital city 1768

Haus *das* house 159

Haushalt *der* household, budget 1045

Haustür *die* front door 3743

Haut *die* skin 1023

heben *verb* to lift, raise 931

Heft *das* notebook 3598

heftig *adj* heavy, violent 1338

heilig *adj* holy 1719

Heim *das* home 2613

Heimat *die* home, homeland 1821

heimisch *adj* indigenous, native, at home 3191

heimlich *adj* secret 2614

heiraten *verb* to marry 1298

heiß *adj* hot 920

heißen *verb* to be called 123

Held *der* hero 2905

helfen *verb* to help 406

Helfer *der* helper, accomplice 3599

hell *adj* light, bright 1397

Hemd *das* shirt 2533

her *adv* from sth, as far as . . . is concerned 426

heraus *pron* out 1190

herausfinden *verb* to find out 2467

Herausforderung *die* challenge 2189

herausgeben *verb* to publish, give change, hand out 3981

herauskommen, rauskommen *verb* to come out 1556

herausnehmen *verb* to take out 3745

herausstellen *verb* to emphasize, come to light 2144

Herbst *der* autumn 1376

herein, rein *adv* in, into 2906

hereinkommen, reinkommen *verb* to come in 1319

herkommen *verb* to come here 2419

herkömmlich *adv* conventional 3316

Herkunft *die* origin 2831

Herr *der* man, Mr 187

herrlich *adj* marvellous 3007

Herrschaft *die* power, reign 3008

herrschen *verb* to rule 1089

herstellen *verb* to produce 944

Hersteller *der* manufacturer, producer 1966

Herstellung *die* production 2907

herum *adv* around 1967

hervorgehen *verb* to come from, follow 3461

hervorheben *verb* to emphasize, stress **3746**

hervorragend *adj* outstanding **2768**

hervorrufen *verb* to evoke, arouse, cause **3600**

Herz *das* heart **699**

herzlich *adj* cordial, warm **2420**

heuer *adv* this year **2908**

heute *adv* today **121**

heutig *adj* present-day, today's **892**

heutzutage *adv* nowadays **3093**

HGB (Handelsgesetzbuch) *das* commercial code **2001**

hier *adv* here **71**

hierbei *adv* while doing this, on this occasion **2253**

hierfür *pron* for this **2421**

hierher *adv* here **2099**

hierzu *adv* with it, concerning this **2254**

Hilfe *die* help **737**

hilflos *adj* helpless **3982**

Himmel *der* sky, heaven **921**

hin *adv* there **521**

hinauf *adv* up, upwards **1822**

hinaus *adv* out, beyond **741**

hinausgehen *verb* to go out, exceed **2688**

Hinblick *der* view **2255**

hinein *adv* in, into **2190**

hinfahren *verb* to go there, drive there **3094**

hingegen *adv* on the other hand **1280**

hingehen *verb* to go (there) **1823**

hinnehmen *verb* to accept **3601**

Hinsicht *die* respect **1795**

hinsichtlich *prep* with regard to **1968**

hinten *adv* at the back **1398**

hinter *prep* behind, in back of **288**

Hintergrund *der* background **1260**

hinterher *adv* after, afterwards **2769**

hinterlassen *verb* to leave **2534**

hinüber *adv* over, across **3462**

hinweg *adv* (be) over, for (many years) **2615**

Hinweis *der* hint **1002**

hinweisen *verb* to point to, refer to **1377**

hinzu *adv* in addition **3317**

historisch *adj* historical **752**

Hitze *die* heat **2770**

Hobby *das* hobby **1419**

hoch *adj* high, tall **129**

Hochschule *die* college, university **1128**

höchstens *adv* at most **1854**

hochwertig *adj* high-quality **3883**

Hochzeit *die* wedding **2832**

hocken *verb* to squat, crouch **3009**

Hof *der* courtyard, yard **1357**

hoffen *verb* to hope **689**

hoffentlich *adv* hopefully **2191**

Hoffnung *die* hope **1217**

Höhe *die* height, altitude **629**

Höhepunkt *der* high point, peak **2616**

Höhle *die* cave **3463**

holen *verb* to get, fetch **640**

Holz *das* wood **1969**

hören *verb* to hear **1557**

Hörer *der* listener, receiver **3885**

Horizont *der* horizon **2617**

Hose *die* trousers, pants **2422**

Hotel *das* hotel **1129**

hübsch *adj* pretty **2360**

Hügel *der* hill **3318**

Hund *der* dog **1046**

hundert *num* hundred **945**

Hunger *der* hunger **2833**

Hut *der* hat **2689**

Hütte *die* hut **2468**

Hypothese *die* hypothesis **3747**

Ii

ich *pron* I **8**

ideal *adj* ideal **1721**

Idee *die* idea **641**

identifizieren *verb* to identify **2618**

identisch *adj* identical **3602**

Identität *die* identity **2145**

ihm *pron* him **92**

ihn *pron* him **93**

ihnen *pron* them **137**

ihr *pron* you, her **26**

illegal *adj* illegal **3603**

immer *adv* always **68**

immerhin *adv* after all **922**

Immunsystem *das* immune system **2313**

Impuls *der* stimulus, impulse **2423**

in *prep* in **4**

indem *conj* while, by **770**

indes *adv* meanwhile **2256**

Indianer *der* Native American **3886**

indirekt *adj* indirect **2535**

indisch *adj* Indian **2619**

individuell *adj* individual **1003**

Individuum *das* individual **2257**

Industrie *die* industry **1480**

Industrieland *das* industrial(ized) country **3887**

industriell *adj* industrial **3604**

Infektion *die* infection **2536**

infizieren *verb* to infect **3319**

infolge *prep* as a result of **3095**

Information *die* information **467**

Informationstechnologie, IT *die* information technology, IT **2192**

informieren *verb* to inform **1157**

Infrastruktur *die* infrastructure **3010**

Ingenieur *der* engineer **3320**

Inhalt *der* contents, plot **923**

inhaltlich *adj* in terms of content **1970**

Initiative *die* initiative **2100**

innen *adv* inside **2258**

Innenminister *der* Minister of the Interior **3748**

Innenstadt *die* town centre, downtown **3463**

innere (r, s) *adj* internal **734**

innerhalb *prep* within **510**

insbesondere *adv* especially **511**

Insel *die* island **1299**

insgesamt *adv* in all, altogether **592**

insofern *adv* as far as that goes **1261**

installieren *verb* to install **3888**

Institut *das* institute **771**

Institution *die* institution **1499**

Instrument *das* instrument **1300**

inszenieren *verb* to stage **3983**

Inszenierung *die* production, staging **3096**

Integration *die* integration **2002**

integrieren *verb* to integrate **1769**

intellektuell *adj* intellectual **2771**

intelligent *adj* intelligent **3465**

Intelligenz *die* intelligence **3605**

intensiv *adj* intensive **1320**

interessant *adj* interesting **531**

Interesse *das* interest **393**

interessieren *verb* to interest **422**

interkulturell *adj* intercultural **3889**

intern *adj* internal **2537**

international *adj* international **371**

Internet *das* internet **588**

Interpretation *die* interpretation **2690**

interpretieren *verb* to interpret **2361**

Interview *das* interview **1339**

investieren *verb* to invest **2146**

Investition *die* investment **1897**

Investor *der* investor **3192**

inwieweit *adv* to what extent **3606**

inzwischen *adv* in the meantime **454**

irgendein *pron* some, any **946**

irgendetwas, irgendwas *pron* something, anything **785**

irgendwann *adv* sometime **1061**

irgendwelche (r, s) *pron* some, any **1004**

irgendwie *adv* somehow **366**

irgendwo *adv* somewhere **669**

irren *verb* to be wrong **3466**

Islam *der* Islam **3749**

islamisch *adj* Islamic **2193**

isolieren *verb* isolate, insulate **3097**

israelisch *adj* Israeli **2147**

Italiener *der* Italian **3750**

italienisch *adj* Italian **1440**

Jj

ja *part* yes, of course **27**

Jacke *die* jacket **3890**

Jagd *die* hunt, chase **3891**

jagen *verb* to hunt **3193**

Jäger *der* hunter **3607**

Jahr *das* year **51**

jahrelang *adj* (lasting) for years **2909**

Jahreszeit *die* season **3892**

Jahrhundert *das* century **447**

–jährig *adj* years (old) **486**

jährlich *adj* annual **1281**

Jahrzehnt *das* decade **1203**

Januar *der* January **1301**

japanisch *adj* Japanese **2910**

Jazz *der* jazz **3467**

je *adv* ever, each **312**

jede (r, s) *pron* every **88**

jedenfalls *adv* in any case **557**

jederzeit *adv* any time **2834**

jedoch *adv* however **191**

jegliche (r, s) *pron* any **3608**

jemals *adv* ever **2911**

jemand *pron* someone **397**

jene (r ,s) *pron* that, those **379**

jenseits *prep* beyond **2772**

jetzig *adj* current **2691**

jetzt *adv* now **62**

jeweilig *adj* particular, respective **885**

jeweils *adv* each, each time **580**

Job *der* job **1090**

Journalist *der* journalist **2036**

Jude *der* Jew **1378**

jüdisch *adj* Jewish 1626

Jugend *die* youth 1627

Jugendliche *der, die* adolescent 932

Juli *der* July 1528

jung *adj* young 184

Junge *der* boy 630

Juni *der* June 1628

Jurist *der* jurist, law student 3984

juristisch *adj* legal, juridical 2259

Kk

Kaffee *der* coffee 1420

Kaiser *der* emperor 2912

kalt *adj* cold 875

Kamera *die* camera 2148

Kammer *die* (small) room 2913

Kampf *der* fight, struggle 876

kämpfen *verb* to fight 1340

Kanal *der* canal, channel 2149

Kandidat *der* candidate 1441

Kanton *der* canton (Switzerland), province 2362

Kanzler *der* chancellor 1855

Kapital *das* capital 2424

Kapitän *der* captain 3098

Kapitel *das* chapter 911

Karriere *die* career 2150

Karte *die* card, ticket, menu 1191

Kartoffel *die* potato 3609

Käse *der* cheese 3610

Kasse *die* cash register, checkout 2003

Kassette *die* cassette, tape 3751

Kasten *der* box, crate 3752

Katalog *der* catalogue 3011

Katastrophe *die* catastrophe 2260

Kategorie *die* category 2004

katholisch *adj* Catholic 1935

Katze *die* cat 1500

Kauf *der* purchase 1824

kaufen *verb* to buy 581

Käufer *der* buyer 1796

kaum *adv* hardly 259

kein *pron* no 50

keinerlei *pron* no . . . at all 2773

keineswegs *adv* by no means, not at all 1797

Keller *der* cellar 2363

kennen *verb* to know 181

Kenntnis *die* knowledge 947

kennzeichnen *verb* to characterize, mark 1971

Kerl *der* fellow, bloke 3194

Kern *der* seed, core, nucleus 2425

Kerze *die* candle 3985

Kette *die* chain 2914

Kilogramm, kg *das* kilogram 1798

Kilometer *der* kilometer 735

Kind *das* child 106

Kindergarten *der* nursery school 2538

Kindheit *die* childhood 2774

Kino *das* cinema, movie theatre 1825

Kirche *die* church 519

kirchlich *adj* ecclesiastical 3012

Kiste *die* box, crate 3099

Klage *die* complaint, lawsuit 2692

klagen *verb* to complain 2426

Klang *der* sound, tone 3611

klappen *verb* to fold, go as planned 1770

klar *adj* clear 255

klären *verb* to clear up, clarify 2037

Klasse *die* class 619

klassisch *adj* classical 912

Klavier *das* piano 2775

kleben *verb* to stick 2915

Kleid *das* dress 1681

Kleidung *die* clothes 2916

klein *adj* small, little 114

klettern *verb* to climb 2620

Klima *das* climate 2539

klingeln *verb* to ring 3612

klingen *verb* to sound 886

Klinik *die* clinic, hospital 2693

klinisch *adj* clinical 3100

klopfen *verb* to knock, beat 2427

Kloster *das* monastery, convent 3468

klug *adj* clever 3013

knapp *adj* scarce, slim 753

Kneipe *die* pub, bar 2917

Knie *das* knee 1972

Knochen *der* bone 3101

Koalition *die* coalition 1682

Koch *der* cook 3986

kochen *verb* to cook 1005

Koffer *der* suitcase 2314

kognitiv *adj* cognitive 3753

Kohle *die* coal 3469

Kollege *der* colleague 683

Kollegin *die* colleague 3196

Kölner *adj* Cologne 3987

Kombination *die* combination 1973

kombinieren *verb* to combine 3196

komisch *adj* funny, strange 2261

kommen *verb* to come 61

Kommentar *der* comment, opinion 3754

kommentieren *verb* to comment 3613

Kommission *die* commission, committee 1597

Kommune *die* municipality, local authority 3988

Kommunikation *die* communication 1358

kommunikativ *adj* communicative 2621

Kompetenz *die* competence, authority 2038

komplett *adj* complete 2151

komplex *adj* complex 1240

kompliziert *adj* complicated 2039

Komponente *die* component 2101

Komponist *der* composer 3197

Kompromiss *der* compromise 3614

Konferenz *die* conference 2622

Konflikt *der* conflict 1421

konfrontieren *verb* to confront 3321

Kongress *der* congress, convention 3322

König *der* king 1241

Königin *die* queen 3615

Konjunktur *die* (state of the) economy 2835

konkret *adj* concrete 842

Konkurrent *der* competitor 2836

Konkurrenz *die* competition 1826

können *verb* to be able to, can 23

konsequent *adj* consistent 2776

Konsequenz *die* consequence 1529

konservativ *adj* conservative 2102

konstant *adj* constant 2918

Konstruktion *die* construction, design 3616

Konsument *der* consumer 3470

Kontakt *der* contact 700

Kontext *der* context 3102

Kontinent *der* continent 2540

kontinuierlich *adj* constant, continuous 2777

Konto *das* account 2364

Kontrolle *die* inspection 1177

kontrollieren *verb* to check, control 1683

konventionell *adj* conventional 3198

Konzentration *die* concentration 2778

konzentrieren *verb* to concentrate 1218

Konzept *das* draft, plan 893

Konzeption *die* concept, conception 3755

Konzern *der* (business) group 1501

Konzert *das* concert 1721

konzipieren *verb* to plan, design 3893

Kooperation *die* cooperation 2469

Kopf *der* head 279

Koralle *die* coral 3989

Körper *der* body 617

körperlich *adj* physical 1771

korrekt *adj* correct 2779

korrigieren *verb* to correct, revise 2694

Kosten *die* costs, expenses 722

kosten *verb* to cost 894

kostenlos *adj* free (of charge) 3323

Kraft *die* strength, power 558

kräftig *adj* strong 1684

krank *adj* sick, ill 1105

Krankenhaus *das* hospital 1598

Krankenkasse *die* health insurance company 3990

Krankheit *die* illness, disease 865

kreativ *adj* creative 3103

Kreativität *die* creativity 3756

Kredit *der* credit 2152

Kreis *der* circle, district 856

Kreislauf *der* circulation 3617

Kreuz *das* cross 2623

kriechen *verb* to crawl 3199

Krieg *der* war 407

kriegen *verb* to get, receive 497

Krise *die* crisis 1722

Kriterium *das* criterion 1379

Kritik *die* criticism, review 1158

Kritiker *der* critic 2919

kritisch *adj* critical 1422

kritisieren *verb* to criticize 1481

Küche *die* kitchen, cuisine 960

Kugel *die* ball, sphere, bullet 3618

Kuh *die* cow 3619

kühl *adj* cool 2103

Kultur *die* culture 593

kulturell *adj* cultural 895

kümmern (sich) *verb* to take care of, be concerned 1159

Kunde *der* customer, client 656

kündigen *verb* to terminate 2695

Kündigung *die* termination, (notice of) dismissal 2541

künftig *adj* future 742

Kunst *die* art 468

Künstler *der* artist 877

künstlerisch *adj* artistic 1599

künstlich *adj* artificial 1974

Kunststoff *der* synthetic material, plastic 3991

Kunstwerk *das* work of art 3104

Kurs *der* course, exchange rate 948

Kurve *die* curve 3200

kurz *adj* short 205
kurzfristig *adj* at short notice 2040
kürzlich *adv* recently 2624
küssen *verb* to kiss 2625
Küste *die* coast 2920

Ll

Labor *das* laboratory 3201
lächeln *verb* to smile 793
lachen *verb* to laugh 559
Laden *der* shop 1464
laden *verb* to load 2470
Lage *die* situation, location 596
Lager *das* camp, storeroom 1502
lagern *verb* to store, to camp 3620
Lampe *die* lamp 3894
Land *das* land, country, state 146
landen *verb* to land 1600
Landesregierung *die* state government 3992
Landkreis *der* district 3202
ländlich *adj* rural 3895
Landschaft *die* landscape, countryside 1442
Landwirtschaft *die* agriculture 1723
landwirtschaftlich *adj* agricultural 3471
lang *adj* long 95
Länge *die* length 1685
langfristig *adj* long-term 1936
langjährig *adj* long-standing 3757
langsam *adj* slow 604
längst *adv* long since, a long time ago 878
langweilig *adj* boring 2921
Lärm *der* noise 3472
lassen *verb* to let, allow, have done 82
Last *die* load, burden 2837
Lauf *der* course, running 1106
laufen *verb* to run 248
Laune *die* mood 3993
lauschen *verb* to listen, eavesdrop 3473
laut *prep* according to 823
laut *adj* loud 1262
lauten *verb* to be (answer) 1558
lauter *adv* nothing but, just 3324
leben *verb* to live 168
Leben *das* life 220
lebendig *adj* living, lively 2542
Lebensjahr *das* year (of one's life) 2838
Lebensmittel *das* food 2041
Lebewesen *das* living being 3104
lediglich *adv* merely 896

leer *adj* empty 1006
legen *verb* to lay, put 296
lehnen *verb* to lean 2471
Lehre *die* apprenticeship, lesson, doctrine 1503
lehren *verb* to teach 2071
Lehrer *der* teacher 433
Lehrerin *die* teacher 2696
Leib *der* body 2780
Leiche *die* corpse 3621
leicht *adj* light, easy 285
Leid *das* sorrow, grief 1724
leiden *verb* to suffer 949
Leidenschaft *die* passion 3622
leider *adv* unfortunately 642
leise *adj* quiet, soft 1160
leisten *verb* to achieve 664
Leistung *die* performance 597
Leistungsfähigkeit *die* productivity, power 3623
leiten *verb* to lead 1219
Leiter *der* leader 1321
Leitung *die* management, leadership, pipe 1423
lenken *verb* to steer, guide 3203
lernen *verb* to learn 203
lesen *verb* to read 323
Leser *der* reader 1654
letzte (r, s) *adj* last 147
letztendlich *adv* ultimately 3203
letztlich *adv* in the end 1559
leuchten *verb* to shine, glow 1725
Leute *die (pl)* people 163
liberal *adj* liberal 2922
Licht *das* light 503
lieb *adj* dear, kind 807
Liebe *die* love 843
lieben *verb* to love 816
lieber *adv* rather 754
Lied *das* song 1726
liefern *verb* to deliver, supply 961
Lieferung *die* delivery 3623
liegen *verb* to lie 118
Liga *die* league 3625
linear *adj* linear 3205
Linie *die* line 897
linke (r, s) *adj* left 1139
links *adv* on, to the left 1443
Linse *die* lens 3896
Lippe *die* lip 2072
Liste *die* list 1975
Liter *der* litre 3473

literarisch *adj* literary 2005

Literatur *die* literature 913

LKW, Lastkraftwagen *der* truck 3106

loben *verb* to praise 2543

Loch *das* hole 1686

locken *verb* to lure, tempt 3475

locker *adj* loose, relaxed 2626

logisch *adj* logical 2923

Lohn *der* wage, pay, reward 3107

lohnen (sich) *verb* to be worth it 2315

lokal *adj* local 2104

Lokal *das* pub, bar 3476

los *adv* rid of 1322

löschen *verb* to put out, delete 3325

lösen *verb* to solve, loosen 802

losgehen *verb* to come off, go off, start 2697

loslassen *verb* to let go 3897

Lösung *die* solution 620

loswerden *verb* to get rid of 3477

Lücke *die* gap 3898

Luft *die* air 635

lügen *verb* to (tell a) lie 3758

Lust *die* desire 1424

lustig *adj* funny, enjoyable 2262

Mm

machen *verb* to do, make 49

Macht *die* power, strength 824

mächtig *adj* powerful 1655

Mädchen *das* girl 537

Magazin *das* magazine, storehouse 3759

Magen *der* stomach 3108

mahnen *verb* to warn, urge 3994

Mai *der* May 1242

Mal *das* time 76

malen *verb* to paint 1856

Maler *der* painter 2781

Malerei *die* painting 3478

Mama *die* mamma 1359

man *pron* one, you 34

Management *das* management 1857

Manager *der* manager 1687

manche (r, s) *pron* some, many a 474

manchmal *adv* sometimes 394

Mangel *der* lack, shortage, defect 1601

mangeln *verb* to lack, be missing 2428

Mann *der* man 131

männlich *adj* male 3326

Mannschaft *die* crew, team 1444

Mantel *der* coat 2544

Märchen *das* fairy tale 3206

Mark *die* mark (former unit of German currency) 302

Marke *die* brand, stamp 2698

Marketing *das* marketing 2545

markieren *verb* to mark 2699

Markt *der* market 508

Marktanteil *der* market share 3760

März *der* March 1727

Maschine *die* machine 1047

Maß *das* measure 933

Masse *die* mass, crowd 1399

maßgeblich *adj* significant, decisive 3479

massiv *adj* solid, massive, severe 2042

Maßnahme *die* measure 755

Maßstab *der* scale, yardstick, standard 3480

Material *das* material 1068

Materie *die* matter 3481

materiell *adj* financial, material 2782

Mathematik *die* mathematics 1827

mathematisch *adj* mathematical 2316

Mauer *die* wall 1445

Maus *die* mouse 3761

maximal *adj* maximum 2006

mechanisch *adj* mechanical 3327

medial *adj* by the media 3328

Medien *die (pl)* media 817

Medikament *das* medicine, drug 2700

Medium *das* medium 2839

Medizin *die* medicine 1560

medizinisch *adj* medical 1772

Meer *das* sea, ocean 977

mehr *adv* more 58

mehrere *pron* several 360

mehrfach *adj* multiple 2627

Mehrheit *die* majority 1425

mehrmals *adv* repeatedly 2546

mein *pron* my, mine 53

meinen *verb* to think, have an opinion 170

meinetwegen *adv* for me, as far as I'm concerned 3109

Meinung *die* opinion 636

meist *adv* mostly 611

meiste *adj* most 387

meistens *adv* mostly 825

Meister *der* master 1465

melden *verb* to report, register 738

Meldung *die* report 3014

Menge *die* quantity, amount 701

Mensch *der* human being, man 104

Menschenrecht *das* human right 3762

Menschheit *die* humanity 2783

menschlich *adj* human 857

merken *verb* to notice, remember 772

Merkmal *das* feature 1728

merkwürdig *adj* strange 2784

Messe *die* (trade) fair, mass 1582

messen *verb* to measure 1302

Messer *das* knife 2924

Messung *die* measuring, measurement 2925

Metall *das* metal 3899

Meter *der* metre 425

Methode *die* method 835

methodisch *adj* methodical 2840

mich *pron* me 67

Miete *die* rent 2701

Mieter *der* tenant 3763

Milch *die* milk 2785

mild *adj* mild, gentle 3626

Militär *das* military 3764

militärisch *adj* military 1341

Milliarde, Mrd. *die* billion 395

Milligramm *das* milligram 3627

Millimeter, mm *der* millimetre 1858

Million, Mio. *die* million 206

Minderheit *die* minority 3765

mindestens *adv* at least 645

minimal *adj* minimal 3766

Minister *der* minister 1859

Ministerium *das* ministry, department 3767

Ministerpräsident *der* governor, minister president 2073

Minute *die* minute 361

mir *pron* me 64

mischen *verb* to mix, blend 2105

Mischung *die* mixture 2841

Missbrauch *der* abuse, misuse 3900

Mission *die* mission 3015

Mister, Mr. *der* Mister, Mr 2547

mit *prep* with 13

Mitarbeiter *der* employee, co-worker 657

mitbringen *verb* to bring 1799

miteinander *adv* with each other 808

Mitglied *das* member 598

mithilfe *prep* with the aid 1282

mitmachen *verb* to join in, take part 2702

mitnehmen *verb* to take (along) 1729

Mittag *der* noon, midday 2194

Mitte *die* middle 756

mitteilen *verb* to inform 1828

Mitteilung *die* communication, announcement 3016

Mittel *das* means 649

Mittelalter *das* Middle Ages 3207

Mittelpunkt *der* midpoint, centre of focus 2043

mittels *prep* by means of 1730

mitten *adv* in the middle 1731

mittlere (r, s) *adj* middle, average 1482

mittlerweile *adv* in the meantime, since then 986

Mittwoch *der* Wednesday 1091

mitunter *adv* from time to time 2926

Möbel *das* (piece of) furniture 3208

mobil *adj* mobile 3482

Mode *die* fashion 3110

Modell *das* model 650

modern *adj* modern 504

Moderne *die* modern age 3209

mögen *verb* to like 151

möglich *adj* possible 156

möglicherweise *adv* possibly 1466

Möglichkeit *die* possibility 286

Moment *der* moment 385

momentan *adv* at the moment, momentarily 2153

Monat *der* month 304

monatlich *adj* monthly 3329

Montag *der* Monday 794

moralisch *adj* moral 2628

Mord *der* murder 2786

Mörder *der* murderer 3111

Morgen *der* morning 311

Moslem *der* Muslim 2927

Motiv *das* motive 2263

Motivation *die* motivation 3901

motivieren *verb* to motivate 3210

Motor *der* motor, engine 2429

motorisch *adj* motor 3483

Motto *das* motto 2928

müde *adj* tired 2074

Mühe *die* effort, trouble 1773

mühsam *adj* strenuous, laborious 3211

Münchner *adj* Munich 2629

Mund *der* mouth 898

mündlich *adj* oral 2787

Münze *die* coin 3483

murmeln *verb* to murmur, mutter 2548

Museum *das* museum 1360

Musik *die* music 469

musikalisch *adj* musical 2264

Musiker *der* musician 2265
Muskel *der* muscle 3330
müssen *verb* to have to, must 45
Muster *das* pattern, model 2842
Mut *der* courage 2549
mutmaßlich *adj* presumed, suspected 3768
Mutter *die* mother 227
Mythos *der* myth, legend 3769

Nn

na *part* well 267
nach *prep* after, towards 38
Nachbar *der* neighbour 1561
nachdem *conj* after 525
nachdenken *verb* to think about, reflect 1303
nachdenklich *adj* thoughtful 3902
nachfolgen *verb* to follow, succeed 3016
Nachfolger *der* successor 2843
Nachfrage *die* demand 1774
nachgehen *verb* to follow, pursue, be slow 3018
nachhaltig *adj* lasting, sustainable 2844
nachher *adv* afterwards 1323
Nachmittag *der* afternoon 1426
Nachricht *die* news, message 1304
nächste (r, s) *adj* next 247
Nacht *die* night 335
Nachteil *der* disadvantage 1860
nachträglich *adj* later, belated 3770
Nachweis *der* proof, evidence, certificate 3331
nachweisen *verb* to prove 1688
Nachwuchs *der* offspring, new generation 3628
Nacken *der* neck 3629
nackt *adj* naked, bare 2106
Nähe *die* vicinity, proximity 795
nahe, nah *adj* near, close 347
nähern (sich) *verb* to approach 2630
nahezu *adv* nearly 2075
Nahrung *die* nourishment, food 3019
Nahrungsmittel *das* food 3995
naja *part* oh well 384
Name *der* name 270
namens *adv* by the name of, called 3771
nämlich *part* you see, namely 378
Nase *die* nose 1530
nass *adj* wet 3485
Nation *die* nation 1400
national *adj* national 1007
Nationalsozialist, Nazi *der* National Socialist, Nazi 2550

Natur *die* nature 653
natürlich *adv* naturally, of course 127
Naturwissenschaft *die* natural science 3772
naturwissenschaftlich *adj* scientific 3773
Nebel *der* fog 3020
neben *prep* next to, beside 244
nebenbei *adv* on the side, in addition 2929
nebeneinander *adv* side by side 2788
Nebenwirkung *die* side effect 2551
negativ *adj* negative 1161
nehmen *verb* to take 139
neigen *verb* to bend, to lean 2365
nein, nee, nö *part* no 120
nennen *verb* to name, call 145
Nerv *der* nerve 3212
nervös *adj* nervous 2930
nett *adj* nice 1483
Netz *das* net, network 1008
Netzwerk *das* network 3486
neu *adj* new 80
neugierig *adj* curious 2845
neun *num* nine 934
neunzig *num* ninety 3332
nicht *part* not 12
nichts, nix *pron* nothing 111
nicken *verb* to nod 1162
nie *adv* never 196
Niederlage *die* defeat 2195
niederländisch *adj* Dutch 3996
niedrig *adj* low, base 1140
niemals *adv* never 1484
niemand *pron* no one, nobody 409
nirgendwo *adv* nowhere 3997
Niveau *das* level, standard 1976
noch *adv* still, yet 37
nochmal *adv* again 773
nochmals *adv* again 2472
Norden, Nord *der* north 1204
nördlich *adj* northern 3213
Norm *die* norm 2196
normal *adj* normal 651
normalerweise *adv* normally 1898
Not *die* need, trouble 2317
Note *die* note, grade 2846
notieren *verb* to note 2931
nötig *adj* necessary 962
notwendig *adj* necessary 618
Notwendigkeit *die* necessity 2631
November *der* November 1009

null *num* zero 2847

Nummer *die* number 1048

nun, nu *adv* now 109

nunmehr *adv* now 3112

nur *adv* only 44

nutzen *verb* to use 463

Nutzen *der* benefit, profit, use 2076

Nutzer *der* user 2932

nützlich *adj* useful 3113

Nutzung *die* use 1361

Oo

ob *conj* whether 128

oben *adv* above, up there 100

obere (r, s) *adj* upper 1243

Oberfläche *die* surface 2107

Objekt *das* object 1178

objektiv *adj* objective 2266

obwohl *conj* although 334

oder *conj* or 30

Ofen *der* oven, stove 3214

offen *adj* open 382

offenbar *adj* obvious 826

offensichtlich *adj* obvious 1362

öffentlich *adj* public 399

Öffentlichkeit *die* public 1092

offiziell *adj* official 1220

Offizier *der* officer 3021

öffnen *verb* to open 538

Öffnung *die* opening, hole 3114

oft *adv* often 215

oftmals *adv* frequently 3333

ohne *prep* without 119

ohnehin *adv* anyway 1583

Ohr *das* ear 1205

okay *adj* okay 1062

ökologisch *adj* ecological, organic 2473

ökonomisch *adj* economic 1656

Oktober *der* October 757

Öl *das* oil 2703

Olympia *das* Olympics 3630

olympisch *adj* Olympic 3631

Oma *die* grandma 3022

Onkel *der* uncle 2848

online *adv* online 1504

Oper *die* opera 2552

Operation *die* operation 2366

operativ *adj* operative 3487

operieren *verb* to operate, have surgery 3774

Opfer *das* sacrifice, victim 1179

Opposition *die* opposition 2267

optimal *adj* best possible, optimum 2044

optimistisch *adj* optimistic 3903

Option *die* option 3904

optisch *adj* optical 2933

Orchester *das* orchestra 2553

ordentlich *adj* neat, proper, orderly 1937

ordnen *verb* to arrange, sort 2367

Ordner *der* file 3905

Ordnung *die* order, tidiness 758

Organ *das* organ 2632

Organisation *die* organization 836

organisatorisch *adj* organizational 3115

organisch *adj* organic 2934

organisieren *verb* to organize 1163

Organismus *der* organism 2007

orientieren *verb* to orient 1244

Orientierung *die* orientation 3334

Ort *der* place, town, location 383

örtlich *adj* local 3335

ostdeutsch *adj* East German 3998

Osten, Ost *der* east 774

österreichisch *adj* Austrian 1180

östlich *adj* eastern 3999

Ozean *der* ocean 3906

Pp

Paar *das* pair, couple 284

packen *verb* to pack, grab 1629

pädagogisch *adj* pedagogical 2789

Paket *das* parcel, package 2554

pakistanisch *adj* Pakistani 3488

Palästinenser *der* Palestinian 3632

palästinensisch *adj* Palestinian 3116

Papa *der* daddy 2268

Papier *das* paper 950

parallel *adj* parallel 2008

Park *der* park 1938

Parkplatz *der* parking place 3775

Parlament *das* parliament 1732

Partei *die* (political) party 512

Parteitag *der* party conference, convention 3633

Partie *die* game 3117

Partner *der* partner 1164

Partnerschaft *die* partnership 3776

Party *die* party 3634

Pass *der* pass, passport 2704

Passagier *der* passenger 2934

passen *verb* to fit 775

passieren *verb* to take place, happen 516

Patient *der* patient 723

Pause *die* pause, break 1733

PC *der* computer 1939

peinlich *adj* embarrassing 2936

per *prep* by way of, per 1165

perfekt *adj* perfect 1977

Periode *die* period 3777

permanent *adj* permanent 3635

Person *die* person 331

Personal *das* staff 2269

persönlich *adj* personal 481

Persönlichkeit *die* personality, celebrity 2318

Perspektive *die* perspective, prospects 1734

Pfarrer *der* pastor 1978

Pferd *das* horse 1505

Pflanze *die* plant 1305

Pflege *die* care 3215

pflegen *verb* to care, cultivate 1427

Pflicht *die* duty 1775

Phänomen *das* phenomenon 1735

Phantasie *die* imagination, fantasy 2705

Phase *die* phase 1401

Philosoph *der* philosopher 4000

Philosophie *die* philosophy 3023

philosophisch *adj* philosophical 3489

Physik *die* physics 1940

physikalisch *adj* physical 2108

Physiker *der* physicist 3907

physisch *adj* physical 3336

Pilot *der* pilot 2790

Pistole *die* pistol 3908

PKW (Personenkraftwagen) *der* car, auto 3337

plädieren *verb* to plead 3636

Plan *der* plan 987

planen *verb* to plan 499

Planet *der* planet 3637

Planung *die* planning, plan 1899

Platte *die* disk, record, plate 1860

Plattform *die* platform 3216

Platz *der* place, room, square 344

plötzlich *adv* suddenly 459

Plus *das* plus 2154

Politik *die* politics 472

Politiker *der* politician 1049

politisch *adj* political 253

Polizei *die* police 724

Polizist *der* policeman 1900

polnisch *adj* Polish 3338

Position *die* position 1010

positiv *adj* positive 690

Post *die* mail, post office 1941

Posten *der* post, position 3217

Potenzial *das* potential 2849

potenziell *adj* potential 2633

prägen *verb* to shape, mint 1166

Praktikum *das* internship 3490

praktisch *adj* practical 478

Präparat *das* preparation, medication 3778

präsentieren *verb* to present 1263

Präsident *der* president 505

Praxis *die* practice, doctor's office 1024

präzise *adj* precise 3339

Preis *der* price, prize 438

Premiere *die* opening night 2937

Presse *die* press 2634

pressen *verb* to press 2791

Priester *der* priest 3638

primär *adj* primary 2430

Prinz *der* prince 4001

Prinzip *das* principle 796

prinzipiell *adj* in principle 2635

privat *adj* private 665

pro *prep* per 589

Probe *die* sample, test, rehearsal 2938

probieren *verb* to try 1862

Problem *das* problem 189

Problematik *die* problematic nature, problems 3639

problematisch *adj* problematic 2636

Produkt *das* product 643

Produktion *die* production 1069

produzieren *verb* to produce 1467

professionell *adj* professional 3218

Professor *der* professor 765

Profi *der* pro, professional 3219

Profil *das* profile 4002

profitieren *verb* to profit 2637

Prognose *die* prognosis 2706

Programm *das* programme 464

Projekt *das* project 605

Protein *das* protein 2707

Protest *der* protest 2850

protestieren *verb* to protest 3909

Protokoll *das* minutes, record 2708

Provinz *die* province, provinces 3779

Prozent *das* per cent 174

Prozess *der* trial, process 543

prüfen *verb* to examine, check 1221
Prüfung *die* examination, test 1206
psychisch *adj* psychological 2792
psychologisch *adj* psychological 3220
Publikum *das* public, audience 1130
Punkt *der* dot, point, period 427
putzen *verb* to clean 2851

Qq

Quadratmeter *der* square metre 2939
Qualifikation *die* qualification 2368
qualifizieren *verb* to qualify 2474
Qualität *die* quality 1264
qualitativ *adj* qualitative 3221
quantitativ *adj* quantitative 3780
Quartal *das* quarter of the year 2155
quasi *adv* almost 2638
Quelle *die* source, spring 1689
quer *adv* diagonally, sideways 2555

Rr

Rad *das* wheel 2156
radikal *adj* radical 2319
Radio *das* radio 2009
radioaktiv *adj* radio active 4003
Rahmen *der* frame, framework 460
Rahmenbedingung *die* prevailing condition 3781
Rand *der* edge 1265
Rang *der* standing, status 2431
rasch *adj* quick 1025
Rat *der* advice 1506
raten *verb* to advise, guess 2369
Rathaus *das* town hall 3118
rauchen *verb* to smoke 2432
Raum *der* room, space 340
räumlich *adj* three-dimensional, spatial 1776
rauschen *verb* to rustle, roar 3640
reagieren *verb* to react 887
Reaktion *die* reaction 888
real *adj* real 2197
realisieren *verb* to realize, bring about 1602
Realisierung *die* implementation 3024
realistisch *adj* realistic 3491
Realität *die* reality 1736
rechnen *verb* to calculate, do arithmetic 631
Rechner *der* computer, calculator 2157
Rechnung *die* bill, calculation 1428
Recht *das* right, law 199
rechte (r, s) *adj* right 827

rechtfertigen *verb* to justify 2158
rechtlich *adj* legal 1657
rechts *adv* on, to the right 1446
Rechtsprechung *die* jurisdiction 2639
rechtzeitig *adj* punctual 2433
Rede *die* speech, talk 844
reden *verb* to talk 356
reduzieren *verb* to reduce, decrease 1402
reflektieren *verb* to reflect 4004
Reflexion *die* reflection 3119
Reform *die* reform 2198
Regal *das* shelf 2640
Regel *die* rule 484
regelmäßig *adj* regular 858
regeln *verb* to control, put in order 1380
regelrecht *adj* proper, real 3641
Regelung *die* regulation, settlement 1207
Regen *der* rain 1690
regieren *verb* to rule, govern 2270
Regierung *die* rule, government 414
Regierungschef *der* head of government 3782
Regime *das* regime 3222
Region *die* region 879
regional *adj* regional 1737
Regisseur *der* director 2434
registrieren *verb* to register 2556
regnen *verb* to rain 3642
reich *adj* rich, abundant 1447
Reich *das* empire, kingdom 2109
reichen *verb* to reach, be enough 658
reichlich *adj* plenty, generous 3223
Reichweite *die* reach, range 3910
Reihe *die* row, line 766
rein *adj* pure, clear, clean 621
reinigen *verb* to clean 2852
Reise *die* journey, trip 786
reisen *verb* to travel 978
reißen *verb* to tear 1448
reiten *verb* to ride 3224
Reiz *der* stimulus, appeal 2853
reizen *verb* to annoy, provoke, tempt 2940
Relation *die* appropriateness, proportion, relation 4005
relativ *adj* relative 544
relevant *adj* relevant 2557
Religion *die* religion 1691
religiös *adj* religious 1658
Rennen *das* race 2110
rennen *verb* to run 2558

Rente *die* pension **3120**
Reparatur *die* repair **3911**
repräsentieren *verb* to represent **3912**
Republik *die* republic **2435**
Respekt *der* respect **3913**
Ressource *die* resource **2559**
Rest *der* rest, remains **1070**
Restaurant *das* restaurant **2199**
restlich *adj* remaining **2854**
Resultat *das* result **2793**
resultieren *verb* to result **2855**
retten *verb* to save, rescue **1603**
Revolution *die* revolution **2560**
Rezession *die* recession **3643**
Rhythmus *der* rhythm **3340**
richten *verb* to direct, repair, follow **782**
Richter *der* judge **1604**
richtig *adj* correct **211**
Richtlinie *die* guideline **2561**
Richtung *die* direction **461**
riechen *verb* to smell **2200**
Riese *der* giant **2794**
riesig *adj* enormous **1449**
Riff *das* reef **4006**
Ring *der* ring **2641**
Risiko *das* risk **809**
Rock *der* skirt, rock music **3225**
Rohstoff *der* raw material **2856**
Rolle *die* roll **396**
rollen *verb* to roll **2436**
Roman *der* novel **1036**
Rose *die* rose **3914**
rot *adj* red **381**
Rücken *der* back **914**
rücken *verb* to move **1738**
Rückgang *der* fall, decline **3492**
Rückkehr *die* return **2562**
Rucksack *der* rucksack, backpack **3915**
Rücksicht *die* consideration **3341**
Rücktritt *der* resignation **3226**
Ruf *der* reputation, call **2077**
rufen *verb* to call **526**
Ruhe *die* silence, peace **1071**
ruhen *verb* to rest **3121**
ruhig *adj* quiet, calm **905**
rühren *verb* to stir, move **2111**
rund *adj* round **316**
Runde *die* round **1450**
Russe *der* Russian **2078**

russisch *adj* Russian **1037**
rutschen *verb* to slide **3643**

Ss

Saal *der* hall **2941**
Sache *die* thing **251**
sachlich *adj* objective, matter-of-fact **3493**
Sachverhalt *der* facts **2857**
Sack *der* sack **3494**
sagen *verb* to say **46**
Saison *die* season **1942**
Salon *der* salon, drawing room **3645**
Salz *das* salt **2437**
sammeln *verb* to collect, gather **1324**
Sammlung *die* collection **2370**
Samstag *der* Saturday **1306**
samt *prep* together with, along with **3342**
sämtlich *pron* all **1630**
Sand *der* sand **2271**
sanft *adj* soft, gentle **2371**
Sänger *der* singer **3916**
Satz *der* sentence **582**
sauber *adj* clean **1979**
Säule *die* column, pillar **3783**
schade *adj* (it's a) pity **2201**
Schaden *der* damage **1072**
schaffen *verb* to manage, create **320**
schalten *verb* to switch, shift **2320**
schämen (sich) *verb* to be ashamed **3784**
scharf *adj* sharp **1363**
Schatten *der* shadow, shade **1507**
schätzen *verb* to estimate, value **1222**
schauen *verb* to look **470**
Schauspieler *der* actor **2202**
Schauspielerin *die* actress **3646**
Scheibe *die* disc, slice, (glass) pane **2563**
scheiden *verb* separate, divorce **2642**
Scheidung *die* divorce **3785**
Schein *der* light, appearance, certificate **3025**
scheinbar *adj* apparent **2372**
scheinen *verb* to shine, seem, appear **276**
scheitern *verb* to fail, break down **1403**
schenken *verb* to give (as a present) **1631**
Schicht *die* layer, class **1829**
schicken *verb* to send **951**
Schicksal *das* fate **1980**
schieben *verb* to push **1093**
schief *adj* crooked, not straight **2942**
schießen *verb* to shoot **1531**

Schiff *das* ship 1208

schildern *verb* to describe 2709

Schilling *der* shilling (former unit of Austrian currency) 2438

schimpfen *verb* to scold, grumble 3917

Schlaf *der* sleep 2159

schlafen *verb* to sleep 787

Schlag *der* blow 2112

schlagen *verb* to hit, beat 539

Schlange *die* snake, line 4007

schlank *adj* slim 3786

schlecht *adj* bad 332

schleichen *verb* to creep, prowl, sneak 4008

schleppen *verb* to tow, carry 3026

schlicht *adj* simple, plain 2475

schließen *verb* to close 412

schließlich *adv* in the end, finally 307

schlimm *adj* bad, serious 797

Schloss *das* lock, castle 1429

Schluss *der* end, conclusion 1011

Schlüssel *der* key 2321

schmal *adj* narrow, slender 1830

schmecken *verb* to taste 2373

Schmerz *der* pain, grief 1632

schmutzig *adj* dirty 3918

Schnee *der* snow 2203

schneiden *verb* to cut 1141

schnell *adj* fast 233

Schnitt *der* cut 3027

Schnittstelle *die* interface 3028

schon *adv* already 54

schön *adj* beautiful, pleasant, good 164

Schönheit *die* beauty 3787

schräg *adj* diagonal, at an angle 3919

Schrank *der* cabinet, wardrobe 3227

Schreck *der* fright, shock 2710

schrecklich *adj* terrible 2113

schreiben *verb* to write 245

Schreibtisch *der* desk 2322

schreien *verb* to cry out, scream 1245

schreiten *verb* to stride, walk 3920

Schrift *die* script, handwriting 1981

schriftlich *adj* written 1659

Schriftsteller *der* writer 1901

Schritt *der* step 485

Schuh *der* shoe 2114

Schuld *die* guilt 1633

Schulden *die (pl)* debt 3029

schuldig *adj* guilty 3122

Schuldner *der* debtor 3495

Schule *die* school 208

Schüler *der* pupil, student (USA) 401

Schülerin *die* schoolgirl 2204

schulisch *adj* school 3788

Schulter *die* shoulder 1063

Schuss *der* shot 2858

schütteln *verb* to shake 1634

Schutz *der* protection 1094

schützen *verb* to protect 1038

schwach *adj* weak 1131

Schwäche *die* weakness 2943

schwanger *adj* pregnant 3228

Schwangerschaft *die* pregnancy 3647

schwarz *adj* black 451

schweben *verb* to float, hover, be in the balance 3343

schweigen *verb* to remain silent 863

Schwein *das* pig 4009

Schweiß *der* sweat 3648

Schweizer *adj* Swiss 899

schweizerisch *adj* Swiss 3496

schwer *adj* difficult, heavy 256

Schwerpunkt *der* main emphasis, centre of gravity 1831

Schwester *die* sister 776

schwierig *adj* difficult 471

Schwierigkeit *die* difficulty 866

schwimmen *verb* to swim 1832

schwingen *verb* to swing 3123

sechs *num* six 408

sechzehn *num* sixteen 2859

sechzig *num* sixty 2115

See *der* lake 1167

Seele *die* soul, mind 2323

segeln *verb* to sail 4010

sehen *verb* to see 81

Sehnsucht *die* longing 3030

sehr *adv* very 70

sein *verb* to be 3

sein *pron* his, its 36

seit *prep* since, for 141

seitdem *adv* since then 1863

Seite *die* side, page 217

seitens *prep* on the part of 3921

seither *adv* since then 2711

Sekretärin *die* secretary 3229

Sektor *der* sector 2944

Sekunde *die* second 952

selbe (r, s) *pron* same 2860

selbst, selber *pron* – self 98

selbstständig *adj* independent, self-employed 1635

Selbstständigkeit *die* independence 4011

selbstverständlich *adj* obvious 1209

selten *adj* rare 646

seltsam *adj* strange, peculiar 2272

Semester *das* semester 1342

Seminar *das* seminar 2116

Senat *der* senate 3344

senden *verb* to send, broadcast 2564

Sender *der* broadcasting station 2160

Sendung *die* broadcast 2117

senken *verb* to sink, lower, decrease 1636

September *der* September 560

Serie *die* series 2712

Service *der* service 2205

servieren *verb* to serve 3789

setzen *verb* to set, place, put 228

seufzen *verb* to sigh 3649

sexuell *adj* sexual 3124

Show *die* show 3125

sich *pron* – self 15

sicher *adj* safe, secure, certain 237

Sicherheit *die* security, safety 676

sicherlich *adv* certainly 1026

sichern *verb* to secure, safeguard 1142

sicherstellen *verb* to confiscate, guarantee 3497

Sicherung *die* protection, fuse 2861

Sicht *die* view, visibility 1039

sichtbar *adj* visible 1605

sie *pron* she, her 10

sieben *num* seven 570

siebzehn *num* seventeen 3345

siebzig *num* seventy 2206

Siedlung *die* settlement, housing development 4012

Sieg *der* victory 1246

Sieger *der* winner 2862

Signal *das* signal 2079

singen *verb* to sing 979

sinken *verb* to sink 1168

Sinn *der* sense, meaning 321

sinnvoll *adj* sensible, meaningful 1266

Situation *die* situation 428

Sitz *der* seat, headquarters 1864

sitzen *verb* to sit 261

Sitzung *die* meeting, session 2207

Skala *die* scale, dial, range 3650

Skandal *der* scandal 3031

so *adv* so, thus, this way, such 21

sobald *conj* as soon as 1606

sodass *conj* so that 759

sofern *conj* provided that, if 1982

sofort *adv* immediately 455

Software *die* software 1562

sogar *adv* even, in fact 269

sogleich *adv* immediately 3346

Sohn *der* son 448

solange *conj* as long as 1325

solch *pron* such 149

Soldat *der* soldier 1073

Solidarität *die* solidarity 3230

solide *adj* solid, sound 4013

sollen *verb* should, ought to 63

somit *adv* consequently 906

Sommer *der* summer 704

sondern *conj* but (on the contrary) 113

Sonne *die* sun 953

Sonntag *der* Sunday 818

sonst *adv* otherwise 289

sonstig *adj* other 1800

Sorge *die* worry 1074

sorgen *verb* to worry, take care 710

sorgfältig *adj* careful 2273

soweit *adv* as far as 1027

sowie *conj* as well as, as soon as 214

sowieso *adv* anyway 1169

sowjetisch *adj* Soviet 3651

sowohl *conj* both ... and 622

sozial *adj* social 372

Sozialdemokrat *der* Social Democrat 3922

sozialistisch *adj* socialist 3231

sozusagen *adv* so to speak 1223

Spalte *die* fissure, cleft, column 3652

spanisch *adj* Spanish 1865

spannen *verb* to stretch, tighten 3923

spannend *adj* exciting, thrilling 2118

Spannung *die* suspense, tension 2119

sparen *verb* to save 1866

Spaß *der* fun 666

spät *adj* late 171

spätestens *adv* at the latest 2010

spazieren *verb* to (go for a) walk 3232

speichern *verb* to store, save 2045

Spektrum *das* spectrum 3653

sperren *verb* to cut off, block, close 2862

spezialisieren *verb* to specialize 3654

Spezialist *der* specialist 3790

speziell *adj* special, specific 571

spezifisch *adj* specific 1508

Spiegel *der* mirror 2046

spiegeln *verb* to shine, reflect 3498

Spiel *das* game 500

spielen *verb* to play 197

Spieler *der* player 1692

Spitze *die* point, top, peak 1509

spontan *adj* spontaneous 2945

Sport *der* sport 845

Sportart *die* (type of) sport, discipline 3499

Sportler *der* athlete 3233

sportlich *adj* athletic 1902

Sprache *die* language 367

sprachlich *adj* linguistic 1801

sprechen *verb* to speak 157

Sprecher *der* speaker 1181

springen *verb* to jump 1468

Spruch *der* saying, slogan 4014

Sprung *der* jump 2946

Spur *die* track, lane 1143

spürbar *adj* perceptible 3655

spüren *verb* to sense, notice 718

Staat *der* state 324

staatlich *adj* state, government, national 867

stabil *adj* stable, sturdy 2324

Stabilität *die* stability 3234

Stadion *das* stadium 3032

Stadt *die* city, town 186

städtisch *adj* municipal 2374

Stamm *der* trunk, stem, tribe 3500

stammen *verb* to come (from), descend 970

Stand *der* stand, stage 1343

Standard *der* standard 2080

ständig *adj* constant 612

Standort *der* site, location 1983

Star *der* star, starling 2081

stark *adj* strong 207

Stärke *die* strength 1903

stärken *verb* to strengthen 2274

starr *adj* stiff, rigid, paralysed 3656

starren *verb* to stare 1777

Start *der* start, take-off, launch 1867

starten *verb* to start 1469

Stasi *die* state security service 2476

Station *die* station 2275

Statistik *die* statistics 2864

statistisch *adj* statistical 2208

statt *prep* instead of 711

stattdessen *adv* instead 2276

stattfinden *verb* to take place, occur 599

Status *der* status 3235

Staub *der* dust 3236

Steckdose *die* socket, electrical outlet 3657

stecken *verb* to put, be located 702

stehen *verb* to stand 87

stehlen *verb* to steal 3501

steigen *verb* to climb, increase 456

steigern *verb* to increase, raise 2082

Steigerung *die* increase 3791

steil *adj* steep 2643

Stein *der* rock, stone 1404

Stelle *die* place 298

stellen *verb* to place, set 192

Stellung *die* position, standing 1470

Stellungnahme *die* opinion, statement 4015

stellvertretend *adj* on behalf 2795

Stellvertreter *der* deputy 3792

sterben *verb* to die 659

Stern *der* star 1451

stetig *adj* constant 3126

stets *adv* always 880

Steuer *die* tax 1904

steuerlich *adj* tax 3658

steuern *verb* to steer, control 1868

Steuerung *die* control, steering 3347

Stiftung *die* foundation, institute, donation 3127

Stil *der* style 2439

still *adj* still, quiet 1405

Stille *die* peace, silence 2565

Stimme *die* voice, vote 457

stimmen *verb* to be correct, vote, tune 623

Stimmung *die* mood, atmosphere 1637

Stirn *die* forehead 1943

Stock *der* stick, floor 2796

Stoff *der* material, substance 760

stolz *adj* proud 1584

Stolz *der* pride 3348

stoppen *verb* to stop 3033

stören *verb* to disturb, bother 1050

Störung *die* disturbance, interruption 1307

stoßen *verb* bump, push 935

Strafe *die* punishment 2797

Strahl *der* ray, beam 4016

strahlen *verb* to shine 3349

Strahlung *die* radiation 2865

Strand *der* beach 2047

Straße *die* street 355

Strategie *die* strategy 1944

strategisch *adj* strategic 2083

streben *verb* to strive 4017

Strecke *die* distance, route 1510

strecken *verb* to stretch 3659

streichen *verb* to paint, cancel 1532

Streifen *der* stripe, strip 3502

Streit *der* argument, fight 1833

streiten *verb* to quarrel 2644

streng *adj* strict 1224

Stress *der* stress 2566

strikt *adj* strict 3793

Strom *der* stream, current, electricity 1693

Strömung *die* current, trend 4018

Struktur *die* structure 803

strukturell *adj* structural 3237

strukturieren *verb* to structure 3794

Stück *das* piece 417

Student *der* student 561

Studie *die* study 1132

Studiengang *der* course of study 1778

studieren *verb* to study 436

Studium *das* study, studies 647

Stufe *die* step, level 1563

Stuhl *der* chair 1533

stumm *adj* dumb, silent 3238

Stunde *die* hour 262

Sturm *der* storm 2209

stürzen *verb* to fall, stumble 1564

stützen *verb* to support, base on 1905

subjektiv *adj* subjective 2567

Substanz *die* substance 2084

Subvention *die* subsidy 3795

Suche *die* search 1739

suchen *verb* to search, look for 293

Süden, Süd *der* south 1534

südlich *adj* southern 2645

Summe *die* sum 1694

super *adj* super 3128

süß *adj* sweet 3034

Symbol *das* symbol 2477

symbolisch *adj* symbolic 3350

Symptom *das* symptom 2947

System *das* system 348

systematisch *adj* systematic 2325

Szene *die* scene 1511

Tt

Tabelle *die* table, chart 1869

Tablette *die* tablet, pill 3925

Tafel *die* board, table 3660

Tag *der* day 108

Tagebuch *das* diary 3661

Tageszeitung *die* daily newspaper 3925

täglich *adj* daily 988

Tal *das* valley 2161

Talent *das* talent 3662

Tante *die* aunt 1660

Tanz *der* dance 3239

tanzen *verb* to dance 2011

Tasche *die* pocket, bag 1638

Tasse *die* cup 3503

Taste *die* key, button 2085

Tat *die* deed 1247

Täter *der* culprit, perpetrator 2478

tätig *adj* active 1267

Tätigkeit *die* activity 868

Tatsache *die* fact 1075

tatsächlich *adj* real, actual 513

tauchen *verb* to dive, dip 3129

täuschen *verb* to deceive, be mistaken 3926

tausend *num* thousand 1607

Taxi *das* taxi 2866

Team *das* team 1051

Technik *die* technology, technique 859

technisch *adj* technical 594

Technologie *die* technology 2120

technologisch *adj* technological 4019

Tee *der* tea 2713

Teil *der, das* part 188

Teilchen *das* particle 2086

teilen *verb* to divide, share 693

Teilnahme *die* participation 3351

teilnehmen *verb* to take part 1406

Teilnehmer *der* participant 1779

teils *adv* partly 2568

teilweise *adv* partly 798

Telefon *das* telephone 1565

telefonieren *verb* to (make a telephone) call 3352

Teller *der* plate 3130

Temperatur *die* temperature 1661

Tempo *das* pace, speed 3663

Tendenz *die* trend 2277

Tennis *das* tennis 2948

Teppich *der* carpet 3504

Termin *der* appointment, date 1695

Terror *der* terror 1381

Terrorismus *der* terrorism 1566

Terrorist *der* terrorist 1608

Test *der* test 1696

testen *verb* to test 2210

teuer *adj* expensive 936

Teufel *der* devil 3505

Text *der* text 403

Theater *das* theatre 725

Thema *das* subject, topic, theme 328

theoretisch *adj* theoretical 1364

Theorie *die* theory 1040

Therapeut *der* therapist 3927

therapeutisch *adj* therapeutic 3796

Therapie *die* therapy 1906

These *die* thesis 2569

Ticket *das* ticket 3797

tief *adj* deep 506

Tiefe *die* depth 2162

Tier *das* animal 670

Tipp *der* tip, hint 3035

Tisch *der* table 494

Titel *der* title 1052

tja *interj* well 2211

Tochter *die* daughter 514

Tod *der* death 660

tödlich *adj* fatal 3664

toll *adj* great, terrific 963

Ton *der* sound, tone, clay 1407

Tonne *die* ton, barrel 2375

Top *das* top 2949

Topf *der* pot 3240

Tor *das* gate, goal 1535

tot *adj* dead 667

total *adj* total, complete 1567

töten *verb* to kill 1740

Tour *die* tour, trip 2479

Tourismus *der* tourism 1870

Tourist *der* tourist 1697

touristisch *adj* touristic 2121

Tradition *die* tradition 1344

traditionell *adj* traditional 1144

tragen *verb* to carry, wear 308

Träger *der* holder, responsible body 2376

Trainer *der* coach 1568

trainieren *verb* to train, coach 2798

Training *das* training 2278

Träne *die* tear 2212

Transport *der* transportation 2570

transportieren *verb* to transport 2714

trauen *verb* to trust, dare to 2279

Trauer *die* grief 2213

Traum *der* dream 1248

träumen *verb* to dream 1907

traurig *adj* sad 1871

treffen *verb* to meet 287

treiben *verb* to drive, pursue 869

Trend *der* trend 2377

trennen *verb* to separate 810

Trennung *die* separation 2480

Treppe *die* stairs 2048

treten *verb* to step 545

treu *adj* faithful 3353

trinken *verb* to drink 608

trocken *adj* dry 1872

trocknen *verb* to dry 4020

trösten *verb* to comfort 3354

trotz *prep* in spite of 540

trotzdem *adv* nevertheless 624

Truppe *die* troops, unit 2122

Tuch *das* cloth 2950

tun *verb* to do 140

Tunnel *der* tunnel 3798

Tür *die* door 400

türkisch *adj* Turkish 1908

Turm *der* tower 2715

Turnier *das* tournament 2867

TV *das* TV 2163

Typ *der* type 1170

typisch *adj* typical 1076

Uu

übel *adj* foul, bad 2440

üben *verb* to practise 1512

über *prep* above, over, about 48

überall *adv* everywhere 837

Überblick *der* view, overview 3241

übereinstimmen *verb* to accord, correspond, agree 3036

überflüssig *adj* superfluous 3506

überfordern *verb* to overtax, be too much 3928

Übergang *der* crossing, transition 2571

übergeben *verb* to hand over, transfer 2951

übergehen *verb* to pass into 2572

überhaupt *adv* at all, generally 229

überholen *verb* to pass, overhaul 4021

überlassen *verb* to leave 2214

überleben *verb* to survive 1585

überlegen *verb* to consider, think about 980

Überlegung *die* thought, thinking 1909

Übernahme *die* takeover 2868

übernehmen *verb* to take over 549

überprüfen *verb* to check 1471

Überprüfung *die* screening, check, inspection 3507

überraschen *verb* to surprise 924

Überraschung *die* surprise 2952

überschreiten *verb* to exceed 2646

übersehen *verb* to overlook 3131

übersetzen *verb* to translate 1873

Übersetzer *der* translator 2799

Übersetzung *die* translation 2953

Übersicht *die* overview 3799

überstehen *verb* to get over, survive 3355

übertragen *verb* to transfer 1268

Übertragung *die* transmission, broadcast 2481

übertreiben *verb* to exaggerate 3800

überwachen *verb* to monitor, keep under surveillance 3508

überwiegend *adj* predominant 1741

überwinden *verb* to overcome 2482

überzeugen *verb* to convince 870

Überzeugung *die* conviction 2716

überziehen *verb* to cover, put on, overdraw 3509

üblich *adj* usual 989

übrig *adj* remaining, left 788

übrigens *adv* by the way 1095

Übung *die* exercise, practice 2647

Ufer *das* shore, bank 2800

Uhr *die* clock, watch 349

um *prep* around, at 47

umarmen *verb* to embrace 3665

umbringen *verb* to kill 3242

umdrehen *verb* to turn over, turn round 1910

Umfang *der* circumference, size, extent 1586

umfangreich *adj* extensive 2087

umfassen *verb* to include, consist of 783

Umfeld *das* milieu 2123

Umfrage *die* survey 2801

Umgang *der* dealings, contact 1485

umgeben *verb* to surround, enclose 2869

Umgebung *die* surroundings 1077

umgehen *verb* to treat, handle 1569

umgekehrt *adj* reversed, contrary, the other way around 1639

Umsatz *der* turnover, sales 1698

umsetzen *verb* to move, to put (into practice) 1874

Umsetzung *die* transfer, implementation 2280

umso *conj* the (more . . . the) 2378

umsonst *adv* for free, in vain 3801

Umstand *der* circumstance 954

umstellen *verb* to rearrange, adjust, switch 3929

umstritten *adj* disputed 2870

umwandeln *verb* to convert, change 3510

Umwelt *die* environment 1041

Umzug *der* move, parade 3930

unabhängig *adj* independent 900

unangenehm *adj* unpleasant 3037

unbedingt *adv* absolutely 736

unbekannt *adj* unknown 1587

und *conj* and 2

unendlich *adj* endless 2483

unerträglich *adj* intolerable 4022

unerwartet *adj* unexpected 3931

Unfall *der* accident 2012

ungefähr *adj* approximately 1012

ungewöhnlich *adj* unusual 2441

unglaublich *adj* incredible 2281

unglücklich *adj* unhappy, unfortunate 3802

unheimlich *adj* eerie, scary, incredible 1875

Uniform *die* uniform 3803

Union *die* union 1249

Universität, Uni *die* university 319

Universum *das* universe 3356

unklar *adj* unclear 3132

unmittelbar *adj* immediate, direct 907

unmöglich *adj* impossible 1742

Unrecht *das* injustice, wrong 3804

Unruhe *die* restlessness, agitation 3666

uns *pron* us 83

unser *pron* our 99

unsicher *adj* uncertain 2802

Unsicherheit *die* uncertainty 3243

unsichtbar *adj* invisible 3511

Unsinn *der* nonsense 3512

unten *adv* down 590

unter *prep* under 85

unterbrechen *verb* to interrupt 1699

unterbringen *verb* to put (up), accommodate 3038

unterdessen *adv* meanwhile 3513

unterdrücken *verb* to suppress 3805

untere (r, s) *adj* lower 2013

untereinander *adv* among (our-)selves, each other 3133

untergehen *verb* to go down 3244

unterhalten (sich) *verb* to amuse oneself, chat 1225

Unterhaltung *die* entertainment, conversation 3357

Unterlagen *die (pl)* documents 3358

unterliegen *verb* to be defeated, be subject 2215

Unternehmen *das* enterprise, company 291

unternehmen *verb* to do, go on, take steps 1802

Unternehmer *der* employer 2326

Unternehmung *die* undertaking, venture 2327

Unterricht *der* instruction, classes 1107

unterrichten *verb* to teach 1662

unterscheiden *verb* to distinguish 661

Unterscheidung *die* differentiation, distinction 3134

Unterschied *der* difference 705

unterschiedlich *adj* different, variable 329

unterschreiben *verb* to sign 3359

Unterschrift *die* signature 3667

unterstellen *verb* to put in charge, imply, store 4023

unterstreichen *verb* underline, emphasize 3668

unterstützen *verb* to support 789

Unterstützung *die* support 1064

untersuchen *verb* to examine 838

Untersuchung *die* examination, investigation 828

unterwegs *adv* on the way 1283

unverändert *adj* unchanged 3669

unverzüglich *adj* immediate, prompt 3670

unwahrscheinlich *adj* improbable, unlikely 3671

unzählig *adj* countless 2954

Urlaub *der* vacation, holiday 1192

Ursache *die* cause 1284

Ursprung *der* origin 3672

ursprünglich *adj* original 1269

Urteil *das* sentence, judgement 1609

Vv

Variante *die* variant, variation 2379

Vater *der* father 216

verabschieden *verb* to say goodbye, pass 1743

verändern *verb* to change 550

Veränderung *die* change 829

veranlassen *verb* to arrange, see to it 3360

veranstalten *verb* to organize 3135

Veranstalter *der* organizer 3932

Veranstaltung *die* event 1408

verantwortlich *adj* responsible 1053

Verantwortung *die* responsibility 1193

verarbeiten *verb* to use, process, assimilate 2328

Verarbeitung *die* processing 2871

Verband *der* association, bandage 1536

verbergen *verb* to hide, conceal 1610

verbessern *verb* to improve, correct 1308

Verbesserung *die* improvement 2014

verbieten *verb* to forbid, prohibit 1744

verbinden *verb* to connect, link 442

verbindlich *adj* binding, friendly 3514

Verbindlichkeit *die* obligation, liability, reliability 4024

Verbindung *die* connection, link 712

verbleiben *verb* to remain 2573

Verbot *das* ban, prohibition 3515

verbrauchen *verb* to use, consume 4025

Verbraucher *der* consumer 2124

Verbrechen *das* crime 3673

verbreiten *verb* to spread 1611

Verbreitung *die* spread 2955

verbrennen *verb* to burn 3136

verbringen *verb* to spend (time) 1365

Verdacht *der* suspicion 1876

verdächtig *adj* suspicious 2872

verdanken *verb* to owe, have sb to thank for sth 3245

verdeutlichen *verb* to clarify, explain 2873

verdienen *verb* to earn, deserve 901

verdoppeln *verb* to double 3806

verdrängen *verb* to drive out, suppress 3807

Verein *der* association, club 1054

vereinbaren *verb* to agree 1834

Vereinbarung *die* agreement 2329

vereinen *verb* to unite 2442

vereinfachen *verb* to simplify 3808

vereinigen *verb* to unite 2125

Vereinigung *die* organization, association, unification 3361

Verfahren *das* method, process, technique 743

verfallen *verb* to deteriorate, expire 3674

verfassen *verb* to draw up, write 3933

Verfassung *die* constitution 2484

verfolgen *verb* to pursue 1108

verfügbar *adj* available 3039

verfügen *verb* to have sth at one's disposal, be in charge 1028

Verfügung *die* disposal 694

Vergangenheit *die* past 1270

vergeben *verb* to award, allocate, forgive, give away 2380

vergeblich *adj* futile 3137

vergehen *verb* to pass (time) 398

vergessen *verb* to forget 595

Vergleich *der* comparison 648

vergleichbar *adj* comparable 2015

vergleichen *verb* to compare 452

vergleichsweise *adv* comparatively 3934

Vergnügen *das* pleasure 3675

vergrößern *verb* to extend, enlarge 3040

verhaften *verb* to arrest 3362

verhalten (sich) *verb* to behave, react 625

Verhaltensweise *die* behaviour 3676

Verhältnis *das* relationship 517

verhandeln *verb* to negotiate 3138

Verhandlung *die* negotiation 1835

verheiratet *adj* married 1911

verhindern *verb* to prevent 971

Verkauf *der* sale 2126

verkaufen *verb* to sell 846

Verkäufer *der* salesman 2282

Verkehr *der* traffic 1912

verkehren *verb* to run, associate 3363

verknüpfen *verb* to tie 3139

Verknüpfung *die* combination, link 3935

verkünden *verb* to announce 3041

Verlag *der* publishing company 1984

verlangen *verb* to request, demand 671

verlängern *verb* to lengthen, extend 2574

verlassen *verb* to leave 473

Verlauf *der* course 2164

verlaufen *verb* to proceed, get lost 1570

verlegen *verb* to misplace, postpone 2956

verlegen *adj* embarrassed 3516

verleihen *verb* to rent, award 2485

verletzen *verb* to injure 1194

Verletzung *die* injury 1913

verlieben (sich) *verb* to fall in love 2165

verlieren *verb* to lose 336

Verlust *der* loss 1285

vermehrt *adj* increased 3246

vermeiden *verb* to avoid 1171

vermeintlich *adj* supposed 3364

Vermieter *der* landlord 3677

vermindern *verb* to reduce, decrease 3678

vermissen *verb* to miss 2575

vermitteln *verb* to arrange, find sth for sb 1065

Vermittlung *die* negotiation, placement 2443

Vermögen *das* assets, fortune, ability 2049

vermögen *verb* to be capable 2486

vermuten *verb* to assume, suspect 1571

vermutlich *adv* probably 1663

Vermutung *die* assumption, presumption 3517

vernachlässigen *verb* to neglect 4026

vernehmen *verb* to hear, learn sth from sb 3679

vernichten *verb* to destroy 3042

Vernunft *die* reason 3680

vernünftig *adj* sensible 2283

veröffentlichen *verb* to publish 1914

Veröffentlichung *die* publication 2874

Verordnung *die* prescription, order 3681

verpassen *verb* to miss 3365

verpflichten *verb* to obligate, commit 1226

Verpflichtung *die* commitment, obligation 2016

verraten *verb* to tell a secret, give away, betray 1803

verringern *verb* to reduce 2957

verrückt *adj* crazy 2330

versagen *verb* to fail 3140

versammeln *verb* to assemble, gather 3247

Versammlung *die* meeting, gathering, assembly 3518

verschaffen *verb* to provide 2958

verschärfen *verb* to intensify, make more rigorous 3682

verschieben *verb* to move, postpone 2216

verschieden *adj* different, diverse 218

verschließen *verb* to close, lock 2576

verschwinden *verb* to disappear 606

versehen *verb* to perform, provide 2331

versetzen *verb* to move, transfer 2444

versichern *verb* to insure, assert 1430

Versicherung *die* insurance, assurance 2088

Version *die* version 3141

versorgen *verb* to supply, look after 2089

Versorgung *die* supply, care 2284

versprechen *verb* to promise 881

verständlich *adj* comprehensible 2445

Verständnis *das* understanding 1382

verstärken *verb* to strengthen, reinforce 1182

verstecken *verb* to hide 1804

verstehen *verb* to understand 222

versterben *verb* to pass away 2648

Versuch *der* attempt, experiment 860

versuchen *verb* to try, attempt 241

verteidigen *verb* to defend 2717

verteilen *verb* to distribute 1286

Verteilung *die* distribution 2875

vertiefen *verb* to deepen, become absorbed 3936

Vertrag *der* contract 744

vertraglich *adj* contractual 3683

vertrauen *verb* to trust 1700

vertraut *adj* familiar, close 2331

vertreiben *verb* to drive out, to sell 2959

vertreten *verb* to represent 937

Vertreter *der* representative 1309

Vertretung *die* replacement, substitute 3366

verursachen *verb* to cause 1701

verurteilen *verb* to condemn 2577

Verwaltung *die* administration 1805

verwandeln *verb* to transform, turn into 2718

Verwandte *der, die* relative 2381

verweigern *verb* to refuse 2719

verweisen *verb* to refer 1452

verwenden *verb* to use 562

Verwendung *die* use 1702

verwirklichen *verb* to put into practice, carry out 3142

verwirren *verb* to confuse 3043

verwundern *verb* to astonish 3809

verzeichnen *verb* to list, record 3143

verzichten *verb* to do without 990

verzweifeln *verb* to despair 3248

Video *das* video 2333

viel *pron* much, a lot, many 60

vielfach *adj* multiple 2127

Vielfalt *die* diversity 2382

vielfältig *adj* diverse, varied 1877

vielleicht *adv* perhaps 133

vielmehr *adv* rather 1042

Vielzahl *die* multitude 2383

vier *num* four 195

Viertel *das* quarter, district 2128

vierzehn *num* fourteen 2285

vierzig *num* forty 2166

Villa *die* villa 3684

virtuell *adj* virtual 2720

Virus *das* virus 2960

Vitamin *das* vitamin 3810

Vogel *der* bird 1878

Volk *das* people 1078

Volkshochschule *die* adult education centre 3367

Volkswirtschaft *die* national economy 3811

voll *adj* full 357

völlig *adj* complete 462

vollkommen *adj* complete, perfect 2487

vollständig *adj* complete 1345

vollziehen *verb* to carry out 2578

Volumen *das* volume, total amount 4027

von *prep* from, of 11

voneinander *adv* from each other 2488

vor *prep* in front of, before, ago 55

vorangehen *verb* to go ahead, make progress 3368

voraus *adv* ahead, forward 3369

voraussetzen *verb* presuppose, take for granted 1915

Voraussetzung *die* condition, requirement 871

voraussichtlich *adj* expected 3519

vorbei *adv* past, over 1346

vorbeigehen *verb* to go past, pass 4028

vorbereiten *verb* to prepare 1043

Vorbereitung *die* preparation 2090

vorbeugen *verb* to lean forward, prevent 3812

Vorbild *das* model, example 2579

Vordergrund *der* foreground 2091

vorerst *adv* for the present 2721

Vorfeld *das* advance 3937

Vorgabe *die* guideline 2722

Vorgang *der* occurrence 1486

Vorgänger *der* predecessor 3938

vorgeben *verb* to use as an excuse, to set in advance 2217

vorgehen *verb* to go on ahead, be fast, have priority 2489

Vorgehen *das* action 2580

vorhaben *verb* to have in mind, be planning, intend 2218

Vorhaben *das* plan, project 2961

vorhanden *adj* available, existing 731

Vorhang *der* curtain 3249

vorher *adv* earlier, beforehand 600

vorherrschen *verb* to predominate 3939

vorhin *adv* a short while ago 2490

vorig *adj* previous 3370

Vorjahr *das* previous year 2129

vorkommen *verb* to happen, occur, seem 745

Vorlage *die* draft, model 2962

vorläufig *adj* temporary 3045

vorlegen *verb* to present, provide, produce 1745

vorlesen *verb* to read sth for sb 3813

Vorlesung *die* lecture 3814

vorliegen *verb* to be, exist 679

Vormittag *der* morning 3685

vorne, vorn *adv* at the front 955

vornehmen (sich) *verb* to plan 1287

Vorschlag *der* suggestion, proposal 1310

vorschlagen *verb* to suggest 1703

vorschreiben *verb* to tell sb to do sth 2723

Vorschrift *die* instruction, regulation 1588

vorsehen *verb* to plan, provide for 1183

Vorsicht *die* caution 3371

vorsichtig *adj* cautious 1806

Vorsitzende *der, die* chair person 1133

Vorstand *der* board, chairperson 2219

vorstellen *verb* to introduce, imagine 299

Vorstellung *die* idea, introduction, performance 713

Vorteil *der* advantage 799

Vortrag *der* lecture 2649
vortragen *verb* to present, perform 4029
vorübergehen *verb* to pass by 2446
vorwerfen *verb* to accuse, reproach 2650
vorwiegend *adv* mainly 2286
Vorwurf *der* reproach, accusation 1704
vorzeitig *adj* early, premature 3815
vorziehen *verb* to prefer 2581

Ww

wach *adj* awake 3372
wachsen *verb* to grow 482
Wachstum *das* growth 1487
Waffe *die* weapon 1664
Wagen *der* car, carriage 1079
wagen *verb* to dare, risk 1879
Wahl *die* choice, election 811
wählen *verb* to choose, elect, vote 564
Wähler *der* voter 3144
Wahlkampf *der* election campaign 2447
wahnsinnig *adj* insane 2724
wahr *adj* true 662
während *prep* during 158
Wahrheit *die* truth 1195
wahrnehmen *verb* to perceive, detect 1665
Wahrnehmung *die* perception 2334
wahrscheinlich *adj* probable 415
Wahrscheinlichkeit *die* probability 3373
Währung *die* currency 3940
Wald *der* forest, woods 1029
Wand *die* wall 925
Wandel *der* change 2287
wandeln *verb* to change, convert 3250
wandern *verb* to (go on a) walk or hike, migrate 2017
Wange *die* cheek 3374
wann *pron* when 583
Ware *die* goods 1666
warm *adj* warm 1109
Wärme *die* warmth, heat 2963
warnen *verb* to warn 1347
warten *verb* to wait 388
warum *adv* why 246
was *pron* what 39
Wäsche *die* washing, laundry 3520
waschen *verb* to wash 1780
Wasser *das* water 297
Wechsel *der* change 1945
wechseln *verb* to change 956
Wechselwirkung *die* interaction 3145

wecken *verb* to wake up 2130
weder *conj* neither . . . nor 719
Weg *der* path, way 260
weg *adv* gone, vanished 957
wegen *prep* because of 274
weggehen *verb* to leave, go away 2726
wegnehmen *verb* to take away 3941
wehen *verb* to blow, flutter 3816
wehren (sich) *verb* to defend oneself 2288
Weib *das* woman (derogatory) 4030
weiblich *adj* feminine 2491
weich *adj* soft 1836
Weihnachten *das, die (pl)* Christmas 2726
weil *conj* because 84
Weile *die* while 1807
Wein *der* wine 1640
weinen *verb* to cry, weep 1880
Weise *die* way, manner 413
weisen *verb* to point 2289
weiß *adj* white 563
weit *adj* widely, far 122
weitaus *adv* far, much 3686
weiter *adv* further 292
Weiterbildung *die* continuing education 3817
weitere (r, s) *adj* additional 182
weitergeben *verb* to pass on 3375
weitergehen *verb* to go on 1227
weiterhin *adv* still, furthermore 915
weitermachen *verb* to carry on, continue 3376
weitgehend *adj* extensive 1311
welch *pron* which 138
Welle *die* wave 1641
Welt *die* world 190
Weltkrieg *der* world war 1746
Weltmeister *der* world champion 3942
Weltmeisterschaft, WM *die* world championship 1513
weltweit *adj* world-wide 847
Wende *die* change (esp. the 1989–90 political change in the GDR) 2727
wenden *verb* to turn 1145
wenig *adj* few 102
wenigstens *adv* at least 981
wenn *conj* if, when 43
wer *pron* who, whoever 173
werben *verb* to advertise 2964
Werbung *die* advertising 2965
werden *verb* to become, get 9
werfen *verb* to throw 672

Werk *das* work 449
Werkstatt *die* workshop, garage 3521
Werkzeug *das* tool 3377
Wert *der* value 364
wertvoll *adj* valuable 2966
Wesen *das* being, creature, nature (of sth) 2050
wesentlich *adj* essential, fundamental 423
weshalb *pron* why 1881
westdeutsch *adj* West German 4031
Westen, West *der* west 767
westlich *adj* westerly 1537
Wettbewerb *der* competition 1642
Wetter *das* weather 1643
wichtig *adj* important 177
widersprechen *verb* to contradict 2728
Widerspruch *der* contradiction, dissent 2582
Widerstand *der* resistance, opposition 1882
widmen *verb* to dedicate 2290
wie *pron* how 28
wieder *adv* again 75
wiederholen *verb* to repeat 1044
wiedersehen *verb* to see again 3045
wiederum *adv* again 1013
Wiedervereinigung *die* reunification 2876
wiegen *verb* to weigh 2877
Wiener *adj* Viennese 1612
Wiese *die* meadow 2967
wieso *pron* why 1366
wild *adj* wild 1705
Wille *der* will 1781
willkommen *adj* welcome 3818
Wind *der* wind 1080
Winkel *der* angle, corner 3251
winken *verb* to wave 2651
Winter *der* winter 1288
winzig *adj* tiny 2335
wir *pron* we 31
wirken *verb* to have an effect, to work 501
wirklich *adv* really, actually 180
Wirklichkeit *die* reality 964
wirksam *adj* effective 2384
Wirkung *die* effect 812
Wirtschaft *die* economy, commerce 668
wirtschaftlich *adj* economic, financial 527
Wirtschaftspolitik *die* economic policy 3522
wissen *verb* to know 79
Wissenschaft *die* science 958
Wissenschaftler *der* scholar, scientist 1706
wissenschaftlich *adj* scientific, scholarly 632

Witz *der* joke 2878
wo *pron* where 94
wobei *adv* where, which, whereas 567
Woche *die* week 209
Wochenende *das* weekend 764
wodurch *pron* how, which 3819
wofür *pron* for what 3943
woher *pron* from where, how 1707
wohin *pron* where 1837
wohl *adv* well 224
wohnen *verb* to live 380
Wohnung *die* apartment, flat 418
Wohnzimmer *das* living room 3687
Wolke *die* cloud 2448
wollen *verb* to want to 65
womit *pron* with what 2583
womöglich *adv* possibly 3252
wonach *pron* what . . . for, what . . . of 2729
woran *pron* on what, of what 3688
worauf *pron* on what 2652
Wort *das* word 243
wovon *pron* from what, about what 3523
wozu *pron* what for, to what 2336
Wunde *die* wound 3046
Wunder *das* miracle 2291
wunderbar *adj* wonderful 1883
wundern (sich) *verb* to surprise 2337
wunderschön *adj* wonderful, lovely 2879
Wunsch *der* wish 902
wünschen *verb* to want, wish 684
Wurzel *die* root 3047
Wüste *die* desert 2584
Wut *die* rage, fury 3943
wütend *adj* furious 2968

Zz

Zahl *die* number 345
zahlen *verb* to pay 965
zählen *verb* to count 680
zahlreich *adj* numerous 839
Zahlung *die* payment 2385
Zahn *der* tooth 2449
zehn *num* ten 314
Zeichen *das* sign 1066
zeichnen *verb* to draw 1808
Zeichnung *die* drawing 3378
zeigen *verb* to show 154
Zeile *die* line 2653
Zeit *die* time 90

zeitlich *adj* in time 1488

Zeitpunkt *der* moment, (point in) time 991

Zeitraum *der* period of time 1985

Zeitschrift *die* magazine, journal 2492

Zeitung *die* newspaper 572

Zelle *die* cell 916

Zelt *das* tent 2969

Zentimeter, cm *der* centimetre, cm 1312

zentral *adj* central 706

Zentrum *das* centre 1110

zerreißen *verb* to tear (up, to pieces) 3820

zerstören *verb* to destroy 1489

Zerstörung *die* destruction 3689

Zettel *der* piece of paper, note 3146

Zeug *das* stuff 3524

Zeuge *der* witness 3048

Zeugnis *das* report, testimonial 3049

ziehen *verb* to pull, move 266

Ziel *das* destination, goal 325

zielen *verb* to aim 3821

Zielsetzung *die* target, objective 3822

ziemlich *adv* quite, fairly 443

Zigarette *die* cigarette 2167

Zimmer *das* room 609

Zins *der* interest 3147

Zinssatz *der* interest rate 3690

zirka, ca. *adv* approximately 992

Zitat *das* quotation, quote 3253

zitieren *verb* to quote 1986

zittern *verb* to tremble 2654

zögern *verb* to hesitate 2220

Zone *die* zone 3148

zu *prep* to, at 6

zucken *verb* to twitch, shrug 2585

Zucker *der* sugar 3823

zudem *adv* moreover, besides 626

zueinander *adv* to one another 3525

zuerst *adv* first 726

Zufall *der* chance, coincidence 2221

zufällig *adj* accidental, by chance 2222

zufolge *prep* according to 2292

zufrieden *adj* satisfied 1096

zuführen *verb* to lead to sth, supply 3824

Zug *der* train 613

Zugang *der* access 1472

zugänglich *adj* accessible 2730

zugeben *verb* to admit 1916

zugehen *verb* to approach, close 2293

zugleich *adv* both, at the same time 761

Zugriff *der* access 4032

zugrunde *adv* (form) the basis, (go) to ruins 2223

zugunsten *prep* in favour of 3050

Zuhause *das* home 565

zuhören *verb* to listen 1946

Zuhörer *der* listener, audience (pl) 4033

zukommen *verb* to come towards, be in store 1572

Zukunft *die* future 498

zukünftig *adj* future 2168

zulassen *verb* to allow, admit 1383

zulässig *adj* permissible 3254

Zulassung *die* admission, licence 3691

zulegen *verb* to put on, get oneself sth 3379

zuletzt *adv* last, in the end 746

zumal *conj* particularly, especially 1947

zumeist *adv* for the most part 2970

zumindest *adv* at least 652

zunächst *adv* first, at first, for now 362

Zunahme *die* increase 3380

zunehmen *verb* to increase 532

Zunge *die* tongue 3526

zuordnen *verb* to assign, classify 2051

Zuordnung *die* classification, assignment 3945

zurück *adv* back 1708

zurückführen *verb* to attribute, trace back 2294

zurückgeben *verb* to give back, return 3692

zurückgehen *verb* to go back, decrease 1514

zurückgreifen *verb* to fall back 3946

zurückhalten *verb* to hold back, restrain 2655

zurückkehren *verb* to return 1228

zurückkommen *verb* to return 1111

zurücklegen *verb* to put back, put aside, cover (distance) 3527

zurücktreten *verb* to step back, resign 2971

zurückweisen *verb* to reject 3825

zurückziehen *verb* to withdraw 1644

zurzeit *adv* at the moment 972

zusagen *verb* to promise, accept 3528

zusammen *adv* together 553

Zusammenarbeit *die* cooperation 1384

zusammenarbeiten *verb* to cooperate 2586

zusammenfassen *verb* to summarize 1747

Zusammenhang *der* connection, context 551

zusammenhängen *verb* to be connected 1948

zusammenkommen *verb* to meet, come together 3255

zusammenleben *verb* to live together 3256

zusammensetzen *verb* to put together 2386

Zusammensetzung *die* composition 3693

zusammenstellen *verb* put together 3529

zusätzlich *adj* additional 518

Zuschauer *der* spectator 1289

zusehen *verb* watch 3257

Zustand *der* condition, state 973

zustande *adv* in existence, (to come, bring) about 2450

zuständig *adj* appropriate, responsible 1055

zustehen *verb* to be entitled 3381

zustimmen *verb* to agree, consent 2451

Zustimmung *die* approval 2224

zutrauen *verb* to believe sb capable 3826

zutreffen *verb* to be correct, apply to 2493

zuverlässig *adj* reliable 3827

zuvor *adv* before 790

Zuwachs *der* increase 3947

zuwenden *verb* to turn towards, devote oneself to 2587

Zwang *der* force, pressure, compulsion 3530

zwangsläufig *adj* inevitable 3531

zwanzig *num* twenty 1030

zwar *adv* admittedly, to be precise 178

Zweck *der* purpose 1081

zwei *num* two 77

Zweifel *der* doubt 1573

zweifellos *adj* undoubtedly 4034

zweimal *adv* twice 1667

Zwiebel *die* onion, bulb 3382

zwingen *verb* to force 1112

zwischen *prep* between 115

zwischendurch *adv* in between 3533

zwölf *num* twelve 882

Part of speech index

occurrences per million, **headword,** English equivalent

100 most frequent verbs

24513 **sein** to be

13423 **haben** to have

11016 **werden** to become, get

5646 **können** to be able to, can

2990 **müssen** to have to, must

2947 **sagen** to say

2324 **machen** to do, make

2132 **geben** to give

1916 **kommen** to come

1906 **sollen** should, ought to

1891 **wollen** to want to

1704 **gehen** to go

1449 **wissen** to know

1360 **sehen** to see

1354 **lassen** to let, allow, have done

1186 **stehen** to stand

850 **finden** to find

813 **bleiben** to stay, remain

776 **liegen** to lie

740 **heißen** to be called

739 **denken** to think

680 **nehmen** to take

677 **tun** to do

648 **dürfen** to be allowed, may

620 **glauben** to believe

598 **halten** to stop, hold

596 **nennen** name, call

559 **mögen** to like

545 **zeigen** to show

543 **führen** to lead

542 **sprechen** to speak

531 **bringen** to bring, take

505 **leben** to live

501 **fahren** to drive, ride, go

501 **meinen** to think, have an opinion

491 **fragen** to ask

475 **kennen** to know

470 **gelten** to be valid

447 **stellen** to place, set

438 **spielen** to play

435 **arbeiten** to work

435 **brauchen** to need

435 **folgen** to follow

435 **lernen** to learn

416 **bestehen** to exist, insist, pass (an exam)

396 **verstehen** to understand

389 **setzen** to set, place, put

374 **bekommen** to get, receive

364 **beginnen** to begin

363 **erzählen** to tell

363 **versuchen** to try, attempt

354 **schreiben** to write

351 **laufen** to run

349 **erklären** to explain

340 **entsprechen** to correspond

335 **sitzen** to sit

330 **ziehen** to pull, move

319 **scheinen** to shine, seem, appear

316 **fallen** to fall

315 **gehören** to belong

302 **entstehen** to originate, develop

300 **erhalten** to receive

297 **treffen** to meet

289 **suchen** to search, look for

286 **legen** to lay, put

283 **vorstellen** to introduce, imagine

280 **handeln** to deal, trade

277 **erreichen** to achieve, reach

275 **tragen** to carry, wear

267 **schaffen** to manage, create

262 **lesen** to read

246 **verlieren** to lose

236 **darstellen** to depict, portray

233 **erkennen** to recognize, admit

231 **entwickeln** to develop

230 **reden** to talk

229 **aussehen** to appear, look

229 **erscheinen** to appear

220 **bilden** to form, educate

219 **anfangen** to begin

217 **erwarten** to expect

214 **wohnen** to live

209 **betreffen** to affect, concern

209 **warten** to wait

205 **vergehen** to pass (time)

200 **helfen** to help

198 **gewinnen** to win, gain

197 **schließen** to close

192 **fühlen** to feel

191 **bieten** to offer

191 **interessieren** to interest

190 **erinnern** to remind

186 **ergeben** to result in

184 **anbieten** to offer

184 **studieren** to study

182 **verbinden** to connect, link

181 **ansehen** to look at, watch

181 **fehlen** to lack, be missing, be absent

180 **bedeuten** to mean

180 **vergleichen** to compare

100 most frequent nouns

2281 **Jahr** year

1499 **Mal** time

1070 **Beispiel** example

1056 **Zeit** time

878 **Frau** woman, wife, Mrs

861 **Mensch** human being, man

860 **Kind** child

854 **Tag** day

710 **Mann** man

583 **Land** land, country, state

550 **Frage** question

538 **Haus** house

537 **Fall** fall, case

530 **Leute** people

505 **Arbeit** work

492 **Prozent** per cent	262 **Staat** state	951 **lang** long
484 **Hand** hand	257 **Ziel** destination, goal	860 **deutsch** German
459 **Stadt** city, town	253 **Freund** friend	804 **klein** small, little
452 **Herr** man, Mr	251 **Thema** subject, topic, theme	799 **alt** old
452 **Teil** part		719 **hoch** high, tall
451 **Problem** problem	250 **Person** person	706 **einfach** simple, easy
450 **Welt** world	249 **Euro** euro (unit of currency)	583 **letzte (r, s)** last
436 **Recht** right, law	247 **Nacht** night	575 **gleich** same, right away, just
431 **Ende** end	244 **Ding** thing	543 **möglich** possible
425 **Million, Mio.** million	240 **Raum** room, space	533 **eigen** own
417 **Schule** school	238 **Blick** look, view, glance	530 **schön** beautiful, pleasant, good
417 **Woche** week	236 **Platz** place, room, square	
408 **Vater** father	236 **Zahl** number	501 **spät** late
404 **Seite** side, page	235 **System** system	485 **wichtig** important
399 **Leben** life	235 **Uhr** clock, watch	472 **weitere (r, s)** additional
391 **Mutter** mother	233 **Eltern** parents	471 **genau** exactly
381 **Grund** reason, basis	231 **Straße** street	471 **jung** young
370 **Auge** eye	227 **Minute** minute	428 **kurz** short
355 **Wort** word	226 **Gruppe** group	425 **stark** strong
350 **Geld** money	226 **Wert** value	415 **richtig** correct
348 **Sache** thing	225 **Gesicht** face	403 **verschieden** different, diverse
344 **Art** type, kind	221 **Sprache** language	
338 **Bereich** area, region	216 **Anfang** beginning	392 **bestimmt** special, certain
336 **Weg** path, way	212 **Ort** place, town, location	380 **besser** better
335 **Stunde** hour	210 **Moment** moment	376 **schnell** fast
326 **Name** name	208 **Folge** result, consequence	370 **sicher** safe, secure, certain
322 **Geschichte** history, story	206 **Interesse** interest	352 **nächste (r, s)** next
319 **Gesellschaft** society, company	206 **Milliarde, Mrd.** billion	344 **politisch** political
	206 **Rolle** roll	340 **klar** clear
316 **Kopf** head	204 **Tür** door	340 **schwer** difficult, heavy
300 **Paar** pair, couple	203 **Schüler** pupil, student (USA)	334 **einzeln** individual
298 **Möglichkeit** possibility	201 **Bedeutung** meaning, significance	300 **bekannt** well-known
292 **Unternehmen** enterprise, company		299 **leicht** light, easy
	201 **Text** text	269 **rund** round
288 **Bild** picture	200 **Ergebnis** result	268 **frei** free
288 **Buch** book	200 **Krieg** war	264 **früh** early
286 **Wasser** water	196 **Weise** way, manner	251 **unterschiedlich** different, variable
284 **Stelle** place	195 **Regierung** rule, government	
281 **Form** form	193 **Stück** piece	250 **schlecht** bad
280 **Mark** mark (former unit of German currency)	193 **Wohnung** apartment, flat	242 **deutlich** clear
	192 **Gespräch** conversation	241 **allgemein** general
279 **Entwicklung** development		237 **einzig** only, single
278 **Monat** month	## 100 most frequent adjectives	235 **gemeinsam** common, mutual
273 **Familie** family		
273 **Morgen** morning	1755 **ganz** whole, all the	235 **nahe, nah** near, close
270 **Abend** evening	1589 **groß** big, large, great	230 **voll** full
268 **Aufgabe** task, assignment, job	1456 **gut** good	220 **direkt** direct, straight
	1381 **neu** new	220 **international** international
268 **Universität, Uni** university	1024 **erste (r, s)** first	220 **sozial** social
267 **Sinn** sense, meaning		218 **beste (r,s)** best

213 **rot** red

212 **offen** open

209 **meiste** most

207 **besondere (r,s)** special

206 **gewiss** certain

204 **öffentlich** public

198 **halb** half

194 **wahrscheinlich** probably

193 **europäisch** European

191 **wesentlich** essential, fundamental

186 **ähnlich** similar

185 **häufig** frequent

180 **schwarz** black

177 **völlig** complete

175 **gering** low, small

175 **schwierig** difficult

171 **praktisch** practical

170 **persönlich** personal

168 **– jährig** years (old)

164 **modern** modern

164 **tief** deep

162 **tatsächlich** real, actual

161 **zusätzlich** additional

158 **amerikanisch** American

158 **wirtschaftlich** economic, financial

157 **interessant** interesting

155 **relativ** relative

154 **gleichzeitig** simultaneous

152 **grün** green

152 **weiß** white

149 **gesamt** whole, entire

149 **speziell** special, specific

145 **entscheidend** decisive

144 **eng** narrow, close

144 **technisch** technical

142 **langsam** slow

140 **ständig** constant

139 **notwendig** necessary

138 **rein** pure, clear, clean

137 **englisch** English

137 **wissenschaftlich** scientific, scholarly

135 **falsch** false, wrong

135 **fremd** foreign, strange

134 **französisch** French

134 **selten** rare

133 **normal** normal

131 **wahr** true

130 **privat** private

130 **tot** dead

100 most frequent adverbs

7216 **auch** also, too

5886 **so** so, thus, this way, such

3961 **dann** then

3666 **da** there

3604 **noch** still, yet

3135 **also** so

2994 **nur** only

2178 **schon** already

2068 **mehr** more

1908 **jetzt** now

1715 **immer** always

1642 **sehr** very

1630 **hier** here

1627 **doch** but, still

1513 **wieder** again

946 **eigentlich** actually

906 **oben** above, up there

853 **nun, nu** now

744 **heute** today

742 **weit** widely, far

739 **eben, ebend** just now

737 **erst** first, only, not until

731 **natürlich** naturally, of course

704 **vielleicht** perhaps

699 **dort** there

695 **einmal** once

548 **gar** at all

521 **bereits** already

494 **etwa** about, approximately

490 **gerade** just

485 **zwar** admittedly, to be precise

479 **wirklich** really, actually

448 **jedoch** however

439 **nie** never

408 **oft** often

398 **allerdings** though, certainly

395 **fast** almost

395 **wohl** well

382 **überhaupt** at all, generally

372 **gern, gerne** (with a verb) enjoy

362 **besonders** especially

353 **warum** why

336 **allein, alleine** alone

336 **kaum** hardly

331 **deshalb** for that reason

328 **sogar** even, in fact

295 **sonst** otherwise

290 **weiter** further

276 **anders** different

276 **schließlich** in the end, finally

273 **eher** earlier, more likely

272 **je** ever, each

231 **früher** in former times

227 **zunächst** first, at first, for now

225 **irgendwie** somehow

217 **bisher** until now

206 **manchmal** sometimes

187 **her** from sth, as far as . . . is concerned

184 **ebenso** just as, as much as, as well

182 **ziemlich** quite, fairly

179 **außerdem** besides, in addition

179 **inzwischen** in the meantime

179 **sofort** immediately

177 **plötzlich** suddenly

172 **bald** soon

170 **genug** enough

166 **endlich** finally, at last

162 **insbesondere** especially

159 **hin** there

158 **ebenfalls** likewise

157 **gestern** yesterday

154 **bitte** please

153 **zusammen** together

152 **jedenfalls** in any case

150 **wobei** where, which

148 **bloß** only, simply, just

146 **jeweils** each, each time

145 **unten** down

144 **insgesamt** in all, altogether

143 **vorher** earlier, beforehand

142 **beispielsweise** for example

140 **meist** mostly

138 **trotzdem** nevertheless

138 **zudem** moreover, besides

135 **leider** unfortunately

134 **mindestens** at least

133 **zumindest** at least

129 **irgendwo** somewhere

119 **zuerst** first

117 **unbedingt** absolutely

114 **hinaus** out, beyond

114 **zuletzt** last, in the end

113 **dennoch** nevertheless

113 **lieber** rather

113 **zugleich** both, at the same time

110 **nochmal** again

109 **danke** thanks

109 **derzeit** at the moment

108 **zuvor** before

107 **teilweise** partly

Prepositions

23930 **in** in

14615 **zu** to, at

9870 **von** from, of

8767 **mit** with

6835 **auf** on, at, in

6388 **für** for

6195 **an** at, on

4224 **bei** by, with, at

3506 **nach** after, towards

3094 **aus** out, out of, from

2559 **um** around

2490 **über** above, over, about

2158 **vor** in front of, before, ago

2152 **durch** through

1617 **bis** until, till

1250 **unter** under

800 **zwischen** between

798 **gegen** against

754 **ohne** without

667 **seit** since, for

539 **während** during

354 **neben** next to, beside

322 **wegen** because of

296 **hinter** behind, in back of

255 **gegenüber** opposite

207 **ab** from

162 **innerhalb** within

159 **aufgrund** on the basis of, because of

156 **trotz** in spite of

145 **pro** per

124 **außer** except, apart from

121 **statt** instead of

103 **laut** according to

77 **außerhalb** outside

75 **angesichts** in view of

75 **per** by way of, per

68 **mithilfe** with the aid of

56 **entlang** along

56 **gemäß** in accordance with

50 **anhand** on the basis of, with the aid of

49 **mittels** by means of

44 **entsprechend** in accordance, accordingly

42 **hinsichtlich** with regard to

35 **bezüglich** regarding

35 **zufolge** according to

27 **einschließlich** including

27 **jenseits** beyond

24 **zugunsten** in favour of

23 **infolge** as a result of

21 **samt** together with, along with

18 **anstelle** instead of

17 **seitens** on the part of

Conjunctions

28445 **und** and

5696 **dass** that

5317 **als** as, when

4154 **oder** or

4028 **aber** but

3051 **wenn** if, when

1308 **weil** because

1186 **denn** because

809 **sondern** but (on the contrary)

722 **ob** whether

410 **sowie** as well as, as soon as

328 **beziehungsweise, bzw.** or, respectively

248 **obwohl** although

158 **nachdem** after

155 **bevor** before

138 **sowohl** both . . . and

120 **weder** neither . . . nor

113 **sodass** so that

110 **indem** while, by

85 **entweder** either

66 **solange** as long as

64 **falls** in case, if

53 **sobald** as soon as

43 **zumal** particularly, especially

42 **desto** the more

42 **sofern** provided that, if

33 **ehe** before

33 **umso** the (more . . . the)

Abbreviations

166 **bzw.** beziehungsweise

149 **z.B.** zum Beispiel

107 **DM** Deutsche Mark

87 **Mio.** Million

75 **Dr.** Doktor

74 **GmbH** Gesellschaft mit beschränkter Haftung

59 **Uni** Universität

57 **BGB** Bürgerliches Gesetzbuch

53 **usw.** und so weiter

53 **AG** Aktiengesellschaft

50 **etc.** et cetera

47 **d.h.** das heißt

47 **m** Meter

44 **WM** Weltmeisterschaft

43 **PC** Personal Computer

39 **CD** Compact Disc

38 **HGB** Handelsgesetzbuch

37 **FC** Fußballclub

36 **TV** Television, Fernsehen

35 **u.a.** unter anderem

33 **sfr** schweizer Franken

31 **vgl.** vergleiche

30 **ca.** circa, zirka

27 **BSE** Bovine Spongiforme Enzephalopathie

26 **km** Kilometer

26 **Abs.** Absatz

26 **Stasi** Staatssicherheitsdienst

25 **cm** Zentimeter

23 **Nazi** Nationalsozialist

23 **LKW** Lastkraftwagen

22 **IT** Informationstechnologie

21 **PKW** Personenkraftwagen

19 **kg** Kilogramm

18 **mg** Milligramm

18 **mm** Millimeter
17 **Mr.** Mister
16 **HIV** Menschliches Immunschwäche-Virus

100 most frequent proper nouns

483 **USA**
474 **Deutschland**
262 **Berlin**
181 **Europa**
170 **DDR**
148 **SPD**
138 **EU**
135 **Afghanistan**
135 **Peter**
118 **Schweiz**
116 **Österreich**
105 **Grüne**
100 **CDU**
98 **Wien**
96 **Amerika**
96 **Frankreich**
93 **München**
91 **New York**
86 **Hans**
86 **Schröder**
82 **Hamburg**
82 **Klaus**
77 **Michael**
70 **Anna**
67 **Wolfgang**
65 **Frankfurt**
65 **Thomas**
64 **Leipzig**
61 **Bayern**
61 **Paris**
60 **Israel**
60 **Karl**
59 **Washington**
59 **Christian**
58 **Bush**
58 **Bin Laden**
57 **Katrin**
56 **England**
55 **Franz**
55 **Judith**
53 **Müller**

53 **Stoiber**
53 **Italien**
52 **FDP**
51 **Fischer**
51 **Max**
51 **Köln**
51 **Pakistan**
50 **Russland**
50 **Heinrich**
50 **Jürgen**
49 **John**
48 **Gerhard**
48 **Maria**
48 **Richard**
47 **Swissair**
47 **Martin**
47 **Bern**
47 **Paul**
46 **Zürich**
46 **London**
44 **Bernie**
44 **Kurt**
43 **Hitler**
43 **Indien**
42 **Claudia**
42 **Spanien**
42 **Frank**
41 **Ernst**
41 **Friedrich**
40 **Dieter**
40 **Stefan**
39 **Toni**
38 **PDS**
38 **Leo**
38 **Robert**
37 **Japan**
37 **Merkel**
37 **Brandt**
37 **George**
36 **Bonn**
36 **Afrika**
36 **Großbritannien**
36 **Windows**
36 **Andreas**
35 **Heinz**
35 **Werner**
35 **Jose**
35 **Sachsen**
34 **Franziska**

34 **David**
34 **Dresden**
34 **Telekom**
34 **UNO**
34 **Walter**
34 **Schmidt**
33 **Madeleine**
33 **Ben**
33 **Nato**
33 **Microsoft**

100 most frequent irregular verbs

24513 **sein** to be
13423 **haben** to have
11016 **werden** to become, get
5646 **können** to be able, can
2990 **müssen** to have, must
1916 **kommen** to come
1906 **sollen** should, ought
1891 **wollen** to want
1704 **gehen** to go
1449 **wissen** to know
1360 **sehen** to see
1354 **lassen** to let, allow, have done
1186 **stehen** to stand
850 **finden** to find
813 **bleiben** to stay, remain
776 **liegen** to lie
740 **heißen** to be called
739 **denken** to think
680 **nehmen** to take
677 **tun** to do
648 **dürfen** to be allowed, may
598 **halten** to stop, hold
596 **nennen** to name, call
559 **mögen** to like
542 **sprechen** to speak
531 **bringen** to bring, take
501 **fahren** to drive, ride, go
470 **gelten** to be valid
416 **bestehen** to exist, insist, pass (an exam)
396 **verstehen** to understand
389 **setzen** to set, place, put
374 **bekommen** to get, receive
364 **beginnen** to begin
354 **schreiben** to write

351 **laufen** to run

340 **entsprechen** to correspond

335 **sitzen** to sit

330 **ziehen** to pull, move

319 **scheinen** to shine, seem, appear

316 **fallen** to fall

302 **entstehen** to originate, develop

300 **erhalten** to receive

297 **treffen** to meet

275 **tragen** to carry, wear

267 **schaffen** to manage, create

262 **lesen** to read

246 **verlieren** to lose

233 **erkennen** to recognize, admit

229 **aussehen** to appear, look

229 **erscheinen** to appear

219 **anfangen** to begin

209 **betreffen** to affect, concern

204 **vergehen** to pass (time)

200 **helfen** to help

198 **gewinnen** to win, gain

197 **schließen** to close

191 **bieten** to offer

186 **ergeben** to result in

184 **anbieten** to offer

182 **verbinden** to connect, link

181 **ansehen** to look at, watch

180 **vergleichen** to compare

179 **steigen** to climb, increase

174 **verlassen** to leave

170 **wachsen** to grow

169 **ausgehen** to go out, assume

168 **geschehen** to happen, occur

167 **beschreiben** to describe

166 **annehmen** to accept, assume

161 **befinden (sich)** to be

157 **aufnehmen** to record, include

157 **zunehmen** to increase

156 **gefallen** to please

156 **schlagen** to hit, beat

155 **treten** to step

154 **übernehmen** to take over

152 **verwenden** to use

148 **enthalten** to contain

147 **entscheiden** to decide

147 **gelingen** to succeed

145 **erfahren** to experience, find out

144 **vergessen** to forget

143 **stattfinden** to take place, occur

142 **verschwinden** to disappear

141 **trinken** to drink

139 **auftreten** to appear, occur

138 **verhalten (sich)** to behave, react

131 **essen** to eat

131 **sterben** to die

131 **unterscheiden** to distinguish

129 **werfen** to throw

127 **vorliegen** to be, exist

125 **hängen** to hang

121 **bitten** to request, ask

120 **ankommen** to arrive

120 **beziehen** to refer, put, get

114 **vorkommen** to happen, occur, seem

113 **besitzen** to own, have

108 **schlafen** to sleep

100 **eingehen** to deal with, give attention

Auxiliary and modal verbs

24513 **sein** to be

13423 **haben** to have

11016 **werden** to become, get

5646 **können** to be able, can

2919 **müssen** to have to, must

1906 **sollen** should, ought

1891 **wollen** to want

648 **dürfen** to be allowed, may

559 **mögen** to like

High frequency collocations

769 **zum Beispiel, z.B.** for example, e.g.

450 **vor allem** above all

399 **gar nicht(s)** not(hing) at all

380 **ein bisschen** a bit

285 **das heißt, d.h.** that is, i.e.

246 **ein paar** a few

236 **mehr als** more than

225 **so genannt, sog.** so called

147 **im Jahr(e)** in

142 **und so weiter, usw.** and so on, etc.

134 **nicht nur . . . sondern auch** not only . . . but also

128 **unter anderem, u.a.** among other things

123 **erst mal** first

120 **weder . . . noch** neither . . . nor

111 **im Rahmen** within the context, within the framework

108 **so was** something like that

108 **sowohl . . . als auch** both . . . and

102 **ebenso . . . wie** as well as

98 **am Ende** at the end

97 **in der Regel** normally

95 **kennen lernen** to get to know

90 **im Moment** at the moment

80 **entweder . . . oder** either . . . or

80 **(k)eine Rolle spielen** to be (ir)relevant

79 **zum Teil** in part

74 **in der Schule** at school

74 **zur Verfügung stehen** to be available

66 **auf jeden Fall** at any rate, in any case

62 **darüber hinaus** furthermore

61 **im Sinne** according

61 **in der Nähe** in the vicinity, near by

60 **so etwas** such a thing

54 **in diesem Jahr** in this year

54 **nach wie vor** still

53 **einerseits . . . andererseits** on the one hand . . . on the other hand

51 **an der Universität, an der Uni** at the university

50 **mehr oder weniger** more or less

48 **auf der anderen Seite** on the other hand, side

47 **in der Stadt** in the city

45 **in erster Linie** first and foremost

45 **zum ersten Mal** for the first time

42 **im Gegensatz zu** in contrast to

40 **in der Lage sein** to be able to, to be in a position

40 **zur Verfügung stellen** to provide

39 **Vielen Dank** Thanks a lot

38 **ab und zu** every now and then

38 **auf dem Weg** en route

38 **im Prinzip** in principle

38 **in den letzten Jahren** in the last years

38 **in der Hand** in the hand

37 **in der Nacht** at night

38 **je . . . desto** the . . .the

38 **vor allen Dingen** above all

37 **den Kopf schütteln** to shake one's head

37 **in diesem Fall** in this case

36 **im Folgenden** in the following

35 **Schweizer Franken, sfr** Swiss Franc

33 **abgesehen von** apart from

33 **das stimmt** that's right

33 **Guten Tag** Hello

33 **im Bereich** in the area, in the field

32 **auf diese Weise** in this manner

32 **im Vergleich zu** in comparison

32 **in der Praxis** in practice

31 **auf der Straße** on the street, on the road

31 **in der Tat** indeed

31 **Leid tun** to be sorry

30 **im Wesentlichen** essentially

30 **im Zusammenhang mit** in connection with

30 **in Bezug auf** with respect to

30 **in Höhe** in the amount of

29 **Geld verdienen** to earn money

29 **im Hinblick auf** in view of

29 **im Übrigen** by the way, incidentally

29 **in der Mitte** in the middle of

29 **in der Woche** during the week

27 **Art und Weise** manner

27 **Guten Morgen** Good Morning!

27 **im vergangenen Jahr** last year

27 **in der Zeit** in the space of time

27 **in die Schule** to school

27 **so gut wie** virtually

26 **den ganzen Tag** all day

26 **für das Gespräch** for the discussion

26 **in der Welt** in the world

26 **von Anfang an** from the beginning

26 **vor kurzem** recently

25 **im Augenblick** at the moment

25 **im Laufe** in the course, during

25 **in diesem Zusammenhang** in this context

25 **unter Umständen** possibly

24 **auf den Tisch** on the table

24 **hin und her** to and fro

23 **das erste Mal** the first time

23 **in der Küche** in the kitchen

23 **in letzter Zeit** lately

22 **die Frage nach** the question of

22 **eine Reihe von** a series of

22 **mit dem Auto** by car

22 **zustande kommen** to come about, materialize

21 **im Zuge** in the course

21 **in der Vergangenheit** in the past

21 **vor zwei Jahren** two years ago

20 **an dieser Stelle** in this place

20 **auf dem Boden** on the floor

20 **auf keinen Fall** on no account, not at all

20 **ein halbes Jahr** half a year

20 **im nächsten Jahr** in the next year

20 **in die Hand** into one's own hands

20 **in dieser Zeit** in this age

19 **am nächsten Tag** the next day

19 **auch nicht mehr** neither more

19 **auf den Weg** on the way

19 **die ganze Zeit** all the time

19 **hin und wieder** every now and then

19 **nach dem Krieg** after the war

19 **nicht so gut** not so good

19 **nicht so sehr** not very

19 **noch gar nicht** not at all

19 **zu Ende** over

18 **am Boden** on the floor

18 **auf der Bühne** on stage

18 **auf die Frage** to the question

18 **gegen den Terrorismus** against terrorism

18 **in Betracht** into consideration

18 **in dem Moment** at that moment

18 **in der Öffentlichkeit** in public

18 **in der Wohnung** in the apartment

18 **in diesem Sinne** in this spirit

18 **in jedem Fall** at any rate, in any case

18 **mit der Zeit** by and by

18 **seit langem** for a long time

17 **eine halbe Stunde** half an hour

17 **Gott sei Dank** Thank God

17 **im Grunde genommen** basically

17 **in der Geschichte** in the history

17 **in der Luft** in the air

17 **in Verbindung mit** in connection with

17 **mein Gott** my God

17 **mit Blick auf** in view of

17 **mit den Kindern** with the children

17 **nach und nach** little by little

17 **vor sich hin** to –self

16 **auf dem Tisch** on the table

16 **auf den ersten Blick** at
first sight

16 **in die Stadt** to the city